日本史籍協會編

連城紀聞

一

東京大學出版會發行

連城紀聞 について

日本史籍協会

一

本書は「乙丑連城紀聞」と称する。年代的には「甲子雑録」につぎ、「連城漫筆」に先行するもので、慶応元年（一八六五）の史料を輯録したものである。編者は小寺玉晁で、彼の履歴については「東西紀聞」「甲子雑録」等に記しておいたから省略する。

幕末における国情の変化の迹を見る時、文久三年八月十八日の政変をもって一つの大きな転機とすることができる。それまで攘夷をもって幕府の勢力を軟げ、公武合体政権の樹立を計ろうとしていた尊王派の人々は、この政変によって攘夷の言い得べくして行われ難いことを知り、攘夷親征を強行して一挙に幕府を倒し、尊王の実を挙げようとした。即ち尊王攘夷論者の中で、尊王の名分を明にして幕権の抑制を願うものと、幕府を倒して王政復古を企てるものとの二派に分れた。この政変後公武合体政治は実現したが、朝廷並びに幕府の権威は雄藩主によって組織された参与会議の蔭にかくれてしまった。しかし参与会議は最初から鎖港問題と長州処置という重大な問題に当面し、意見の対立を見るに至った。かくて雄藩の目的とした参与会議は政変後わずか二箇月で解散した。

生麦事件や長州藩の外艦砲撃事件に端を発した薩英戦争及び連合国艦隊の下関砲撃事件によって鎖港の困難なことを現実に知らされた薩・長両藩は急に外国側に接近し、銃砲・船艦を輸入して、戦力の充実を計った。当時対日貿易の八〇%を占めていた英国は、幕府の貿易制限策に対して心中穏かならざるものがあり、かつ最近の日本の国内事情からして、幕府よりもむしろ雄藩と手をとって貿易上の利益を増大しようと考えた。また土州藩も国産品の輸出の見返りとして、武器や艦船の購入を図った。こうした傾向は諸雄藩に大きな影響を与え、従来のような排外熱は次第に冷却し、以後尊王攘夷論は尊王倒幕論へと発展した。かくて倒幕論は日増しに成長し、さらにこれに拍車をかけたのが、元治元年七月の禁門の変である。しかしこの事変で長州藩の強硬派は殆んど壊滅の悲運に遭遇した。これまで藩内にあって閉塞していた穏健守旧の士が抬頭し、禁門の変の失敗に加え、四箇国連合艦隊の来襲による責任を追及し、遂に三家老と四参謀を斬って恭順の意を表した。

幕府はこの機会に幕権を旧に復そうとし、参勤交代制の復活等反動的政策を打出したので諸藩の感情は幕府から離れ、ややもすれば幕府の統制下から脱れようとする傾向が生じた。しかし幕府は長州藩追討によって諸藩の分裂を喰い止めようとした。この時に当って薩・会両藩はその志す所必ずしも一致しなかったが、ただ両藩は、この際長州藩が再起し得ざる打撃を与える点で歩調を一にした。また一度は分派活動をした諸藩の志士も各藩上層部の弾圧によって抑制され、尊攘派の勢力は衰えた。

一方幕府は長州征討のため将軍進発の日程まで発表したが、これを実行する意志はなく、ただかような決断の公表によって長州藩が屈服するものと考えた。しかし当時幕府を始め諸藩も財政窮乏のため大兵を動員するだけの経済的余裕がなかった。先きに決めた征長総督紀州藩主徳川茂承は辞退したので尾州藩主徳川慶勝が任ぜられた。また諸藩にあっても長州藩に同情を寄せる者が多く因州・備前・筑前・芸州・津・米沢・阿州・津和野・対州等十余藩は長州藩主父子の忠誠に免じて寛典に処し、以て国内の分裂を防ぎ、攘夷の実効を挙げるよう幕府に建議した。また公卿にあっても中山忠能・大原重徳等一条家の門流三十八卿は連署して攘夷の実行を幕府に督促せられるよう朝廷に請うた。

征長総督徳川慶勝は十月十八日を以て長州総攻撃の期日とした。その頃薩州藩士西郷吉之助隆盛は征長総督をその牙営に訪ね、速かに長州藩を処分し、ただ軍を進めても長州を死地に追いこまず、宗藩と支藩との間を引離し、長州人を以て長州人を制する策を進言した。かくて総督は十一月十六日広島の本陣に入った。副将松平茂勝は三日海路小倉に到り、同地に布陣した。

これより先、八月五日四箇国連合艦隊に徹底に痛めつけられた長州藩は、十四日停戦協定を結び、外患から脱れ得た。諸藩の中には長州藩と言えどわが同胞であるとの見地から、内心長州藩に同情し、征長の役を延期すべきであるとの意見を上申するものがあった。特に筑前・津和野・宇和島等の諸藩は幕府に建言する傍ら長州藩に恭順を勧めた。かくて長州藩が恭順の意を表したので、総督は十二月十一日征長諸藩に撤兵を命じた。この第一回征長の役の処分については、幕府の要路は不満であったが、当時の情勢からしてこの寛大な処置によって幕府の面目が保たれたと言ってよかろう。

内外からの攻撃によって散々痛めつけられた長州藩では、高杉晋作が兵を挙げ、藩論を一変した。彼の下に集る尊攘論者は、合議政権にあきたらず、尊王の大義を貫徹するためには倒幕あるのみと信じた。また彼等は無暴な攘夷論は空論にすぎず、むしろ海外と通商を行い、武備の充実を行う必要を感ずるようになった。さらに長州藩では恭順後、高杉晋作を首領とする奇兵隊以下庶民の有志諸隊が結成されこの非正規軍が倒幕の中心勢力となった。

文久三年以降大和その他の地で起った叛乱は、諸藩兵の手によって鎮圧されたが、こうした叛乱が蜂起したことは世論に大きな影響を与えた。ここで共通して言えることは、藩の上層部が如何に封建的権威の維持に努めても、もり上る下層民の力を無視することの出来ない社会観が芽生えてきたことである。かような機運が王政復古と密接な関係があり、この二つの勢力が対立するか、妥協するかによって社会改革の表現形式が異ってくる。明治維新は後者を採ったものと言い得る。

二

第一回征長の役について、幕府は五卿並びに長州藩主父子の江戸召致を命じたが、徳川慶勝は命に服せずして京都に引揚げた。幕府は再度その命を慶勝に伝えたが、慶勝は却ってその不可を建言した。また竜野・宇和島・大洲の三藩は長州藩父子の江戸護送の困難である旨を上申した。薩州藩も幕府の強硬策に反対し、西郷の如きは諸雄藩を連合して幕府を牽制し、国是を一定しようとした。しかし幕府は世情の推移に暗く、ひたすら権力の回復を企図し、五月十六日を期して将軍進発の旨を布告した。しかし長州藩主父子処分の議は朝廷・諸藩の物議を醸したので、父子の江戸護送を中止し、大坂城に召致して処分することとした。しかし長州藩はこれにも応じなかった。幕府は最後の断を下し得ず、荏苒日を移すのみであった。長州藩はそれを奇貨として武備の充実をはかった。またその間にあって岡山・鳥取両藩主は長州藩の処置を寛大にするよう建言した。岡山藩主池田茂政は自ら上坂して将軍に謁して諫争しようとしたほどである。茂政は水戸斉昭の第九子で長兄慶喜とは日頃朝幕間の秘事について意見の交換をしていた。

慶応元年五月（一八六五）将軍家茂は上京し、長州再征の事由を奏上して大坂城に入った。この時長州藩重臣の上坂を命じたが、同藩はこれに服しなかったので、幕府は勅許を仰いで出兵した。この頃英・米・仏・蘭の四箇国公使は条約の勅許を強行しようとし連合艦隊を兵庫に入港せしめたので、幕府は条約の勅許を朝廷に哀願し、十月五日年来の目的を達した。

なお長州処分については、十月下旬大目付永井尚志を広島に遣し、長州藩家老を召致して数回詰問に及んだが要領を得なかった。翌慶応二年六月征討軍は戦端を開いたが結局失敗に終った。本書にはこうした世相の推移に関する史料を修め、政治・経済及び民衆の世局についての思想の変化を知る上に参考となるものが多い。

三

本書第一巻の大半を占める武田耕雲斎挙兵の件は、水戸藩の内訌を如実に物語るものである。水戸藩は夙に尊王攘夷論を唱え、大義名分を尚ぶ藩風を示して、諸藩の間に重きをなし、殊に斉昭在世の間は尊王志士の声望を一身に集めていた。しかし水戸藩は立原翠軒と藤田幽谷との対立以来、朋党の争は年と共に昂じ、藩勢は次第に衰え、維新回天の業を翼賛することができなかった。藤田東湖の第四子小四郎は密かに長州藩尊王派と気脈を通じ、初志の貫徹を期し、元治元年三月田丸稲之衛門を首領に仰ぎ、筑波山に兵を挙げた。同藩の執政武田耕雲斎・岡田徳至等も陰に応援したので筑波勢は常州地方で勢力を得た。しかし同藩の鎮派と称せらる結城寅寿朝道・市川三左衛門・朝比奈弥太郎等は、耕雲斎等の態度を非難し、ここに藩内の紛争が激発した。藩主慶篤は果断な処置をとることができず、幕府は遂に関東諸藩に出兵を令して筑波勢の討伐に当らしめたが容易に鎮撫することができず、七月八日若年寄田沼意尊玄蕃頭をして追討軍を総括せしめた。これより先市川三左衛門は江戸の藩兵三百余を率いて筑波勢と戦ったが利あらず、七月二十三日水戸城に入って幕府軍の応援を頼んだ。この時宍戸藩主松平頼徳大炊頭が水戸藩主慶篤の目代として鎮撫のため下向したが、武田耕雲斎を始め激派の人々が随従していたので、市川は一行の入城を拒否した。頼徳は已むを得ず、城下を去って筑波勢と行動を共にするに至った。かくて同藩の攘夷挙兵はその名目を失って内乱と化し、諸方から集った有志も、この形勢を見て、漸く離散するようになった。図らずも叛乱の罪を得た頼徳は、事情を弁明しようとして九月二十六日幕軍に降服した。十月一日幕府は頼徳に切腹を命じた。これより筑波勢は形勢不利に陥ったので、京都に出て事情を一橋慶喜に訴え、生死を朝命に委ねようとした。かくて武田以下の一行は十月二十三日常陸館山を出発し、中山道をへて美濃の鵜沼に到り十二月十一日越前の新保駅に達した。もとより沿道諸藩兵の追撃を受け、積雪の道を行軍した。然るに京都にある慶喜等は既に追討することに決したので、同勢は進退谷り、十七日葉原駅で加賀藩に降った。翌慶応元年二月四日幕府は耕雲斎等二十四人を斬り、更に三百五十余人を斬罪に四百五十余人を流罪或は追放に処した。しかもその罪は耕雲斎・兵部等の家族にまで及び、また敦賀幽囚中の取扱は惨鼻を極め、病の為に斃れる者百余人に及んだ。水戸藩では安政戊午の大獄以後、藩士民にして犠牲となる者千五百名余に上ると言われ、その数に於いて他藩にその例を見ない、然るにこの大業に参画することが出来なかった原因は、一に藩内の抗争が激しかったからであるが、やはり親藩として大義に徹することができなかった藩主以下上層部の優柔不断な態度にあったと言えよう。

本書は以上の事象のほか、外国との条約勅許要請に関する動き、薩長二藩の融和、木戸・西郷・大久保・坂本等の暗躍の状を語るもののほか、編者玉晁の好む貼紙・落書を通じて替え歌・狂歌の類に示された民衆の世相に対する反応を知ることができる。

乙丑 連城紀聞第一

緒言

一、本書ハ小寺玉晁ノ蒐集シタル慶應元年ノ史料ニシテ甲子雜錄ノ後ヲ承ケテ連城漫筆ニ連續スルモノナリ小寺玉晁の略傳ト其蒐集セル史料ノコトハ東西評林ニ記載シタルヲ以テ凡テ省略ニ從ヘリ

大正十一年八月

日本史籍協會

連城紀聞一　目次

連城紀聞　一　一
連城紀聞　二　一四九
連城紀聞　三　三〇三

乙丑

連城紀聞

壹

元治二乙丑歳摠考

當年ハ四季時候其時々先達來て大過専らに行ハるゝといへとも年内風烈しく又濕氣深し人民脳て暴死計りかたくして人氣穏かならす大人退て小人の邪佞の道行ハる意有然悪を去善に近づくよふニして身を貞固ニ守れハ上より助恵を受得る事有へし春ハ暖氣殊ニ早く發して時候宜し一度ハ餘寒さえ歸る事有へし又雷氣地震あらんか人氣穏なるへし夏は暑氣甚しく行はれて風雨の變有へし然共田方取付ハ宜しかるへし土地に依て刀乃之爭論か濕氣を受病災計かたく秋ハ殘暑ありといへとも早く冷氣を催スへし風雨出水の變折々有へし人氣穏ならす冬ハ寒氣嚴敷事ハ近來稀成事ニして井水又川の流も氷閉渡る程之事有へし寒冷之邪を防く事を専一ニすべしおそはれ疼痛《イタミ》症《シヤウ》を愁べし又盗難多からん摠而作り物早キものニ利潤有へし出來程になく實入悪しき歟取らすひかへる年なるへし土地に依てむし氣多かるへし先中分之年考

米　七　分　　麦　出來程に取實なかるべし

粟　七八歩　　豆　六分

小豆　七　分　　綿　出來宜しけれさも十分ならず

正　月　時候暖にして曇天又雨有れ共中旬ゟハ天氣よく風はけしく月末ハさへ歸る事有へし人氣ハ穏成べし米相場安持合之中ニ少し上れ共格別之高下なかるへし

二　月　時候暖なる中ニさへ歸りて寒風烈しく又曇天雨の日も風と成事有へし相場高下中旬ゟ人氣立て上ル歟

三　月　春陽專らに行れて時候宜しけれ共雷氣にて天時くるふへし土地ニより地震あらん又時ならぬ暑氣を發する事あらん開花ハ早く相場小高下之下旬ハ位宜しかるへし

四　月　暑氣早く來れ共雨折々有て濕氣も深シ下旬ハ日和宜し火災有土地有へきか相場小高下にて上るよふにても格別の上りハなかる

へし

五月　中旬迄ニ梅雨の氣専らニ行ハれて殊ニ濕氣深し國所ニ依而出水もあらんか雨の日も風と成事有雷氣も多かるへし相場持合中々位宜し月末ハ安キ歟

閏月　暑氣强く有共まゝニは曇天の日有て濕氣深く又風も有らん人民下痢ヲ患る事有らん米相場高下有共格別の事なし延米ハ高き方成へし

六月　暑氣甚敷行はれて夜分寐られぬ程の事有へし然共格別早魃ハなし土地により潤雨も折々あらん歟人民に病災多からんか米相場ハ極高直あらん

七月　殘暑强キ中ニ冷氣入交りて不順すへし風雨之天災度々有へし土地に依て作物大に損傷あらん相場人氣やかましく高き方なるへし

八　月　冷氣早く嚴敷成中ニ時候くるひ雷氣また異變あらんか相場大高下ハ無之とも位は宜しかるへし

九　月　冷氣嚴敷行ハれて霜も早く冬の時候を催して水も氷る程の烈風有へし人民ニ病災又盜難有べし相場持合之中ニ高直すへし

十　月　寒冷之氣強く來て霜氷嚴しく暖なると思ふ日も寒風と變しあられ飛雷之日まゝ有へし人氣のびやかならす相場高下有下旬ハ少し安き歟

十一月　寒氣嚴敷曇天又雪も多し然共雷氣ニ而暖成日もあらん歟又雨も有へし相場小高下なれ共不位

十二月　寒氣嚴しく烈風吹て井水又流水も氷程之寒氣有へし人氣おだやかならす相場高かるへし

芽阳齋謹考在判

○百八一首之内本歌とり

田地炎上

安藝の田の假のいをりの苫を燒て武子供にも杖ニもちつゝ

威勢

難波人みじかき智惠の愚知の間にあわれ此よふ伏してよとや

大江少戸

晝見れハ千々に物こそかなしけれ我身ひとつの智惠ニハあらねと

懺悔

此度ハ太刀も取あゑづたわけ武者もみじの錦かざる計りニ

五卿獄殺生前内證安心

程過て難つる力詠むれハたゞ赤さびの罪ぞ殘れる

義勢大拔

古しへてならぬ都の山口をけふこほたれて迯にけるかな

腰義武無士

大家様軍の道の蒔けれハまた踏も見す余り早引

浮澤陰

股引の古著てかわし姥嫁も狂余りなき無作寐なりけり

百人一首つくりかへ

宿陣にとられし寺の坊主衆ハ我衣手につゆにぬ・《れ脱か》つゝ

妻や子をのこして來る討手衆ハなか〱しよをひとりかもねん

入込の余りて町人商人ハなかくも哉と思ひける哉

防長の百姓とも町人ハうきにたえぬハ涙之けり

沖中にかゝりて居し監物を人ニハつげよ蜑のつり舟

長州の武者等に罪のあるなしかしるもしらぬも逢坂の關

摠督に來て出張したからはよを思ふ故にものおもふ見《ママ》は

兵粮の菜香のもの梅ほしハいづくもおなし秋の夕暮

其罪を聞かしニ行し御方ニハまつとしきかハ今かへりこむ

右衛門や信濃越後のした事は夢のかよひじ人めよぐらん
假建ニしたる尾張の人夫小屋やくやもしほの身もこかれつゝ
征伐をくやむ三士の家來等ハ人をも身をも恨さらまし
福原や國司益田の家來等ハ身のいたつらに成ぬへき哉
入込をあてに賣ふうりおんな行衛も知らぬ戀の道哉
德川の御世に軍といふことハいかに久しき物とかハしる
出陣に來れる武士の立時ハけふを限りの命とも哉
征伐かやんて夫々歸る身ハいまひとたひの逢事も哉
行列に著かざり立し陣羽織もみしの錦紙のまニ〳〵
警衛ニ寺に泊の御番衆ハあかつき計りうき物ハなし
征伐をゆるめる上の御慈悲ハ人の命のおしくもある哉
「金の鱗《マヽ》鉾輝きわたり初尾張を見屆たよい大將々々
「冠つけてもよい大將關東方には極内征々々

「何といふても扇《アフギ》はなこや留た要の工合よき内征々々

「西は極樂東は地獄鬼ハ武藏の原ニ住關東附ニハ内征々々

○亂入直傳　一橋膏　人飼入一門

功能

一治世を亂ニするニよし

一善人を悪人にするニよし

一禁中へ取入により《しカ》

一後ロくらきを隱すによし

一大名を國へ引するニよし

一先祖の仕置を改るによし

一士風を亂ニするによし

一忠儀の者を遠さくるニよし

一營中を旅館ニするニよし

一家族を國村へ遣るによし
一諸家の入費困窮によし
一本末を忘るゝによし
一關東の御威光を吸へらすによし
一夷人の爲ニよし
一大樹をからすニよし
一所々の悪を吸出し天下をくつかへすによし
功能爲し
一文政度此膏藥を製し中山備前守ニ上京いたさせ有栖川の妹を吸取候而後禁中ゟ取入功多し
一姉妹に此膏藥を持せ鷹司右大臣ニ媒せしめ追々宮堂上方を吸出し候事
一白川兵田に此膏藥ヲ渡置遊歷人を以賣弘候事

一天保度加州錢屋ニ渡置竹之島ニ而賣弘メ町々夷人を吸寄候事

一乍恐慶公定公此膏藥を以御命吸取候事

一姉小路にも渡置忠臣を談し候事

一大老を櫻田ニて吸取候事

一薩長士ヲ吸出し候事

一粟田宮を吸出還俗させ奉り候事

一西國中の軍兵を吸出し候事爲し知るへし

右の外功能多し殊ニ大名方を國々へ獨立せしめ威勢強く相成候事全ク此膏藥功能ハ世人か存所ニも可有之候間一々御披露ハ不仕候得共行末御大事と不思召御客樣方ハ御求可被下候終ニ國家亡とも相成可申候得共御望の御方ハ夫ニ相見候取次出店篤と御申込可被下候

禁　物

一紀伊國蜜柑

一尾州隱玄豆
一肥後すいき
一近江源五郎鮒
一會津蠟燭
右之內蠟燭ハ取分け禁物ニ候間御養生中ハ御用ひ御無用功能卽座ニ失ひ申候誠ニ可恐敵藥ニ候事
右之品々決而御用ひ御無用ニ而且其外關東八ヶ國之土產物ハ能御吟味之上御用ひ可被成候併是迚も御養生中は成丈御遠慮被成候方ニ奉存候近年ハ右之外ニも膏藥差合品も追々出來候由御客樣方より被仰聞候間なを出店共申合之上禁物書付近日摺出し候得とも先々只今迄の禁物御心得可被下候

諸國取次所
金看板御免

長州萩　長門屋膳太夫

常州筑波山　蘇生堂中

野州大平山　武田高運齋

内證取次

越前　福井屋親五郎　　備中　松山屋才《イ巴》三郎

備前　岡田《山カ》屋九郎次　　石州　濱田屋十郎

土州　親子屋土佐五郎　　肥前　島原屋殿右衛門

因州　稻葉屋五郎次　　阿州　皮屋音次郎

武州　川越屋山三郎　　常州　土屋宗次郎

日光宇都宮道中　大和屋來三郎　　當時賣出し見可申候　名古屋前十郎

摠本店　　東都小石川　水戶屋當十郎

出店　　京二條河內屋敷　一橋齋旅宿

摠本店の儀出情仕賣弘可申候處兎角番頭任ニ仕置候付先年ゟ本店ニ而ハ

番頭ゟ専賣弘申候しかし先代格別工風之薬ニ候間二代目ゟも賣弘度候得共全躰薬種屋浪之士儀不得手ニ付追々商賣替仕度殊ニ當年姫路革之文庫へ入置候付老若ともきゝめあしく相成候付尚更勘考中ニ御座候乍去出店ならひに取次所ニ而賣弘候間御求可被下候以上

本家調合所
毒川齋　昭軒製

蘊ハてる〳〵一橋曇る會津中川雨がふる
長落も金利がほしい欲でまけ萩とられやうと人か岩國

親云
長ぼう《長坊》やなせなく代
兒云
とさ《土佐》さんかゝ《加賀》さんあいつ《會津》がいじめていけない代
親云
さつま《薩摩》芋でたますがいひ《井伊》

連城紀聞一

○丑春附合

因循で治る御代や松の華尊王よりもとかく金納

宮重《シゲ》ハ見かけ計が大きくて江戸に出さぬと賣ぬ立かへ

清る世を濁せし水や運のつき引汐合に見ゆる橋杭

棒鱈ハ味ひ薄し越の海しんハ手強き會津蠟燭

見へのみて弱き物なり加賀小袖米澤山でくへぬ仙臺

薩摩蠟くさきが照りハ至極よし東都向よき肥後の廻米

世に連て道ふみ迷ふ因幡山味噌べつたりと備前すり鉢

尼御前ほど御利益もなき筑後米澤絹のあつき手さわり

かゆき所手のとゝかなゐ肥前かき阿波の鳴戸ハとかく波立

土佐駒はいまだ噺しが治らず小倉袴のよくたもちけり

風につれ動かぬあきの案山子哉はかた帯地のしまのだゝくさ

鰭立て勢ひ見せよ近江鮒熊野の神ハほんのすへもの

人の目に見くるしからぬ伊達模様伊勢の暦の日和こそ見れ
大垣に西國猿が手を焼てつしま祭が拍子ぬけする
立花ハあしき香ひもなかりけり腐た扇《本ノ》犬もくわない
鶴ヶ岡松を堅固に守るなりむき蛤も京て働らく
誰か見ても不意氣にみへぬ南部島津輕の鮭もちとハ喰れる
淀鯉は都の人の口にあゐ水毒けすはおもた●《か脫カ》がよい

天下變之一　武器甲冑

惡事第一

師曰阿蘭而外習之不亦惡乎有亞墨自遠方來不亦苦乎水戸不職不慍不亦軍師乎
勇士曰其爲人也剛勢而好殺彼者多不好殺彼而好爲番者未受合也
軍師務本本立而事生剛勢也者其爲陣之本與
師曰黃金米穀少矣貪

老子曰吾日省吾身爲獨謀而不忠乎與夷狄交而不貧乎許而不信乎

師曰納献上之金省事而節用而化人募民以時

師曰妻子入則勞出則悌憐而仁等拜主而進陣組有與力則以學軍

子憂曰儉儉買武器備不䀿能竭其力向海而能出其火與合衆交僞而無信雖

曰未亡彼必謂之亡矣

師曰軍師不多則不智役則不定主穩密無通不似己舟　止則勿憚改

騷子曰愼奢施多貪毒歸富貴矣

至變問趣向曰西夷至於是邦也必言其願禁之與抑與之與

趣向曰富主臆病狂腓姓以畏之富主畏之也其諸異人之恐與

師曰父在聽其概父沒觀我來年不辱父之跡可謂孝矢

獵師曰例之船和爲貴船頭之術斯爲善物体由之有所無據知和不以計伐之

亦不可從也

勇士曰陣近於火人可死也將陷於計蒙恥辱也夜不失其守亦可功也

師曰武具師欲無知飽物無買安於業而若於人就騷動而笑而可謂好惡也已
趣向曰貧而無貯富而無武器何如
師曰非也未若貧而謹儉而好兵者也
趣向曰日云如功如刺如突如破其我之謂歟
師曰趣乎早可與出師也已告諸答而知對者
師曰不患人之不武知患不解事也

新案酒氣曰飛多《トンタ》一篇右傳得童子之僻中矣余讀詳之其文愚而雜其論卑下而無修理蓋出放蕩諸豎之僞撰也雖然往之又有功貶病者則令訂正而不敢公也焉讀者以言之觸忌不可忽也

私軍勤　奥殿閨　異遠也
德—用—使　外樣方　中國固
公爲捨　下著歸　神響恐」
濁大破　魚水寐　女夜成

上酒高　醬油價　越中解
禁止安　無如少　夢行悅」
○丑三月御觸之寫とて流布せしハ
先般爲御觸之通御病中ニは候得共數度被爲蒙
勅命無御餘義押而
御上京被遊候處兎角御眠勝ニ而不破遊御勝候間追々
御位仰被爲　在候前關白散ニ飛鳥井を加へ黃金を澤山ニ入極蜜を以煉
藥被
仰付日々御用ひ被遊候得共兎角御同變ニ候間俄に被附
思召當時流行之二條家本法之關白湯に黃金加減被　仰付二三貼御服用
被爲　在暫
御目被爲　覺御改氣ニ被爲　運就夫篤と御熟考被爲　在候而は是迄永
々御用ひ相成候金鐵等大根亂法に候間治世ニは可恐藥法ニ而殊更病氣

治りたる時は命を失ふ憂有之外ニ能なく一天無二之邪法と申候而本心たる人は不用由被
思召候付而は速ニ御停止可被
仰出之處
御旅館之義ニ付御見合相成
御歸國之上は是迄調合相成居候金鐵頭《トウ》を初め紛敷分共不殘散シ役ニ被
仰付其内入念調合之分ハ關東人參に御申譯の爲一役々々ニ御吟味之上
御仕置被
仰出右ニ付若此上同藥出來致候而は彌以關東人參に御申譯も無之被
思召候付而は向後調合可致樣家中ハ勿論末々まて不洩樣相觸候樣にとの御事候
但□（虫損）鞴橐等等にも可被申聞候
三月

右之通片端殿被仰渡候付相達候得其意與死配等有之面々は與死配之方にも可被達候

三月　御目付

○藝州侯より被下候御品々

前大納言様に

一西洋筒　五十挺

一樽　參荷

一鯛　貳荷

玄同様に

一山水懸物　探幽筆

一□（虫損）平かれい　一箱

元千代様に

一刀銘國行　壹腰

一きんこ　壹腰
貞愼院樣ゟ
一白縮緬　三疋
一同　貳疋
一赤縮緬　壹疋
前大納言樣
御簾中樣ゟ
一同
一同
一同
玄同樣
御簾中樣ゟ
一同

一同

一同

壽操院樣ニ

一紺縮緬　壹疋

一白縮緬　三疋

釧姫樣ニ

一縞縮緬　參疋

道姫樣ニ

一同

豐姫樣ニ

一同

以上

一西洋筒　貳挺ツヽ

以上

一刀

一山まい縮緬

成瀬隼人正

石河佐渡守

瀧川又左衛門

渡邊新左衛門

横井三太夫

間宮外記

鈴木嘉十郎

田宮如雲

一腰ツヽ

壹疋ツヽ

大道寺主水

千賀與八郎

小瀬新太郎
石河竹次郎
横井右近
室賀只右衛門
櫻井乙四郎
松井市兵衛
竹中彦左衛門

以上

○馬關に張紙之由岩國に申來ル寫

君上被爲繼御先祖
洞春公之御遺志御正義御遵守被遊候處姦吏共御趣意相背名を御恭順ニ托シ其實謀反四流《境カ》の敵申合恣ニ關門を毀新館を墜正義之士を逆殺し加之敵兵を御城下ニ誘引シ隱ニ周防一國を割與シ候義約シ恐《多脱カ》も種々御難

題ヲ申立
君上御身上ニ相迫候次第御國家之御恥辱ハ不及申愚夫愚婦之切齒スル
處大逆無道我等世々
君恩ニ浴シ姦黨と義（此所落字有歟）供天ヲ戴す區々微忠聊義兵ヲ起
洞春公之尊靈を地下に慰ス再
君上之御正義天下萬世ニ輝シ御國民安撫奉ル者也

丑正月　　　　　徽　擊　輩

○或人の筆記を見るニ
摠督樣評判區々にて近衛樣ゟ十二月十七日早追ニ而在京役藝州江來り
早く上京せよとの　命有
公邊ゟハ京江立寄らずに早々參府との　命之飛車手王手の場合と相成
此上ハ大坂ニ止り有て御病氣と云外いたし方無之其内ニ御内輪取繕賞
譽の

叡慮を以一位を給ハり候半てハ難被立行次第ニも候半歟一位ニ御成なされ候とたとひ戸山の評起るともその難ハまぬかるへし仍此趣向ニ皆掛り被居候となり

但

禁裏ゟ菊の御紋附の御陣笠と御馬御拝領の上ハたとひ東國御征伐たり共一先　御上京在て　奏問相濟

公邊ゟ御參府が當り之處　御上京不及御參府との今度

台命ハ御主意不貫と風說之

正月

○植松茂岳先生の詠

御心を廣島に君ましくて長門の國を治めますらし

事をへてはやかへりませ菅の根の長門の國の名にこそ有けれ

○著毅期の歌と

人こゝろ横濱さしてたつ市はくにを商ふ所なりけり
あたならぬあたに騒て神國のあたをあたともいわぬ世そうき
田丸稲之右衛門
○前亞相公御凱陣之時獻詠
征矢一手はなちもやらて梓弓かへるは君かいさほなりけり
松平上總介忠敏
○丑二月十一日左之通大目付ヘ御屆書
長州滯在之三條實美初五人之輩毛利左京家來迫田伊勢之助差添正月十五日黑崎村迄送來同所おゐて請取申候段御用番ヘ御屆申候
二月十一日
松平美濃守
○正月十八日左之通
毛利大膳父子伏罪之形迹相顯候ニ付追討諸藩一同及凱陣候由尾張前大納言以書取言上被

聞食此上は防長所置之儀即今之急務㝡
皇國之大事と被
思召候間兼而
御沙汰之通
大樹上洛被安
叡慮候樣屹度所置可有之旨被
仰出候事
　　正月
今度大樹上洛之儀更被
仰出候ニ付尾張前大納言儀暫被召留候旨
御沙汰之事
　　正月
越前侯同樣

○二月廿一日出京便

一二月廿日夜新門前ニ而十三才ニ相成候穢多を何者共不知切殺此夜異變差起可申風聞有之市中大分迯用意致し候又四月ニハ何歟起り可申頻りニ風評有之候やはり長州方之人々申出候事歟と被存候

一藝妓博奕一條男女凡百人程有之今以相濟不申候

一此比歩兵隊伍長壹人被切候由

一御所御築地ニ手足之跡有之候由夜中忍入候者も有之哉と申事

一兩閣老上京御用向不相知御附屬醫師若曾根宗桂懇意ニ付承候へ共相知レ不申候大膳父子及五卿へ東下之一條歟と被存候へ共確說を得不申候

○五諸侯より

朝廷ニ歎願書寫

臣等再拜稽首謹而奉歎願候今般常野州脫走浮浪之徒南越今庄宿ニ屯集

仕居候而指出候歎願書則遂披見候處間々觸忌諱候趣も相見候得共積年確乎タル攘夷
詔命廢格し醜夷猖獗之暴慢を悲憤慨歎之餘り終ニ動干戈擅ニ爲私鬪之所業ニ及候得共臣等實父齊昭存生中兼々口實ニいたし居候尊攘也大義遺訓地ニ墜落仕列藩離叛天下解體慷慨激烈之徒所々ニ蜂起彼是以痛哭流涕之至り不得止事此及兵擧不恐鈇鉞之嚴罰ヲモ之誠意可恤之次第ニ付去五月彼より差出候歎願書尙又臣茂政指添候建言其節御採用も不被爲在候得共方今外寇渡來より內亂相生し既ニ長州脫藩之覆轍も有之須臾も難差置臣等蒙昧之身是非得失も不相辨遮而愚衷奉歎候ハ恐縮之至ニ御座候へ共何卒彼等志願之通洋夷掃攘之
詔命幕府江御沙汰被爲成下候上彼等任仰願先鋒の寸備を被爲免候へは一同感激奮發同心治力して夷虜之陣營江突入し
神州之勇威を輝し候ハヽ

叡慮透徹之一端と敢　雷霆の威を犯し奉懇願候時勢之危急天下人心之渇望此事ニ御座候間廣海寛大之御處置を以彼等の微衷御哀憐被爲垂被下候ハヽ

天恩之程深奉感戴可申候此段奉歎願候宜御執成御執奏奉懇願候恐々謹言

（肩書皆朱書）

因州相模守　慶　德

備前備前守　茂　政

濱田右近將監　氏　聰

喜連川左馬頭　綱　氏

島原主殿頭　忠　和

丑正月

○水戸御家中何某ゟ之内狀中採要

扨國元ニ相殘り居申正議黨にも罪科被申立市川黨ゟ被打伏寂早御承知之通藤田建次郎戸田銀次郎而已殘り居賴と存居候處先達而御話之通藤

田等は十二月廿七日御用長屋揚屋入被申付候宬早戸田も頼居候處先月廿九日戸田銀次郎も揚屋入被申付其余有志之方兩三輩同日揚屋入被申付候段昨日内々承知申候宬早先烈公の忠言水泡と相成水府家脈も是切と號泣之外無之候御垂憐可被下候左の通

正月廿九日

揚屋入　表御家老　戸田銀次郎　同断　若年寄　渡邊半介

同断　御用人　久木直次郎　同断　御用人　笠井半六

蟄居　御目付　桑原力太郎

右之通御座候

今奸黨市川等權威盛にして迚も不可敵仕合候へハ藤田戸田スラ如此有樣故況や其下ニ附屬致居候者ハ此後如何可相運哉安然として死に陷り候を心外之儀と存候哉此間水戸ゟ七八輩正議家脫走江戸表さして上り

り候由姓名ハ未相分不申候尤當時水戸御所置ハ市川等幕吏と相通し相談之上可取行様子故水戸街道ニハ逃走之防きの爲幕吏ゟ隱て人數配申候由扨昨夜之風聞ニは水戸浪人江戸近邊ニ而被召捕候と申由仍之水戸當屋敷ゟ昨夜中足輕三十人程役人共引纏ひ何方にとハ不存候得共罷出申候必右召捕人を可受取事と被察候余は拜眉可申上候以上

二月九日　　何某

何某樣

○正月廿九日評定所御用

(朱書)
○附紙アリ末ニ寫ス

戸田銀次郎

去夏中市川三左衛門等江戸表に罷登御家御爲筋之儀及言上ニ候砌其方儀表向同意之躰ニ而罷出押而血氣の諸生等一同出府之上大久保甚五左衛門岡部忠藏等申合種々虚妄之儀相構三左衛門初嚴重御所置方之儀遮而申上候處深

△附紙

思召之儀被爲在候ニ付一旦其意ニ御任セ被成候へ共直樣水戸表に罷下り難行時勢を伺ひ早々押隱し三左衛門等に又々同意之次第ニもてなし內密派黨を結ひ衆人を爲致惑亂御取締筋心付も無之却而御國難を相增候始末畢竟累代之御厚恩を令忘却候故之儀と重々不屆之至ニ付嚴重可被仰付之處追而其方に致隨從候者共賊徒追討戰爭之場所に罷出及接戰候義も有之候付格別之御仁恕を以忰雄之介に十人扶持被下置蟄居被仰付其方儀は居家敷家作共御引揚御用長屋に被遣候條嚴重相愼可罷在者也

戸田雄之介

父銀次郎事不屆之儀有之候付嚴重可被　仰付之處格別之御仁恕を以居家敷家作共御引揚後用長屋に御遣其方に十人扶持被下置蟄居被　仰付候條相愼可罷在者也

渡邊半介

去夏中市川三左衛門等江戸表に罷登御爲筋之義及言上候砌同意之体ニ而血氣之諸生等を誘引致出府同伴之者共不心得之所業有之をも不憚剩派黨を引立種々表裏之儀とも申上候始末御役柄ニは不相濟畢竟累代之御高恩を令忘却候故之儀と不屆之至ニ付嚴重可被　仰付之處水戸表に罷下り追而は軍場にも罷在及爭戰候義も有之候間格別之御仁恕を以悴吉萬麿に十人扶持被下置蟄居被
仰付候其方儀は居家敷家作共御引揚御用長屋に被遣候條嚴重相愼可罷在者也

渡邊吉萬麿

文躰雄之介同斷

久木直次郎

其方儀元來心得不宜候處一旦改心致し候付愼
御免被遊候處其後賊徒追討の方に罷出及接戰候間御知行をも被下置候

得共從來之私情又々相募り笠井權六等申合內密派黨を引立衆人を爲惑亂旣ニ太子邊ゟ出張之砌も種々妄言を以鄕民を爲致動搖御改正を妨候而已ならす不容易企を致候義相聞不屆之至ニ付嚴重可被仰付處格別之御宥赦を以忰小太郎ゟ十人扶持被下置蟄居被　仰付候其方儀ハ御用長屋ゟ被遣候條嚴重相愼可罷在者也

久木小太郎

父直次郞事不屆之儀有之候ニ付嚴重可被　仰付之處格別……前文同斷故略之

笠井權六

其方儀心得不宜候處一旦致改心候ニ付愼　御免被遊尙又賊徒追討之方ゟ罷出及接戰候義も有之候間御知行をも被下置候處久木直次郞等申合不容易企いたし候條相聞畢竟私情可相遂との隱謀ゟ戰爭之地ゟ相進ミ又は東西ゟ奔走いたし御改正を妨候始末重々不屆之至ニ付嚴重可被

仰付處格別之御宥赦を以悴鹿太郎に七人扶持被下蟄居被　仰付其方儀
は御用長屋に被遣候條嚴重相愼可罷在者也

笠井鹿太郎

文言小太郎同斷

桑原力太郎

其方儀心得不宜候處一旦改心之姿ニは進退は致し候へ共從來久木直次郎等同志にて御改正を妨候所業も相聞候ニ付被　仰付品も雖有之亡父治兵衛事存生中積年之非を悔改心之上御爲筋骨折候儀も有之趣相聞候ニ付格別之御宥赦を以御役知行被召上七人扶持被下置蟄居被　仰付候條相愼可罷在者也

×附紙

○印戸田銀次郎附紙

市川三左衛門等江戸表に罷登御爲筋等及言上候砌云々

市川三左衛門佐藤圖書朝比奈彌太郎去五月中人數引連罷登候處無程江

戸表執政職被命夫ゟ御政体改革と唱へ兼々先主　烈公之主意を相守り候正論之有志ヲ不心得者などゝ稱して不殘此を押退先君を寃罪に陷し入惡逆奸計を廻し候而刑罰相成候結城寅壽之殘黨を擧用して　先君之遺業を一々破壞せんと企剩

幕府總裁職厩橋少將殿ヲ初メ正議之有志を退ケ鎖港之御廟議を妨け候事ニ關係いたし所謂己レか君を不忠不孝ニ陷入ルナリ是を奸徒却而御爲筋ト云右之所業水戸表ゟ聞へしかば常國之有志不堪憤激多人數出府市川等を退職させんとす此騷動を鎭靜として多吏水戸ゟ被召候中ニ戸田銀次郎此時ハ執政　藤田建次郎此時ハ御側御用人も同樣被召登しかバ出府之上市川等之非義奸計ヲ言上諫諍相成候處上公ニも其言ヲ採用相成尚亦

幕府ゟも人心居合不宜間市川等ヲ退ケ可然旨閣老内沙汰も有之ニ付佐藤市川朝比奈退職被

仰付候事市川ハ此時野州邊ゟ出張中ニ退職被申付無之

△印右同人の附紙

御國難を相增候始末御役柄ニは別而不相濟所業云々

佐藤朝比奈等戸田藤田之爲メニ退職蟄居中水戸表ゟ被遣ニよつて奸徒宿意之遂さるを遺恨之餘り正論之徒出府中其空虚ニ乘シ人家ゟ亂入家財を破り武器ヲ奪ひ又は農民を爲致惑亂正論之農民ハ不殘賊徒同意之樣申觸シ家屋を打潰し無罪を殺戮し種々の亂妨相働キ國中不穩ニ付右騷擾爲鎭撫　君公御目代連枝宍戸大炊頭殿并出府致居候正論之徒附屬水戸表ゟ被遣候ニ是又賊徒と流言いたし城下ゟ不入公邊并諸家の人數を引入連枝并正論の隨徒を討除せんと企しよりかゝる御國難を相增候也

☒印渡邊半介之附紙

種々表裏之儀申上候始末

湊岩舟山と申所ゟ諸生群集太平筑波之暴徒ヲ討て先君　眞之遺志ヲ遂

度との議論ニ而集會する者數百人市川等も伴て此徒ニ同意す其主意ハ別紙存意之通先君眞之主意の顯レさるを歎き尊攘の道廢頽を憂ひ是非此儀を歎願せんと相約し去五月中市川初メ渡邊半介等數百人一同强訴し無程市川も結構御役被　仰付候と卽刻已前の奸心を顯し却而先君の遺志を破り鎖港之御廟議を妨るニ至る於此半介初同志の諸生も奸詐表裏を憤り種々雖及言上其言不被行然のミならす半介をも參政職免せられしや市川等國權を握り私心を逞せんが爲に一旦僞て正論ニ同意し既ニ志を得るニ至て忽チ背叛其表裏反覆惡ムニ有餘然ニ半介を指して却而表裏といふは何レの心得そや國家之亡非ハ古今不相變事と流泣いたし候

×印桑原力太郎附紙

亡父治兵衛事積年之非を改心之上御爲筋之儀骨折候儀有之云々

治兵衛と申者ハ元ゟ正論之徒ニ而奸徒ニハ無之候得共先年水府ニ

敕諚下賜之節天下に開達之儀ニ付議論紛々之處治兵衞如何成所存にや獨り異議を執て開達を支へし所遂ニ其議被行

叡慮遵奉透徹之事空敷相成ニ付此時ハ誰も奸と申せしこ然ルニ此度別段御爲筋之儀骨折と申事則此事を指して申事ニ而奸徒ニ而は其衆論を排し

敕諚を抑留せし所ヲ以別段國家に勤功骨折として其事の罪をも滅スルニ至ル是ニ而奸徒の始終

叡慮を奉惱鎖論を破らんとするの心底顯然ニ而所謂主君ヲ不忠不孝ニ陥ルとも可申奸徒ヤヽもすれハ本文ニ御爲筋の御改正のと稱する所何等の御爲筋にや此ニ而奸徒之唱ル御爲筋之儀瞭然と知るへき也此ヲ以テ多ク之正論之徒を罪科ニ陥シ入て皆賊徒といふ或は賊徒ニ與力或ハ賊徒ニ通スルナド稱唱戸田藤田初久木笠井等ニ至てハ逆徒を防キ而戰功も有之故外ニ罪名之付ケ樣も無之然共戸田初正論之徒ニ而ハ役柄ニ

而且氣力も有之故其者共を許置候ハヽ奸徒の爲不相成故かゝる取留なき文義を捹ひ罪ニ陷し入し也古今之讒言を以人を罪ニ陷る事有之共何か一廉是と申所可有之ニ此處之如く更ニ取る所も無之のミならす曾て他人ニ罪を負せんとして己レが爲せし罪條を自分から世に咄出スとハ其淺愚可笑なれ共又かゝる慘忍無法の事憚なからす《本ノマヽ》なすに至てハ如何なる事をなす共難計定めし此度を初として是ゟ陰ニ奸徒の所業を惡ミ少しく國家を憂ふる者ハたとへ如何なる防戰の功有之共或ハ己か同意ニ無之ニ稱し或ハ派黨を立ると稱し或ハ御改正を妨ると稱して誰も々々禍を免るもの有之間敷此さき如何成行可申哉水府の大難無此上賢大人宜しく憐察し給ふへし尚種々申上度事有之候得共筆紙ニ難盡何レ來る拜眉の期も可有之候《条カ》樂筆留候御一家ハ勿論其外有志之御方々ヘ可然心憂御傳可被下候唯々尊攘の大道廢頽を悲歎血泣仕候再拜敬白華見月中旬

名宛

○大垣侯ゟ被　仰出

野州邊浮浪之徒降伏鎭靜候儀ニハ候へ共脱走之者共未何方ゟ潜伏可罷在も難計候付當四月

御神忌之節參向之攝家門跡方始堂上之面々途中警衛被仰付候間通行之節書面之通人數差出護送候樣可被致尤人數武器等之儀は銘々之見込を以無益之人數相省實備警衛相立候樣可被心得候

右之通相心得達〔委カ〕細之儀は山口内匠布施孫兵衛加藤寅之助可被承合候

右之趣相達候間可被得其意候

二月

○京都ゟ大垣ゟ之來簡

一　公御不首尾之由阿部侯御用ニ而江戸ゟ御下り伯耆守樣大坂ゟ御下

りと申事

公武御説齟齬之樣被存中々容易ニ落著相成間敷種々浮説有之難波に浪士多分參り候樣ニ申候

一南都に御祭禮ニ付近衞殿初公家衆十七頭御下向之由

蒙古襲來之節同樣御警固諸侯方夥敷事之由

一尾州老公二月廿七日御參　內被爲在候

二月廿九日

○或人に短册に

冬　旅

ますら男とおもへるわれもふしわひぬ氷のまくら雪のさむしろ

松平上總介忠敏

○淀侯の旗に

可握則握」可施則施」千變萬化」彼莫能知」

三嶋青明祕

○二月十日出江戸狀

一宇都宮は全家來共水賊に通し丹羽家之備へ銕砲打掛候由不届之事ニ候

一長州之賊徒貳千人餘船に乘先達而脫走之處正月六日ニ諸家之引拂を待チ蘊に亂入長州勢大敗全山口城破却之論と申事長水共自分亡國を招く理是惡業之報と被存候

一當月七日ゟ府下四方之番所も引拂相成愈太平之世と相見申候兩三日ハ英人又々府下を徘徊いたし候橫濱ハ彌繁盛之由唐國近時ハサンハイの港交易盛ニ相成り廣東ハ衰微之由ニ多吉郎ゟ承候

○

とちはてし長門のうみの厚氷とけてのとけき春風そ吹

つるき太刀手にもとらすてまつろへしみいつかしこきみいくさの君

この二うたをかきて小田切ぬしのうまのはなむけとす

岡田清

右貳首の歌ハ松平上總介忠敏殿詠の由

乙丑二月五日水野和泉守殿ゟ渡邊　御渡書

尾張前大納言殿

毛利大膳父子幷三條以下御所置之儀ニ付大久保紀伊守山口駿河守を以
被
仰出候趣被成御承知候處右一條ニ付而は段々御熟考之上御見込之次第
等委曲稻葉民部大輔永井主水正戸川鉡三郎を以被
仰上猶御家來を以も老中迄被　仰達候義ニ而只今おゐて右之外何とも
難能御勘辨兎ニ角前顯之趣を以此上之御所置有之候樣被成度旨等委細
御請被　仰上候趣達
御聽候處右は

御趣意も被爲在候ニ付いつれニも江戸表ゟ被召寄候旨被
仰出候依之大膳父子爲警衛御人數御差置可被成候右御人數御警衛方其
外指揮として駒井甲斐守御目付御手洗幹一郎被差遣候間御人數之義ハ
大坂表ゟ揃罷在右兩人之指揮ニ隨ひ候樣御申付可被成候右ニ付大膳父
子ゟ申渡等之儀は甲斐守幹一郎ゟ申渡候筈ニ候且又三條以下之者共は
松平美濃守御預之面々家來致警衛江戸表ゟ差越候樣夫々ゟ被　仰出候
事

尾張前大納言殿ゟ

毛利大膳父子幷三條以下之者共江戸表ゟ被召寄候ニ付而は御用も有之
候間早々御參府被成候樣被
仰出候事

御請

毛利大膳父子江戸表ゟ被爲

召寄候旨大目付駒井甲斐守御目付御手洗幹一郎ゟ申渡候筈ニ付人數大坂表ゟ揃置兩人之指揮ニ隨ひ候樣可申付旨御書付之趣承知仕候然處大膳父子おゐてハ兼而申上置候通之次第ニ付尤可奉畏候得共長防之士民おゐて譜代恩顧之主人難見放抔之氣邊ゟ如何樣之變動も難計夫よりして終ニ增長仕候ハヽ天下之治亂ニも相關不被安台慮次第ニ可及哉と深心痛仕候付不憚忌諱心底之趣申上候是等之見込ハ副將松平越前守ニも同意之儀ニ御座候間長防之狀態篤と申上候迄は兎ニ角御猶豫御座候樣仕度乍併一旦被仰出候儀ニ付
御威光難相立
思召之程も可有御座此段實ニ奉恐察其邊之儀も乍不及盡慮仕候處私おゐてハ別段之見込難相立假令列藩ゟ被
仰付御主意貫徹之

御見込被爲在候共天下之御爲ニ相成間敷哉と痛所《マヽ》仕候右は不恭之至深
奉恐入候得共御爲一途ニ存詰誠實吐露仕候是等之趣
御恕察御賢斷被成下候樣仕度仍之申上候
二　月　　　　御　　官

○二月廿六日《イニ夜》
御厨子所頭水仕所頭高橋　御執次高辻渡邊三人共差扣被　仰付候
阿部豐後守
松平伯耆守

右は阿部豐後守本家相續已前御旗本之節　禁裏御附ニ而相詰罷在候時分右高橋馴染ニ付此度同人を以大奥に夥敷賄賂いたし候處不殘表向ニ而御返相成兩閣老も《イ共》先々青さめ候然處去廿七日兩老共參
內被　仰出八ツ時過ゟ大奥に被爲　召翠簾三重被爲隔
出御ましく〳〵關白殿下を初國事懸り堂上方一同出座關白殿下　御沙汰

ニハ近比老衰耳遠ニ付大聲ニ而應對可致と先大ごろしを取置今般兩人共上京之主意ハ如何樣之譯ニ候哉

御老中御請

今般上京之儀全京地之儀ニは無之幕府甚御手薄故一橋中納言御暇給り歸京政務爲預度旨大概松前伊豆守申述候主意ニ御座候

關白殿下

昨年大樹上洛之節滯京之儀被　仰出候處攘夷之儀ニ付而ハ一旦歸京之上ならでハ不行屆候付速ニ御暇給り跡之儀は一橋中納言御守衛總督として差置小事之儀は同所ニ而御卽答可申上筈再三仍願殘置候一橋中納言ニ有之且當地御手薄之儀は顯然之處ヶ樣願出候義は如何樣之譯ニ候哉

御請

兩人共新規者ニ而其儀不相辨候旨申上

關
仰
たとへ其方共不存候共既ニ酒井雅樂頭水野和泉守ハ願濟取扱兩人共未
在勤中根元ハ大樹ゟ之出願ニ付大樹も大樹使も使不都合之儀仍其儀ハ
更ニ不相成旨被
仰出兩人共暫閉口
御　請
右等之義一橋中納言と相談之上御請申上度一先御下ケ被下度旨
關
仰
每度之參　內無用仍今日一橋中納言を可被爲
召候付
御前おゐて相談可致旨被　仰出
御　請
左樣ならハ右相談之儀は蒙

御免度旨申述候

闕

仰

今度其方共武士多人數召連候哉之趣承知いたし候右ハ如何之心得ニ候
哉

伯耆守御請

攝海等江異船乘込候哉ニ承知（イ風聞相聞）仕候付右異人万一何樣之事可致も難計
候付若一（イ萬々）之爲召連候旨

闕

仰

左候ハヽ當地ニは無用之者早速伯耆守召連攝州江相越右御守衛可致候
付而は最早當地ニは御用も無之候付（イ間）速ニ浪華江可相越候且今般毛利大
膳父子召連御用濟之上尾張前大納言參府可致旨被申付候由右は前大納
言と一同御用有之候付而は早速大樹上坂被
仰出候上右躰被申付候は畢竟

敕諚を蔑如ニいたし候次第既ニ違
敕ニ而其上先般大樹進發可致旨被
仰出候處其後私ニ進發延引之旨觸流候儀は如何樣之事ニ候哉不都合至
極且毛利大膳父子は兼而總督ニ任セ所置可有之ニ付更ニ召寄候義ハ不
相成先般已來追々上坂被
仰出候義ニ付豐後守ニは宸早御用品無之候付速ニ令歸府大樹早速上坂
有之樣可申入仍夫々御暇被下候間早々出立可有之候
御　請
右御進發延引之儀は大樹ニは更ニ不存事是等之儀は私共之罪ニ而最
早長防鎭靜之注進も有之且ハ追々之上洛ニ付關東ニ而殊之外疲弊ニ
付ケ樣觸出候段奉恐入候
右殊ニ苦敷御請大聲ニ而申述誠ニ愉快何れも昨廿四日當地發足伯耆守
ニハ人數召連浪華ゟ罷越豐後守ニハ東海道旅行罷下申候

二月廿六日

○廿七日御參　內御酒饌御頂戴此御規式重キ御事之由殊之外成　御機嫌ニ而　歸御被遊候同日越前侯ニも參　內直ニ御暇出申候付　老君例之御病ひ出　歸御否千賀ニ御歸國之周旋方御談被遊候由ニ而同人大込り右節　二條殿下ゟ何歟格別之御沙汰品被爲在候由之處御不勝手之儀と相見御側向ニも御洩し無御座前文御酒饌御下候歟菊桐御紋附御長持貳持貳棹御宿陣ニ參り右御長持共被下切之由

今上御製

朝な夕な民安かれといのる身の心にかゝる異國の船

戈とりてまもれ宮人九重のみはしの櫻風そよくなり

夷らよ船こき戻せいせの海神の御國としりてありなハ

あしきなやはたあしきなや葦原の頼むかひなき武藏野々原

浮世をも水のまに〳〵流れ行末ハ心もすめる海川

月前虫
むしさへも心ある夜の物かたり月見かてらにいてゝ聞はや
亥三月十一日加茂行幸の時
この春は花も霞も打すてゝ民安かれと思ふはかりそ
同四月八日男山にて
うたてやむ物ならなくに唐衣何いたすらに日を重ねなむ
皇太子御咏
夷等《一ニ異國》を招きし人ももろともに拂ひつくさん神風もかな
睦仁親王六歳の御時
月見れハ雲井をわたる雁金の水にうつりて見ゆるなりけり
あめりかの醜の奴らをいたつらにかへせしときハ涙流るゝ
夷等ハまたも來らハまのあたりきりて拂ふて耻見せましを
皇妹和宮　御下降の時

おしからし君と民との爲なれハ身ハむさしのゝ露ときゆ共

同有栖川宮へ

このたひハえこそ返らし行水の清き心ハ汲てしりてよ

土州侯(朱書)松平土佐守豊範　(朱書)土佐高知二十四萬二千石

咲華の色香に迷ふ心にてつとむる道を常にわするな

容堂侯(朱書)土佐侍従藤原豊信

水の色をよし濁るとも隅田川底の心は汲む人そ知る

加茂川にあたら白浪たゝせしと心せかれて渡る月日か

大宮のありとはかりハ名のミにて思へハ／＼涙こほるゝ

亥三月衣斐小平の嵐山の花見に

御出と申上る時に

花見んと思ふ心ハあらし山あらしはけしき春の明ほの

三條殿

月と日の清き光りにはちさるゝ赤き心の誠なりけり

徳大寺殿

武士の誠の道の見てしよりやかて吹なん神の風哉

父の首途に

久留米の

神職眞木和泉の娘

梓弓春ハ來にけり武士の花さく世とハなりにける哉

辭世

土藩

來原《クルハラ》良藏盛功 （朱書）自殺

雲霧を四方に拂ふて消月をよみちの空に早く見まほし

藤田彪 （朱書）水戸

みせはやな心のくまの月影も隅田川原の秋の夕はへ

○元治二年丑三月中江戸表所々張紙之寫

一惱　戯《叡カ》襟事

一日本之大切成品を夷之無益之品と取替諸色高直ニして四民を困る事
一外夷を近附崇ふ事
一日本之義人を無罪殺事
右四ケ條兼々禁制
一神州之義勇を殘す事
一國賊外夷を征伐之事
一諸色下直にして救四民事
右三ケ條兼々執行
一夫天下ハ國之天下成故其國之風を守らざらんハ道にあらず己ハ父ゟ皮肉を分し身故孝道を守らずんハ道に非ず今の天下ハ日本之國道に違ふ事不違枚擧國道ニ違ひたるハ是國賊之己父之道に違へるハ不孝之國賊も不孝も速ニ可所戮號令衆人之所知也我　日本國仁義禮智信之五常夷國ゟ正ク國典之定規たる《本ノマヽ》の尊し抑開闢已來　天朝坐《マシく》而　日

本の國政を司とらしむるゆへ征夷將軍の任を下し給ふ征夷とハ忠孝奸惡之黑白を明白にする事是天下之職たれ共今天下ハ何之職分ニあるぞや是道ニ反復して外夷を近附奸惡を助く忠孝ある者を禽獸ゟも輕く罪ニ處し普く四民を困しめ
叡襟を安する事不能
神祖之憤發幾くぞや速ニ天下之任を
天朝に返し奉られよ我カ日本万國ゟ小サキといへ共征夷將軍之任タル人無ニシモ非ズ今天下ハ所謂日本の國賊之是國賊を誰シモ亡ス事能ズ我爰ニ憤發して天地正氣を負セ共ニ天を不救國賊外夷を戮し
神祖皇帝を安し神洲之士風を憚《本ノ》敷懍然萬國へ輝し四民の困窮を救ヒ
神州之回復を希ハント欲ス必シモ其時を期すへし追而日限以高札可申聞者也
但婦女子ハ高札立次第市中迯去可申其時ニ至りて不可逢万死勿論

無謀之征夷ハ可愧我（義カ）ナル故ニ遺ス（本ノマヽ）

月　日

右之條々堅相心得國中婦女子ニ至迄可申傳也

○丑二月十四日入手箱舘簡

十月五日御認之尊書相達拜見仕候扠舊冬鍬ヶ崎ゟ申上候後兩度歟書狀差上候處毎々行違候と遠察仕候久々ニ而御細書拜見御地京江戸長門抔之珍説承知仕候私脚氣も當夏聊再發魯西亞醫師江頼療養當時大丈夫ニ而先々無事冬ゟ航海御用相勤大慶仕候驚入候は間瀨兩君泉行恐入候義ニ御座候（中略）當節相上乘之者ネモロ著否中風ニ而平臥海陸共過日ゟ私壹人ニ而相勤早朝より龜田江出懸候而も短日往返三里之處ニ而船中水主共ハ小生引取を待居毎夜九時頃迄ハ調物いたし居候事ニ付大略之御請御宥恕可被下候今便松浦先生江向先方ゟ屆給り候飛脚之者江戸江登り候付右江託し差出申候航海中荒增等松浦江向差出候付同人ゟ可差上

と奉存候不日入寒猶更御保護専一と奉存候謹言

十二月七日曉認　　池田潑三郎

謹上

御兩親樣

御兩兄樣

此度ハ御手當澤山之樣ニ候得共相懸りに離盃其外土産入用等拾貳兩程散し取れば取程入費相嵩申候江戸行之積ニ而離盃いたし見込違ひ相乘と共ニ折々グチを云出し一笑する事ニ御座候

松浦氏に向差越候右別紙

當盆后ゟ英國商人「ブリツキストン」人名當湊之内新築島ニ而借地いたし鋸蒸氣仕掛木挽丸鋸ニ而巾壹尺長六尺之板瞬息間ニ挽割亦竪ニ鋸數挺幷べ一時ニ數十枚之板を挽割諸人を驚し實ニ輕辨之品ニ而丸鋸竪鋸取扱候者之僅五六人にて挽立候板片付候者拾五六人も有之材木を初重目之

者何れも蒸氣之余力を以引揚右板を支那上海江廻し軍艦入用ニ相成候由右ニ付材木幾何も買込候付高價之土地別而引上ヶ往昔十倍ニも相成候由右器械英都龍頓ニ而出來價三万八千ドルラル同所ゟ當湊迄運賃六萬三千ドルラル之由石炭を不用薪鋸屑を用ひ馬力ハ毎ニ三十五位ニ而手練之上ハ四十馬力位迄昇セ候よし右取扱候英人貳人外和人を雇ひ英人壹人一日給金食料之外五ドルラルツヽ何程瞬息ニ挽立候而も三年五年ニハ迚も元代取返し候譯ニ不行届由右「ブリウキストン」ハ英國士官ニ而戰場江屢出既年齡五十近クニ相成候付士官を辭し諸國遊歷中ニ而長く此地ニ止り候者ニ無之後ニハ政府江御買入相願候積之由崎陽器械ゟハ余程少き由

△當所調役山﨑衛三郎八月十四日曉著直樣出勤東都出立以來仙臺地迄之間浮浪人千人程所々ニ而屯致居何れも函府江下り候者之由之處仙臺領江ハ浪人壹人たり共通行爲致間敷樣政府ゟ御達有之候付嚴重關門を構

へ居候付越後路に廻り候由其餘程之浪人之爲旅中難澁咄中南部家留守居ゟ領内沼宮内盛岡ゟ十里北之方に八十人山道越浪士躰之者相見候旨ニ而注進有之候旨届出然處に新潟湊ゟ入船有之右之咄ニ新潟表に浪人三百人程來り箱舘に渡海船仕立呉候樣奉行所に願出若御聞屆無之候ハヽ新潟中燒拂自渡海可致旨申立候由咄も有之旁夫々符合いたし候付即時ニ箱舘模寄御固南部津輕松前家に被　仰付入船碇泊前蒸氣船を以乘留ニ相越浮浪之者有之候得は召捕時宜ニ寄切捨候而も不苦旨御達有之十四日夕刻ゟ之支度ニ而十五日晝比鎭臺蒸氣神速丸に乘船湊内乘廻シ發砲壹貳番バツテーラにもホード筒壹挺ツヽケベール筒貳十挺ツヽ備付打試有之警衞掛沖ノ口掛諸術調所掛御武器掛市中取締掛何レも十四日ゟ廿日まて少しの休息も無之今以晝夜見廻り入船改甚嚴重故歟浪人躰之者壹人も渡海不致昨今ハ少々穩ニ相成候得共製藥玉拵等ニ而日々繁用ニ候

△野州邊浪士屯致居候付陸便ニ而御用金御下し方心配ニ付今一艘近々蒸

氣船御買入之積ニ而當時探索中ニ御座候御買上相成候得は私も是非乘組可被　仰付旨御内意も有之候間當年中出府之積御座候御買入不相成候ハヽ箱館丸江鮭積込上乘役測量役兼帶ニ而出府之心組ニ御座候

△前文之通箱館港模寄嚴重警衛致し候共夷地江直ニ著船上陸可致廣大之蝦夷地警衛行屆間敷當時之躰前門を防候而已後門ハいまた警衛不行屆候

△鎭臺ハ當六月十五日龜田（箱館ゟ北之方江凡一里半程）五稜廓御普請出來引移相成申候未石垣石門等ハ不成就ニ而備附之大砲等ハ江戸ゟ御廻し不成候（百廿五挺備附之積）御臺場ハ皆出來ニも可相成積ニ而大砲五挺居付候付直樣打試候處地形惡敷候付仕直し之積ニ有之候石門を初石垣等は品川沖御臺場ゟハ余程出來形宜由御座候

右八月中旬認置右已前六月朔日

在住　池田濺三郎

一人立在住ニ付壹ヶ年金拾五兩ツヽ被下罷在
當分諸術調所懸り同心代り申渡
右美濃守殿ニ伺之上申渡之入念可相勤
右之通被仰渡難有仕合奉存候右ニ付日渡御手當壹匁ツヽ泊御手當壹匁
五分ツヽ薪炭油料一ヶ年七兩ツヽ被下相勤居候處九月四日左之通
在住諸術調所懸同心代出役
船中雜用壹ヶ年金二拾兩之割被下筈　池田潑三郎
此度箱舘丸御船ネモロ場所ニ差廻し於同所荷物積入江戸表ニ被差遣
間右御船乗組同心代測量役兼相勤べし（相乗定役石渡庄左衛門 水主十八人都合廿人乗）
右左衛門尉ニ伺之上申渡之間入念可相勤
右ニ付九月十七日箱舘丸ニ乗組同廿二日拂曉南風ニ乗シ函港解纜當所
丸山沖ニ（函湊ゟ五里）至り風凪巳刻末十五度之風起正面ニ向颿同廿三日戌刻
丑十五度之暴風雨ニ變するニ寄歸湊せんと云もの多し然ニ驗氣管驗温

管之昇降を見るニ暫時ニして好風を得んと諸帆を僅ニして䑺る同廿四日正午天氣快晴戌十五度ニ風位轉す故ニ船路丑廿度ニ轉し諸帆を開て䑺る夫ゟ或䑺或漂同廿七日未刻ゴヨマイ瀬戸を航す此所至て狭き瀬戸にて西之方ニ暗礁東之方小島數多有之甚《マヽ》盡るを不知同夕クナシリ島投錨此夜辰十度之烈風來船動搖甚しく雨碇之鎖七十尋ツヽニ而繋留しニ彌風波甚敷氣管下り同廿八日正午ニ至り是迄不覺寸尺ニ而一同心痛之處同夜氣管聊ツヽ昇廿九日朝風波靜安慮いたし同午刻クナシリ揚碇同夜ネモロ場所無異著船直様上陸秋味鮭積入手配等申談候處案外不漁ニ而五百石目積入之積之處二百石目十月廿三日積入漸同廿七日ネモロ開帆之處同夜ゴヨマイ瀬戸厭にて夜之明るを待しニ午風と變し同廿九日逆風之爲ニ轉走する事不能故無余義クナシリ島ニ碇泊十一月四日拂曉同所揚碇戌風ニ乘して午ニ䑺る夕景ゴヨマイ瀬戸を航す同夜酉之暴風起て浪甚し沖合ニ流されん事を厭て轉走する此朝クナシリより同時開帆せし江戸ニ而製造豊島形三本檣并商

船壹艘今以行衛不相分候今夜之烈風之爲諸帆破り身命限り一同相働地方を離する事十余里同五日夕景風波靜り子風と變して未廿度に𦨞る同七日正子比ヨリモ岬を過キ巳半刻西之烈風ニ變し浪高して轉走不走故シャヱニ沖に泊せんとして同所に至りしニ同所碇泊商船帆八合程風十分持ち高浪之爲碇を揚る事不能故切捨しに高浪の爲に海岸に押付られ忽破船ニ及ふを見て地方ニ添ふて𦨞夕景ヨリモ岬を過キ戌刻比トカチ沖ニ泊す人命ニ不係といへとも暫時ニ破船ニ及ふ事可憐可恐事ニ御座候同八日ゟ日々逆風之爲碇泊同十九日朝開帆子十五度之風ニ乘して未に向颿る巳半刻ヨリモ岬を過キ船路十度に轉す同廿日寅刻過江山岬を過卯刻日浦ト云所（箱館ゟ西方にて凡七里）西風ニ轉し潮路之爲ニ矢越岬に向颿正午過箱館に向し夕景函府迄僅之所ニ而逆風相成候付廿五里程航海して漸函府著湊いたし候此度ハ荷物積入直樣江戸行之積之處荷不足之爲江戸に相越候而は來三月迄之御手當始として諸雜費不容易御損失相成候付

無據歸湊仕候函湊よりネモロ迄凡海上貳百餘里コヨマイ瀬戸夷地第一之難所ニ御座候右ニ付積荷當所ニ而相拂來早春昆布積入長崎江航海之積ニ而買入方等都而取調中ニ御座候右御用中御手當金一ヶ年廿五兩月割日當り雜用六匁五分ツヽ被下候昨今四十度位之温度ニ而雪解路次甚悪敷短日龜田江日勤每夜五時過引取難澁不少御遠察可被下候

十二月六日寅刻認

當四日夜四ツ時前箱館新築島之内出火曉ニ至り鎮火何れも板藏等ニ而住居之者無之昆布千石目程蒸氣木挽材木板類數多其上石炭江火移り只今以て箱館中煙覆ひ石炭昆布之匂ひ甚し前ニ云ブリウキストン器械所隣り之處一町四面程燒失申候御船御製造所隣ニ而御修覆中之船有之殆心配之處早速鎮火安心仕候

前顯相應之蒸氣船無之候付見合ニ相成當節ニ而も湊内盡(書カ)夜ハッテーラニ而乘廻し入船改嚴重ニ御座候

○浪徒名逸

踰山越嶺幾艱難　雪徹戎衣凛冽寒
不幸縱令死非命　赤心魂魄著平安
やつかほのしけるいゝ田のあすにさへ君につかへる道ハありけり
八隅しゝわか大君の御年おふるおふ田のまやにひらいくたびつ
木曾山能八丘踏越君賀邊仁草牟須屁〔屍カ〕行武止楚思不

姓　名　欠

○越前侯御届

先達而御届申上候通拙者儀致滯京候樣被　仰出候處昨年來長陣之後と申且留守中國許ニ常野脱走之浪徒立入騷擾之末敦賀表ニ人數も差出置人氣致動搖候事故差向難切置政事筋多有之同氏大藏大輔ゟも是非奉願暫時なりとも歸國之上申談取締致度旨申越候付何卒一旦休暇被　仰付候樣尤

公方樣御上坂之節ハ先達而上京可仕旨傳奏衆迄致歎願候處去月廿七日致參內候節段々御暇相願候旨趣無據相聞候間願之通暫賜御暇候旨傳　奏飛鳥井中納言を以被　仰出候依之今朝ゟ國許發途いたし候此段御屆申上候以上

三月朔日　　松平越前守

○加賀矦屆書

中納言儀去月廿六日國許發途可仕候段申上置候處病氣不出來ニ付一兩日遂保養同廿八日發途仕候間猶又此段御屆可申上旨申付越候以上

三月　　加賀中納言內　廣瀨五十八郞

○石州津和野矦屆

毛利大膳父子服罪仕候付鎭靜異儀無御座候段御總督樣仍御達人數拂仕候處其後長州諸隊之者共暴動仕候付大膳父子愼中之儀ニは候得共不得

止事及追討候旨隣國ゟ爲知候段松平安藝守樣ゟ御通達御座候付早速人數等手當仕候得共全長州一國限他國ゟ相拘候儀ニは無御座且追々鎭靜仕候趣相聞候付人數差出候義相扣申候段在所表ゟ申越候此段各樣迄申上候以上

三月四日

亀井隱岐守内
山崎傳兵衛

○江府彥根侯屆書

井伊掃部頭義此度參府之節鉄砲百挺爲持可申候兼而御觸も御座候間此段御屆申上候以上

三月四日

井伊掃部頭内
山本運平

○閣老山城淀侯屆

拙者儀去月廿一日淀出立今日致著府候付可致伺公之處旅中ゟ拘攣其上寒ママ勢頭痛ニ付此段御屆以使者申達候以上

三月四日

稲葉民部大輔

○三月五日秋元但馬守ゟ御預人之内毛利讃岐小者久藏病氣養生不相叶病死之旨屆有之

○會津侯內達

肥後守儀昨子年三拾歲ニ罷成候處永々病氣ニ罷在御警衛筋過失等有之候而は深奉恐入候義ニ御座候間萬一之節陣代等爲相勤度含を以養子願被申上度內存ニ候處兼而之御趣意も有之三拾歲ニ而は難被　仰出候義ニ拜承罷在候へ共前文之次第ニ付不得止事其志願之儀委細昨年十一月中阿部豐後守樣御用人中迄御內慮相伺候義ニ御座候處當年ニ至り候而は最早三拾一才ニ相成候ニ付此後都合次第表向養子願被申上度義ニ御座候間昨年中御內慮相伺候義ハ御取消被成下度此段各樣迄無屹度相伺候以上

三月七日　　松平肥後守內　石澤民衛

○豐前小倉侯屆書二通

口上之覺

先月廿三日異國蒸氣船一艘上筋ゟ乘下り領海門司之浦沖致入碇候付問聞船差出相糺候處英吉利之由申聞候

一同廿五日長州赤間關ゟ五十石積位之舟貳艘ニ石炭積込右門司浦沖碇泊之異船ニ漕寄石炭積移間もなく右異船同所出帆長州引島に繋船黄昏之比同州南風前に碇泊仕候

一同日夕異國蒸氣船二艘上筋ゟ乘下り領海通船下筋に向乘行候付問聞舟差出候へ共船足早く追付不申尤英吉利國旗相立居申候

一長刕南風前に碇泊之英吉利船同廿七日朝同所出帆下筋に向乘行申候

一同日夕異國船壹艘下筋ゟ渡來私領分楠原村沖に繋船致し候尤佛蘭西國旗相立居申候然處右船ゟ端舟ニ而異人六人日本人壹人同所牧（枝カ）郷大久保と申處に上陸昨子年八月中異人死骸埋葬之場所に罷越致手招候付海岸見廻り之村役人共罷越候處昨年此所に死骸を埋め石塔を建置候處無之

如何致し候哉と相尋候付不存旨相答候處彼是理不盡之儀共申立立腹之躰ニ而墓印ニも候哉長サ五尺程横三尺余も有之候黒塗之木二本船ゟ取寄相立猶不法申募本船ゟ引取申候

一同廿八日夜異國蒸氣船一艘上筋ゟ乗來り長州赤間關ゟ繋船仕候尤問聞船差出候得共他領之義ニ付糺等不仕船印相立不申候ニ付何國之船共相分不申昨三日夕同所出帆長州福原前ゟ入碇仕候

右之通御座候付手當人數等穏便ニ用意仕浦々入念候樣申付置候此段申上候以上

二月四日　　小笠原左京大夫

三月七日前達一束ニ小倉侯江戸留守居届書　三月七日出ル

當正月廿七日佛蘭西國船一艘渡來領海ゟ入碇仕領内楠原村枝郷大久保と申所ゟ異人貳人日本人壹人船子四人上陸昨子年八月中死骸埋葬之場所ゟ罷越致手招候付村役人共之内海岸見廻之者罷越候處此所ゟ死骸を

埋石塔を建置候處無之如何いたし候哉と相尋候ニ付不存旨相答候處不存候ハヽ致方無之右死骸ハ蘭人ニ候處先達而下之關ニ繫船之節罷越見請候處石塔打破有之其段蘭國主將ニ相達候處佛國主將ニ賴越我等を差立候付則來著見請候處損し候石塔も無之日本人ハ墓所を輕んし候國ニ候哉と申候付輕んし候義ニは無之旨相答候處殊之外憤怒之躰ニ而墓印ニも候哉長五尺程横三尺餘も有之候

如圖十文字之黒塗木貳本本船ゟ取寄同所ニ相立是を破候得は大ニ失禮ニ而大罪ニ相成候間主將不致勘辨候ハヽ長州之如く敵國ニ相成候間向後入念候樣申聞候ニ付右之趣村役人ゟ冣寄出張之家來共迄相達候ニ付早速家來共罷越候得共冣早間ニ合不申本船引取申候右異人ニ致應對候者ハ村役人共之儀ニ付不行屆之儀有之候得共元來開港之場所に無之事ニ付埋葬等之儀は前以一應懸合熟談之上ニ而可取計處無其義自儘ニ埋葬仕候筋ハ有之間敷勿論其砌ハ長州と戰爭聞（マヽ）ニ

付先其儘差置遣候義ニ御座候尤時宜次第ニ而は垣等結廻し番人等付置候樣可仕候得共懸隔候場所万端行屆兼殊ニ領內人氣激し心配仕候依之可相成義ニ候ハヽ何卒他方に改葬被仰付被下置候樣仕度左も無之候ハヽ渠ゟ取建候品々如何樣共破壞仕候共故障申間敷旨屹と御諭被下候歟兩樣之內御聞屆被下候樣仕度奉存候此段奉願候樣左京大夫申付越候以上

三月七日

小笠原左京大夫家來
宇佐美新

先寫氏案ニ破壞ハ尤承知致間敷改葬も乙甲ニ付和蘭國ゟ永々之地代地主に差出し且其所之番非人ニ附屆致し賴置候外無之と被存候

○乙丑春

播州ゟ以西之國ゟ伊勢に參宮する者道中にてうたふうた西國には流行の謠なりとそ

「死ネャ死ネ五十年の命何そいとわん大君の爲ヲジャレソウジャヨ

ソレ《ツメル》ヤウソナイゾヨ」

此外いろ〳〵有ども此歌殊ニ耳たちて聞へし故暗記したりヲシヤレ――は何れの歌にも後につける

○或人ゟ之書状中ニ（木曾詰之者道中ゟ著迄之萬事を記したるうちなり）扨舊冬浪士通行之節同輩之内ニ而貳人不都合之次第有之候哉被斬殺中津川落合兩宿ニ是を葬り墓所有之中津川之墓には少し廻り道ニ付得立寄不申候落合の通り道ニ有之候付見物いたし候處墓所ニ熊谷大明神抔と色々相認候幟り數本立有之近邊假茶屋六軒相立賑々敷不思義なる事ニ御座候一寸申上候

○扨當地ハ殊之外之寒國ニ而三四日以前迄ハ山々ニ雪積り居り候得共今日ニ而ハ大分消申候著之砌ハ朝焚候飯晩ニハカン〳〵ニイテ付居候躰ニ而朝ゟ晩迄火燵に這入詰居申候しかし三四日已前ゟハ少々暖和を催し申候云々

（原註）二月廿五日尾府發足同廿九日著ト云

三月十一日

道中境峠ゟハ殊之外之雪ニ而所ニよりてハ三尺程積り居申候

○益田右衛門介辭世

飛鳥川かはるならひや世の中の瀨にたつ身ともなりにけるかな

福原越後辭世

よしやよし世を去るとても臣《ヲミ》として君の御爲に身をつくすなり

國司信濃ハ今様をうたひて死すト云

たゝかハぬ先にそあくるかちときハやかてや君の萬代の春

○

公卿

日野大納言

九條大納言

飛鳥井中納言

中院中納言

野宮中納言

野尻宰相　中將

清水谷宰相　中將

今城宰相　中將

中御門右相辨宰相

殿上人

難波　少將

植松　少將

樋口右馬權頭

石野治部　少輔

慈光寺大膳權大夫

長谷美濃　權介

中園近江　權介

高松刑部　少輔

北小路極﨟
細川源藏人
臨時幣使
四辻中將
禁裏御所御贈位使
小倉中將
著座門跡
梶井宮
奉行職事
坊城左少辨

右之通御座候

護送御人數
割

日野大納言
九條大納言
飛鳥井中納言
中院中納言
野宮中納言
町尻宰相中將
清水谷宰相中將
中御門宰相中將
今城宰相中將
九人
大御番頭　壹人
同組十人
御先手物頭壹人

右之通

（朱書）
加納
四里八丁
鵜沼

同組同心廿人

梶井宮

右護送

同　斷

臨時幣使初堂上

殿上人拾三人

右護送

大御番頭　壹人

同　組六人ッヽ

御先手物頭壹人

同組同心廿人

（朱書）
い組
大御番頭　壹人

同組廿五人
御先手物頭　壹　人
同組同心

下ケ札
「御參向之御方御休泊割未相分候付御人數配相替儀も可有事
「御晝休ニ而代り合護送相勤候義隊長等勘辨之事

二リ
太田
二リ
伏見

(朱書)
同
大御番組與頭貳人
同　組廿五人
御先手物頭　壹　人
同組同心

二リ二丁
細久手
一リ半
大湫

三リ半 大湫

二リ半 中津川

一リ 落合

一リ廿五丁 馬籠

（朱書）
ろ組
大御番頭　壹人

同　組廿五人

御先手物頭　壹人

同組同心

（朱書）
同
大御番組與頭貳人

同　組廿五人

御先手物頭　壹人

同組同心

（朱書）
同
大御番頭格　壹人

二リ 妻籠

一リ半 三戸野

二リ半 野尻

一リ廿四丁 須原

三リ九丁 上松

二リ半 福島

御目見之輩廿五人

御先手物頭 壹 人

同組同心

(朱書)は組
大御番組與頭貳人

同 組廿五人

御先手物頭 壹 人

同組同心

山村甚兵衛家來人數

一リ半 宮越

二リ

一リ半 奈良井

（朱書）同 大御番頭 壹人

同 組廿五人

御先手物頭 壹人

同組同心

贄川

二リ

本山

一御目付三人幷支配向之儀は程能人數引分宿陣等取計候事

（朱書）三月十九日曉發足鵜沼ゟ本山宿迄
梶井宮護送四月二日護送

大御番頭三番 石河主計

同與頭

同組

（朱書）三月廿六日曉發足木曾路ヘ
四月六日夕

（五行朱書）三月廿六日曉作十郎ト同し發足御用
濟之上先祖菩提所與禪寺ヘ參詣本家
山村甚兵衛ヘ立寄所用濟之上四月十
六日夕歸著
但附屬役々組等ハ尤先達而歸著

以上

御先手物頭
小見山德之進

海保三郎平

大御番頭四番
高木作十郎

同與頭

同組

御先手物頭
星野七右衛門

山田又次郎

大御番頭六番
山村多門

同與頭

同組

御先手物頭
太田卯平治

石原甚兵衛

（朱書）三月廿六日曉鵜沼宿ゟ大御番頭格代
として發足四月六日歸著

（二行書）御馬廻頭格　野崎　一學

東照宮貳百五拾回

御先手物頭　御目見之輩廿五人

御神忌ニ付日光ゟ參向之公家衆等木曾路通行ニ付鵜沼宿ゟ御嶽宿迄護
送之人數割

（二行書朱）隊長初御役名之儀は公家衆初公役衆等ゟ尋之節肩書之通答振之筈被
仰渡

御馬廻格　大御番頭　野崎　一學

御先手物頭　都筑　儀十郎

御用人格御勘定奉行良次郎惣領　大御番組與頭　小池　熊五郎

御作事奉行九郎右衛門惣領　同　小笠原　喜十郎

御右筆組頭格彥八郎養子　陣場奉行　村井　辰三郎

御先手物頭新八郎惣領　同　土屋　長太郎

一組締方

寄合彌九郎惣領　使番　堀亥三郎

新御番八太郎養子　兵粮奉行　矢部五郎吉

（以下二行朱書）
左之輩廿五人之筈候處出立前ニ至俄ニ三人相減し廿貳人ニ而相勤候事

御勘定奉行平太夫惣領　大御番組　水野篤之助

壽操院様御用役文次郎惣領　同　星野正平

御廣敷詰治兵衛惣領　同　佐久間治三郎

御馬廻組八十郎惣領　同　山田文之助

御廣敷物頭御小納戸頭取兼七太夫惣領　同　稲葉助十郎

御徒頭喜内惣領　同　眞鍋彌十郎

中奥御小性熊次郎惣領　同　大島賢藏

御書院番格御廣敷詰孫助三男　同　森本錠吉

御手筒頭格御小性頭取武兵衛惣領　同　松井五郎助

御小性頭取銕次郎叔父
表御番與力頭孫太郎弟
御弓役庄九郎摠領
御馬廻與頭並與右衛門四男
御書院番八太夫摠領
同銕太夫摠領
寄合組條右衛門摠領
表御番頭取理兵衛四男
御納戸格文次右衛門養子
寄合組丹左衛門摠領
大筒役性九郎弟
御側物頭格明倫堂督學八助三男

同 堀田瀧三郎
同 赤林郁三郎
同 山本敬次郎
同 鈴木鉞助
同 岩田健次郎
同 澤田鐵平
同 深澤金一郎
同 深津摠四郎
同 渡邊乙二郎
同 河村久四郎
同 鈴木銕太郎
同 阿部熊吉
同 寺尾龜彌

一左之書付鵜沼本陣櫻井辰左衛門ゟ差出候事

三月廿六日京都發輿

一清水谷宰相中將殿

町尻殿

植松殿

坊城殿

外ニ下官拾壹人

公儀御警衛人數

新庄美作守　遠山内膳

御徒目付 小澤傳兵衛　御小人目付 鈴木鎮三郎　同 中島莊一郎

右廿九日鵜沼通行

同廿九日立

一飛鳥井中納言殿

難波殿
中園殿
慈光寺殿
外ニ下官四人
公義警衛人數
巨勢大隅守　大久保隼人
御目付布施孫兵衛　御徒目付大塚久四郎　御小人目付三輪嘉兵衛
右四月朔日鵜沼通行
同廿八日立
一中御門右大辨宰相殿
今城殿
四辻殿
樋口殿

外ニ下官五人

今田貞之介　鈴木伊兵衛　楠祐之介

田中鎌藏　萩原時藏

右四月二日鵜沼通行

同廿九日立

一竹屋前宰相殿

小倉殿

石野治部少輔殿

高松左兵衛佐殿

外ニ下官十三人

中坊陽之介　本見長門守

御徒目付山下新太郎　御小人目付壹人

右四月四日鵜沼通行

四月朔日立

一大炊御門右大將殿

中御門中將殿

御書院番頭 有馬阿波守　御目付 渡邊爲三郎

同日立

一長谷殿

北小路殿

細川殿

御目付 加藤宗三郎　御徒目付 菅沼鉚之助　御小人目付 正木銕藏

右四月四日鵜沼通行

護送方勤割行烈《マヽ》左之通

（朱書）
三月廿九日鵜沼通行之公家衆等行列書四月朔日より同四日迄日々通行之公家衆等行列併護送方之儀大法似寄候事ニ付別段ニ相記し置不申候事

杖突壹人　　同心九人
同心組頭　玉薬箱　御先手物頭　都筑儀十郎馬上
杖突壹人　同心九人　侍
鎗　杖突壹人　公役同　御箱
沓籠　公役　御歌書櫃　御装束櫃
床机　杖突壹人　公役同　御箱
徒同侍侍　公役
御長刀　清水谷宰相中将殿　御傘　公役　清水谷殿御内
御家来衆数多
徒同侍侍　公役
公役　御箱　徒侍侍
公役　御歌書櫃　御装束櫃　御長刀　徒町尻殿
公役　御箱　徒侍侍
公役同

御傘　町尻殿御內（御家來衆）　公役　御歌書櫃　御裝束櫃

公役同

御箱　徒侍侍　公役同

御長刀　徒　植松殿　御傘　植松殿（御家來衆）　公役

御箱　徒侍侍　公役同

御箱　徒侍侍

御歌書櫃　御裝束櫃　御長刀　徒　坊城殿　御傘

御箱　徒侍侍

公役

坊城殿御內（御家來衆）　公役　新庄美作守（公義御警衞）　同勢（同）　遠山內膳

公役

鎗　纒　鎗

同勢　小澤傳兵衛（公義御徒目付）　大御番組與頭馬上

侍　草履取　纒　草履取

締役壹人　騎士拾貳人

沓籠合羽籠　使番壹人　馬印

兵粮奉行壹人　騎士拾貳人

手筒　徒侍侍侍　鎗

玉薬箱　具足櫃　野崎一學馬上　沓籠　駕籠

手筒　徒侍侍侍　床机

鑓

合羽籠　兩掛同同　一學用達　平野久藏

侍

右行列ハ見聞致し候事ニ付間違も可有之日々護送振相替儀無之本文之通

但四月四日ハ　例幣使之節ハ御三方ニ人數割合致護送候事

加納永井肥前守護送之隊長

瀧　半左衛門　加々爪忠右衛門

外ニ騎士八人程銕砲三拾挺程

○三月廿七日出江戸來簡

廿五日ハ强風雨ニ御座候處駒場おゐて

上樣調錬

御覽被爲在十六大隊ニ大砲隊六隊砲數ハホート四十八挺ニ而御座候二列打之比雷鳴之如く

御屋形迄響申候其砲聲の鳴動中時計を以計り申候處七ミニユート間の中一聲ニ相聞申候

公邊之御勢ひニハ恐入申候委敷事ハ後音可申上候

三月廿七日

御小納戸頭取　御小納戸詰組頭格御小納戸詰役懸り

○四月十日林藤左衛門　蒲五兵衛江戸ゟ早追ニ而著之趣ハ長州表之儀未

全鎭靜共相見不申右ニ付大小鑑察被差遣候得共右
御主意之趣ニ萬一違背仕候ハヽ速ニ
御進發可被遊然處先般ニ而諸藩は疲弊ニ及候間今般ハ
將軍家御一手ニ而御征伐可被遊との
上意之由老中ゟ追々御留被申上候得共更ニ御承引無之
玄同樣ニは是非御供御願　御進發前長州表江御發向被爲在候樣ニとの
御事ニ而紀州樣も同樣之由尤
前樣ニも士氣御養中ニハ候得共御願相成候而不苦と申事右早速御否可
有之旨阿部豐州ゟ兩人江直談相成候との事
○四月十八日朝御用人五味織江殿江戸表ゟ早追ニ而著四日振ト云　昨十七日著可相成之處御祭禮ニ付鳴海ニ而一泊今朝著ト云
○四月十八日左之通
公義ゟ之御觸

此度
御進發被
仰出有之候處
御神忌御法會濟
御發途も可被遊
思召ニ候。此度之義ハ御軍事之儀ニ付御武備之外は先規ニ不抱〔拘カ〕格別ニ
御省略被爲在御手輕ニ
御發途可被遊
思召ニ候間御供之面々ニも實備專一ニ相心得聊ニ而も虚飾ケ間敷義
無之樣可致旨被
仰出候
四　月

○四月廿八日左之通御觸

京都所司代松平越中守殿ゟ在京御用達役に被相渡候別紙書付壹通相渡
候右書付之趣向々に可被相觸候在京之輩には爲相觸候
四月
右之通石見守殿被仰渡候付相達候
毛利大膳父子
御征伐之儀先般塚原但馬守御手洗幹一郎を以被
仰出候
御趣意相背候ハヽ急速
御進發可被遊旨先達而被
仰出候處いまた右之模様は不相分候得共不容易企有之趣ニ相聞更ニ悔
悟之躰も無之且御所ゟ被
仰出候趣も有之旁
御征伐被遊旨被

仰出候仍之五月十六日

御進發被遊候旨

右之通被

仰出候

四月

○閣老伯耆守殿ゟ御渡之書付貳通

大樹上落之儀老中兩人ゟ

御沙汰有之候通外夷大患長防處置之重典危急之世態

皇國治亂之境別而被惱

宸襟候將今般毛利大膳父子實美以下呼下之命有之不穩之勢此上相當之

處置を失ひ變動を釀し候而は内外不可救之勢顯然ニ而暫閣諸大名參勤

妻子出府之儀ニおゐてハ昨春褒

敕之次第も有之候間去文久二年之令ニ復し猶其末

大樹上洛之上結局永世不朽之國是熟評被聞召度候間何分ニも迅速發途
被安
宸襟候樣過日老中共參
內之節右等之段々委細可有
御沙汰處無其義重而被
仰出候事
三　月
水戶中言納家政向不取締ニ付愼申付候哉ニ相聞
至當之儀ニ被
思食候猶
叡慮之御次第も可有之候間水戶家之儀は經奏聞所置可有樣
御沙汰候事
右之通三月廿三日松平伯耆守ゟ被

仰出候事

（二行朱書）先寫氏案ニ又々御委任之廉崩レ候樣相見何とやらん万端不穩樣

被存候

○四月四日朝到著一文字便

一三月廿九日布衣以上之輩一役壹人ツヽ席々おゐて御老中列座美濃守殿

演達有之候書付

先達而

御上坂之儀被

仰出も有之候處方今長防之形勢全鎭靜共不相聞旣激徒再發之趣も有

之被於京師候而も深被爲惱

宸襟被

仰進候儀も有之且先達而塚本但馬守御手洗幹一郎被差遣候御趣意若

相背候ハヽ急速

御進發被遊候間御日限被
仰出候節ハ聊御差支無之樣可致旨被
仰出候
右御上坂被
仰出と申ハ三月十八日之事ニ而則左之通
長防鎭靜ニ及候付此上
御進發は不被遊時宜ニ寄猶被
仰出候儀も可有之旨先般被
仰出候處京師ゟ被
仰出候義も有之候付此度
御上坂之儀被
仰出候然處いまた長防其外御所置も有之ニ付而ハ
御發途暫御見合被成候時宜ニ寄速ニ

御發途可被
仰出候義も可有之候間御不都之儀無之樣可致旨被
仰出候

三月

○二月廿六日出京ゟ申來
一阿部侯急々御歸ニ相成直《マヽ》城御上と申事
公方樣御上洛御催促と被存候內實ハ甚不穩事と被存《マヽ》存候
一御老中阿部侯御歸ニ相成候由
御所之方御不首尾之樣ニと噂仕候如何可有之也
○二月廿四日出江戸表ゟ
水府公も未御愼之容子之夫ニ御嫡北越ニ御出進も可笑也
一長州も正月六日過激派二千人程船路ゟ萩ニ夜討萩勢敗北之趣五人之公
家は奪取山口城ニ楯籠十四日嫡長門人數を牽《率カ》ひ同所へ押寄十五人《日カ》大戰

ニ及ひ萩勢討勝五人之公卿も取返シ候由小倉侯ゟ御屆出申候長も同士討滅亡之兆之
〇三月廿五日京都御指立一文字便御內書曰
前大納言樣御歸國御暇之儀比日一印之通
朝廷江御願被遊候處去ル廿二日傳
奏野宮中納言殿ゟ呼出有之候付御手筒格中奥御小性水谷助六御指出相成候處
御歸國御暇之儀今暫御見合相成候樣雜掌を以申聞有之候趣等二印之通申達候然處公方樣御上坂之儀被仰出候趣等
公邊ゟ御達有之候付猶又三印之通
朝廷江御願相成候處四印之通今日被仰出候事

三月廿五日

寫

一謹而奉言上候先般蒙征長之大任候處因
御威靈早速及鎭靜其段
奏聞仕候處就夫大樹更上坂被
仰出其節　御用も被爲
在候付臣慶勝儀被
召留滯在仕候然處右上坂迄聊餘間も可有之と奉存候付暫時之内歸國
之
御暇被下置候樣仕度三ヶ年來多分在國不仕國務も多々差湊國力疲弊
ハ申迄も無之且昨秋以來之征役人氣も倦怠仕候間一先右等之條々一
洗仕度
御用之節ニ至候ハヽ尤急卒上京可仕候何卒右之趣早行

御許容被成下候樣仕度奉懇願候誠恐誠惶頓首敬白
三　月　　　　　　　　　　　　　尾張前大納言
　寫
二私儀傳
奏野宮中納言殿ゟ罷出申候處
御歸國御暇御願之義
上ニも御六理不成
思召候得共先達而阿部豐後守ゟ
御沙汰之趣も御庭候處未何等之儀も不申上
幕府ゟも何等御答無御座候就而は急使を以
御催促被爲在候事故其內ニは申參候付今暫之內御見合相成候樣雜掌
木下右兵衛少尉を以被申聞別紙御書付御返シ相成申候仍之申達候

御手簡頭格

三月十二日　　中奥小性　水谷助六

寫

三謹而奉言上候大樹上坂餘間も可有之ニ付暫時之內歸國之御暇被下置
候樣奉願候處先達而阿部豐後守ゟ
御沙汰之趣幕府ゟ何等御答不申上候付今暫之內見合候樣可仕旨奉謹
畏候然處大樹上洛之筈相決發途之義は暫見合候趣等關東ゟ申越今朝
承知仕候就而は宸前願之趣何卒早行
御許容被成下一先御暇被下置候樣仕度只管奉懇願候臣慶勝誠恐誠惶頓
首敬白

三月廿三日　　尾張前大納言

寫

四先般來被召留候

御用中ニ付歎願之儀難被及
御沙汰筋候得共去秋征長以來永々出國之中ニも候間暫於國許養士氣
大樹上坂已前早々上京可有之猶其上
御用濟ニ而御暇可賜候事
但何時可被　召登哉も難量ニ付兼而用意可有之事
三月
○長防御征伐
御進發ニ付行軍爲　御覽四月廿一日駒場ニ御成御供之次第大概拜見人
覺書

御先拂　歩兵隊三組　四千八程
御徒二人ツヽ　四列ニ立一小隊一組ニ差圖役六人ツヽ
三度　ミニイ隊一組ニ歩兵頭壹騎ツヽ

大筒八挺　御徒一組
大筒壹挺壹車　二列ニ立各手鎗頭一騎
彈藥壹車　壹組廿五人與頭
右二輛な馬壹疋ニテ牽

大御馬印　御徒一組　御旗十流　御具足二釣
扇形地紙　前同斷
無地金

御馬印　御徒一組　御小性組一組　頭一騎
吐月形　二列何れも歩行得物な持
惣銀　前同斷　家來持高ニ應し銕砲手鎗持

御持組一組　頭壹騎　新番一組　頭壹騎
二列　二列侍壹人ツヽ銕砲爲持
自身ハ手鎗

歩行ニ而四列壹人置ニ手鑓
御側近キ故か供人なし

同

騎馬　同

騎馬　　騎馬　同　同　御馬廻り御供

御　　御箱　御簑箱

騎馬　　騎馬　同　同　歩行多人數

騎馬　同

同

御鑓五筋　　御乗替　馬貳疋　御次馬廿疋

御目付　五騎

御使番
此外立場不定
兩役多し

御徒一組　歩兵三百人程
頭壹騎其外
前ニ同し

御跡惣同勢

御供列之外御先勤役々御番士騎兵隊歩兵隊共當曉七時比ゟ御差懸り朝五半時比迄引もきらす續く何れも陣羽織ハ勿論小具足も有

○御行軍列

○騎馬兵三拾隊

同頭貴志大隅守　同頭並山角磯之丞

○御持小筒三小隊大砲守護兵之

同頭大平鐐次郎

○大砲一座ホート八挺火藥車附馬ニ而曳

歩兵頭河野伊豫守　同戸田肥後守

○歩兵一大隊

同頭並德本鋼太郎

○歩兵一大隊

御旗奉行齋藤佐渡守

○御紋附御旗八流

○御先手佐野鎮次郎 組共　大御番頭米倉丹後守 組共

○御先手藤澤讃岐守 組共　大御番頭齋藤攝津守 組共

○御先手水谷彌之助 組共　御書院番頭本多日向守 組共

○御先手大久保與三郎 組共　御書院番頭太田筑前守 組共

○千人頭貳騎

銃隊一大隊 八王子千人同心之

千人頭壹騎

○御鎗奉行花房近江守

○千人組 虎之皮御鎗五拾筋

御鎗奉行仙石播磨守

○講武所奉行赤松左衞門尉

講武所砲術師範役

大砲一座　前同斷
同師範役
銃隊一大隊
○講武所奉行遠藤但馬守
中奥御小性　蜷川左衛門尉　久貝相模守　土屋伊賀守　岡部伊賀守
水野河内守　久永出羽守　牧野伊豫守　松平伊勢守　關越前守
○中奥御番　大澤主馬　山下中務　筒井次左衛門　森宗兵衛　加藤右近　西尾主税助
○御先手　德山五兵衛　組共　加藤鉞之助　組共　皆白御旗十二流
○御旗奉行岩瀨壹岐守　組共
○御先手本間彈正　組共　上野七太夫　組共
○御持筒頭松平信濃守
御持小筒組三小隊　大砲守護

大砲一座　前同断

大砲組之頭成瀬但馬守

歩兵奉行　小出播磨守

歩　兵　頭　富永相模守

○陸軍奉行　竹中遠江守

同　　並　溝口伊勢守

歩兵一大隊

○大御馬印□金之扇

御徒頭　平岡鍾之助　組共　中條金之助　組共

御先馬　貳足

御具足

○新番頭　須田久左衛門　組共　同　勝田左京　組共

小御馬印銀之八日月

御貝　御太鼓
方色御旗十六流
○御持之頭　水野主膳 組共　曾我主水 組共
○小人頭　余語余八郎 組共　稲葉清次郎 組共
○講武所鎗劒師範貳騎
同鎗劒方　合五百人計
御同朋頭　御同朋　御老中　若年寄
御側衆　奥詰鎗劒方　御小納戸　御小性
御
御馬上金之御笠御陣羽織伊賀袴
御小性　御小納戸　奥詰鎗劒方　御手道具　御持筒　奥御祐筆組頭
奥御右筆　表御祐筆　御笠　御杖　御床机　御數寄屋坊主　御茶辨當
御水簞筒　御九辨當　御駕籠　御籠駕者之頭　御鎗五本　御簑箱
御簞筒　御野長持　御馬方　御馬預御馬貳足

御鉄砲方　井上左太夫組共　田付四郎兵衛組共
御徒頭　松平式部少輔組共　川村清兵衛組共
御小性組番頭　島津伊豫守組共　井上志摩守組共
歩兵頭　森川荘二郎　都筑鐐太郎
歩兵一大隊
摠同勢　御徒押　御小人押
御書院番頭　八木但馬守組共　柴田越前守組共
御小性組番頭　室賀美作守同　酒井安房守同
新番頭　岡部備後守同　中川備中守同
御持頭　松平俁之丞同　朽木大和守同
御先手　三枝左兵衛同　戸田寛十郎同　田付主計同
小十人頭　桑山次郎八同　諏訪庄左衛門同
御徒頭　興津勘左衛門同　蜷川邦之助同　本多隼之助同　朝比奈金

八郎　同

御書院番頭　永野伊勢守　同

御小性組番頭　松平河内守　同

御徒頭　中島平四郎　同　石川左内　同

御持頭　天野陽一

御持小筒組三小隊

大砲組之頭　高尾惣十郎

大砲一座　前同断

歩兵頭　久世下野守　平尾四郎兵衛

歩兵一大隊

歩兵頭並　深澤彌左衛門

歩兵一大隊半

惣計十六隊

御使番壹隊ニ付凡四騎ッヽ
御目付貳騎ッヽ
右は當月三日之御行列也則
御進發御供之面々之由
五月
○今般細川家老ゟ願之趣
今般
御進發被
仰出御座候處諸侯御供之儀は何等被
仰出無御座候御主意之程は不奉辨候得共私共主家之儀今度御供不被
仰付候而は後世之瑕瑾ニ相成甚殘念奉存候右之趣國許にも申遣度候
處其日間も無之候付何卒此表詰合之人數を以
御先鋒之御供相勤度奉願候由之處

上様ニも御滿足ニ被　思召御聞屆被
仰出候由愉快至極ニ奉存候
一上杉家も同樣之評判ニ御座候
五月七日

○今度
御進發之節尾張殿城内ニ
御泊被遊候ハヽ家老共
御目見被
仰付成瀨隼人正儀は家柄ニ付壹人立
御目見
上意御座候樣致度候宜御指圖賴被存候
五月
覺

書面家老共
御目見之儀は共節ニ至り可相達候成瀨隼人正
御目見之儀は難被及
御沙汰候
右之趣可申越候事

（朱書）伊勢御警衛三月十三日發足大御番頭九番津田伴之丞□敏段被相詰

○志州ゟ伊勢御警衛尾州陣ゟ申來
一筆啓上仕候然は昨廿日夕七ツ時比無印蒸氣船壹艘志州南張村前海ニ入津候付兼而申付置候通村役人とも速ニ船中ニ罷越相尋候處異人のミ乘組居言語不通候得共段々相尋候處英吉利と申義相分候由尚又何れニ參り候哉相尋（本ノマヽ）味候處横濱と申候由右丈ハ相分候得共餘ハ不通のよし船長サ凡三拾間程人數ハ難見立候共多分相見候旨昨夜子（マヽ）之刻過同村より注進申出候仍之不相敢爲取糺其筋役人共被差出猶引續壹之出固（手カ）人數寂寄村方ニ被差出候委細之儀は取糺之上出役之者ゟ可申越筈候付否相分

次第御案内可得貴意候得共先此段不取敢爲御心得得貴意度如此御座候
恐々謹言

稲垣主馬

四月廿一日

御目付(肩書朱書)
飯沼紀右衞門樣

追啓本文南張村ゟ注進後志州御座村ゟ申出候ハ昨廿日日暮比異人十六七人小筒持參尤犬躰之者兩疋連同村地先に致上陸小筒打放候義見請候段不取敢同村ゟ今曉申出候此段も爲御承知得貴意候以上

○伊勢宿陣之人ゟ尾州へ申來大御番組附屬打方之人ト云常ニは御無沙汰云々右書付之趣稲垣ゟ當廿一日ニ申越候間寫壹通差出申候右樣之事は勢州ニは無之事と存居候處案外仕候與頭之咄ニは一之手貳之手三之手迄藤堂抔はくり出し候趣ニ御座候其よし隊長に申越有之候趣承り申候
兩宮御守衞之儀ニ付先々五六人ツヽと磯邊ゟ參り候筈今日極り申候其外ハ御案内之通とんと日々ひまニは込入申候云々

四月廿二日

（一行朱書）
慶應元年乙丑四月廿九日東本願寺門跡父子尾府下懸所ニ到著從者宿所

御宿割

下間宮内卿殿　本町通橋町　龜屋小左衛門

粟津太進殿　龜屋小左衛門

淺井帶刀殿　日置村伊勢山町　加藤三右衛門

石原駿河殿　橋町　吉野屋甚九郎

森川左仲殿　廿二日會所

松井外記　知田郡會所

川部那左近　御茶所　廿四日講會所

橋本平學　二日講會所

磯部主馬　三州會所

長井越後　丹羽郡會所

尾崎杢之尉
横田縫殿
藤井采男
川那部登
花之間御近習衆
北御方御近習衆
中奥御小性衆
大廣間侍衆
御堂僧
集會所御役僧
出納所
御勘定方
御荷物方

海西郡會所
葉栗郡會所
手代町中川九兵衛
中島郡中元會所
右同所
海東郡會所
廿五日講會所
御花講會所
五日講會所
西愛知郡會所
御學寮
右同所

御膳所
御祐筆方
書記方
御宿制方
總所
御列方
御青士
御茶道
小奏者
御厩
七人組
御中間
鎗頭組
宰領方
御輿之者

八日講會所
十六日請會所
（朱書）張紙有テ所ナシ
古渡 善正寺
右同寺
古渡 美濃屋新兵衛
十二日講會所
東愛知郡會所
廿八日講會所
熱田 十二日講會所
御寶藏東之方
新建 日置敬圓寺
西御藏

壹番
貳番　右同寺
三番
御手廻り
小道具
四番　御庭内假健
帯刀
下部
久野出羽介殿　美濃會所
大野土佐介殿　池田屋九兵衛
中村主殿殿　春日井郡會所
御供御講中　茶屋町丸屋京坂講中
以上

丑四月

（朱書）此記懸所外門ノ北ノ塀ニ貼出タルヲ寫ス

○四月廿六日　御用列以上幷三奉行ゟ被　仰出候趣

方今長防之形勢全鎮静共不相聞候ニ付

御神忌御法會濟

御進發も可被遊旨被　仰出候依之

御先手御摠督被

仰出候間各別被盡

御忠勤候様ニと之

上意ニ候旨

玄同様ゟ被

仰出且別紙之趣

御同所様ゟ申上候様松平伯耆守殿ゟ演説被申聞及言上候就夫右

台命之趣
御請可被　仰上哉又は
御辭退可被遊哉いつれニ相成
御爲可然哉見込之趣忌諱を不憚書付ニ取調封物を以兩三日中ニ可被
申上候事
徳川玄同殿
方今長防之形勢全鎭靜共不相聞候ニ付御神忌御法會濟
御進發も可被遊旨被
仰出候依之玄同殿ニは御先手揔督被
仰出候間格別被盡忠勤候樣ニと之
上意候
毛利大膳父子　御征伐ニ付而は先達而前大納言殿諸藩討手之揔督被
仰付候處今般之儀は深キ

思召之御旨も被爲
在御先手摠督ゟ同殿ニ被
仰出候尤御病氣之段は兼而御承知被爲在候得共格別御勉强御出張被
在候樣被仰出候此段ゟ同殿ニ可被申越候事

○乙丑二月　京師ゟ被仰出之寫

御詰問

一昨秋以來大樹進發之儀御沙汰之上豐後守再度上京時勢心得居盡力致し
候儀ニ可有之尤於關東無餘義事實ニ候共海內安危ニ拘り候機會
朝命之所追々延引之段不都合之次第ニ候事

一防長之儀此上何樣之取計ニ候哉定而見込可有之品ニ寄後害難測者歟今
般屹度被安
叡慮候樣所置方巨細被申上候事

一攝海外患之儀　御委任之節譯而御沙汰之趣も有之候處其後一應之　言

上無之實備之儀は急速難整事ニ可有之候得共猶此度模樣柄篤と可被申
上候事
一國家之大義は伺
朝意候筈御請有之諸藩之所置ニ付而は
宸翰御沙汰被成候義ニ候處復古之觸渡有之由右次第柄情實具ニ可被申
上候事
一常野之浪徒多人數近畿ニ迫り候儀右樣之形勢關東取締如何之事ニ候哉
と被　思召候且諸藩於入京可伺
天氣之處無其儀及退去之儀旁不都合之次第不少後來之制度見込可被申
上候事
一前條之外揔而
朝廷之御趣意徹底於不致は次序不相立其時々轉變ニ隨ひ詰り幕府初諸
藩困弊萬民艱難御國體敗基被惱

叡慮候儀ニ付實地之基本關東之見込可有言上事

二月

○二月廿二日　御所より被　仰出候由

大樹上坂之儀每々被仰出候へ共未發途ニ不至由年々之儀實ニ不容易筋ニは候得共長防篤と鎭定ニも不及由且又山海遠隔彼是物議貫徹不致次第も有之哉昨年歸府後諸事淹滯之儀も不少自ら人心不和之基を開キ不被安宸襟候間何分ニも早々發途御一和之良圖を被運度

思召候事

但上坂と被仰出候へ共先は上洛之方可然候事

右書付白川侯參　內之節御渡之由ニ而關東江三月八日持下之由

○傳奏ゟ關東江被　仰出之書付

大樹上洛之儀老中兩人江

御沙汰有之候通外夷大患長防所置之重典危急之世體

皇國治亂之境別而被惱
宸襟候將今般毛利大膳父子出府實美以下呼下し命有之不穩之勢此上相
當之所置を失ひ變動を醸し候而は內外不可救之勢顯然ニ候暫閣諸大名
參勤妻子出府之儀ニおゐてハ昨春褒　勅之次第も有之候間去ル文久二
年之令ニ復シ猶其末大樹上洛之上結局永世不朽之國是熟評被
聞召度旨何分ニも迅速發途被安
宸襟候樣可致過日老中參
內之節右之條々委細可有
御沙汰之處其儀無之重而被
仰出候事
三月
右書付松平式部大輔出府かけ上京
天氣伺之節御渡之由ニ而關東ヘ持下り候由

○宅に家來呼可渡書付

加賀中納言に

先達而

御上坂之儀被仰出も有之候處方今長防之形勢全鎭靜共不相聞既ニ激徒再發之趣も有之被於京師候而も深被惱

宸襟被

仰進候儀も有之且先達而塚原但馬守御手洗幹一郎被差遣御趣意若相背候ハヽ急速　御進發被遊候間御日限被仰出候節は聊御差支無之樣可致旨被　仰出候

右之通被　仰出候間可被得其意候

三月

加賀中納言に

當夏中爲御警衛上京可致處追而御沙汰有之候迄其上上京之儀ハ先見合

重臣共爲差登御警衛嚴重可被申付候
右貳通三月廿九日持歸り留守居呼渡之
○丑三月廿六日筑前秋月藩何某ゟ文通
此節宰府に罷在候公家々來共名前相分り候付入御覧申候
三條殿内
森寺大和守　三宅左近　戸田雅樂
太田司馬　杉山拙藏　山岡榮之進
島村左傳次　山本忠亮　森岡延太郎
武部陳尾　安藝盛兵衛　小藤又兵衛
谷晋　芳木春太郎　小松宗四郎
水野溪雲齋　土方楠左衛門　丸茂文與
乾熊太郎　高橋久之助　安田繁藏
松山政吉　小谷三吉　安部助之進

鶴吉　新四郎　吉藏　喜兵衛　曾藏
麻吉　力藏　源藏　松次郎　淸吉
直吉　宮五郎　馬六疋

三條西殿內
安井千代國　宮原主税　藤田喜八郎
大山喜太郎　大澤虎吉　大澤勝藏

東久世殿內
渡邊左門　伊藤忠雄　今井左司馬
境吾助　幅（ママ）島三郎　萩野元七
中村竹藏　高津定吉　同　喜代藏

壬生殿內
長村縫殿　藤田主水　安藤直樹
平川和三郎　奥田喜太郎　田中重衛

大谷榮藏
四條殿內
小西直江　田村豐前　三浦主税
櫛田達男　木村琢磨　坂本悅次郎
福賴三代吉　早川巳之助　上野直次郎
新藏
右之外出奔致し候者不知數
○今夕宅江元千代殿家老相越候節可渡事
徳川玄同殿江
方今長防之形勢全鎭靜共不相聞候ニ付
御神忌御法會濟　御進發も可被遊旨被　仰出候依之玄同殿ニは　御
先手揔督被　仰出候間格別被盡忠勤候樣ニとの
上意候

元千代殿家老衆ヘ

毛利大膳父子征伐ニ付而は先達而前大納言殿ヘ諸藩討手之惣督被　仰付候處今般之儀は深キ　思召之御旨も被爲在　御先手惣督玄同殿ヘ被　仰出候尤御病氣之段は兼而御承知も被爲在候得共格別御勉强御出張被在之候様被　仰出候

此段玄同殿ヘ可被申越候事

右貳通四月十一日持歸家老ヘ直ニ渡ス

○四月十五日松平伯耆守殿大目付御目付ヘ御渡書付

此度御進發被　仰出候付而は參勤之面々國邑發足之儀は暫時見合罷在候様可被致候

右之趣中國四國九州筋之面々ヘ可被達候

四月十五日

○右同日御渡書付

酒井雅樂頭ヽ

今度　御進發之節御供可被　仰付處當節不容易折柄水戸殿ニは御愼中紀伊殿ニは　御後備元千代殿ニは御幼年ニ而深御心配被爲在候間其方儀御留守被　仰付都而御政事向御委任被成候間年寄共申談万端厚相心得精勤可致候

右　御直ニ被　仰含之

○四月十九日申渡書付

上杉彈正大弼

年來精勤其上領内政事向格別行屆一段之事ニ被　思召先達而隱居之儀も御差留被遊候事ニ而當今不容易御時勢ニも有之候間猶此上精勤可被致候依之出羽國御預所御收納上り高を以其方一生之内被下候

右於白書院椽頬替席伯耆守渡之

○四月十九日宅ヽ銘々家來呼可渡書付

毛利大膳父子始江戸表に被　召寄候ニ付右取扱之儀宬前相達置候處此度長防爲御征伐御進發被遊候旨被　仰出候ニ付而は取扱之義先不及其儀候事

伊達遠江守

脇坂淡路守

同文言

細川越中守

○四月廿日宅に家來呼可渡書付

此度毛利大膳父子始爲

御征伐五月十六日

御進發被遊候旨被　仰出候ニ付而は申立之趣も有之候間其方儀御先手之先鋒被　仰付候間可被抽忠勤候

此度　御進發被　仰出候ニ付而は越中守承知已前之事ニは候得共格別之存意を以申立之趣各及

言上候處厚キ心入之段
御沙汰有之候依之別紙之通被　仰出候此段相達候事

○大目付ゟ

今般　御進發被遊候ニ付而は中國四國九州筋之面々何れも國邑ゟ人數
備置候樣可被致候
右之趣早々可被相觸候

四月廿日

去ル朔日　御進發之儀被　仰出候趣早急國許ゟ申越候處越前守承知被
致此上彌　御進發御日限御治定之上ハ　御先ニ大坂迄出陣御待受致度
心得ニ御座候間兼而伺置候樣今便被申越候然處今般日限御治定被仰出
候儀ニ御座候へハ早々御沙汰相伺國許ゟ申越度候間此段御內慮奉伺候
以上

四月廿二日

松平越前守內
草尾精一郎

○四月十三日

松平丹波守
内藤備後守

此度　御進發之節御旗本御後備被　仰付候

○紀州樣ゟ御伺書

此度　御進發被　仰出候付而は被申立之趣も有之候付宸前被　仰出候通御旗本御後備心得候樣且右ニ付大坂御城御守衛之儀は　御免被　仰出候ニ付紀伊殿ゟ公方樣御初ニ御禮之儀如何可被致哉下略

四月十四日

○四月廿日出江戶來簡

上樣今度ハ餘程之御憤發ニ而閣老方ニ度々御催促被遊此度ハ存分職掌を盡し

朝廷江申譯仕心得ニ候間興廢存亡ハ時之運ニ候間
神祖ニ誓て長征を致スとの　上意ニ御座候由廿一日西丸より行軍駒場
おゐて御旗本歩兵隊調練　上覧如左
大砲十門　熕手八十人　歩兵隊　八大隊　御先手組　四小隊　小十
人組　四小隊　騎兵隊　ミニーカドロン　百四拾騎計　講武所壯士　千六百
人餘　御牀机《牀几カ》隊　御旗本衆　數千人
以上

○四月廿五日高須人ゟ近國藩江來簡之由
天下之形勢種々變化仕候事ニ而今度彌十六日
御進發と申事夫ニ付宗藩御用人五味織江と申人當月十三日閣老御宅お
ゐて封物御渡ニ相成同十四日東都發足十八日曉名古屋江到著　玄同公
今度御先鋒御摠督被爲蒙　仰候處　前亞相公御不滿と申事御尤ニ奉存
候　御請被成候哉御斷被　仰立候哉不決と承り候何分二ッニ割れ候樣

相成可申と杞憂を抱申候

一今度　御神忌ニ付彦根侯

御名代之處東都之所々張札いたし右侯歸路討取可申万一相援け候諸侯

有之候得は無據討取可申との事ニ付餘程之增供有之又

幕府ゟも御援兵御差遣と申事然ニ日光十八日出火と申事幷彦根侯如何

之説も御座候

一水戸表浮浪之家族共夫々仇打之願書差置本國出奔田沼侯幷松前侯を目

さし候と申事又南部津輕宇都宮大分脱藩水戸過激家ニ與し筑波山ニ楯

籠候と申說實説之樣ニ承り申候

一東都三芝居　御免と申事小團次耕雲齋の筑波山ニ籠り候所興行大當り

之よし

一大目付塚原但馬守樣御目付御手洗幹一郞樣比日柔名早打にて御通行東

下之由夫ニ付長防形勢如何哉ニ被存候

四月五日

○大垣人來簡

五月五日ゟ大垣俵町鯛飯之宅ニおゐて虎の見せ物有之幷ニ音呼鳥十品見せ申候ニ付同日見物ニ參り候虎の目存外ハツキリと見へ不申頭ハ身の割合ゟ大ニ見せ物ハ御免無之ニ付虎足を痛メ候付養生爲仕度と申願之由（案に先年名府若宮ニ而見せし大虎なるへし添物ハ大高侯の卒後拂になりし品なるべし）

一同日東本願寺門主幷新門主通行八時過比御坊ゟ著見物の人群參いたし且又剃刀請候人貳千人餘と申事何レも白衣にて髮をさばき參り候實ニ可嫌ものなり亭主の有之婦人なと剃刀の式の實ニ不相濟事ニ而右樣之儀尤經文ニも無之由全く本願寺の錢儲に初候事ニ可有之右樣之事を請る者ハ馬鹿なり（或人之說ニ素より論するニたらず一文不知の者の事ゑ市川團十郞なとも同し道具の門跡ゑ）佐渡《サワタリ》川渡船之節或人の狂詠ニ

門跡を九艘のふねに打のせて御川の端ハ婆々だらけなり

御座船壹艘外八艘御馳走ニ出摠計九艘なりし
門跡鑓なくしてさひしきニ付何の爲持度物なりといへは或人の曰竹の
先ニ鈴を付て爲持可然と夫ハ何故と申せハ金《カネ》へんにせしめるといふ字
なれハなり
等覺坊誓雲寺兩寺に立寄之筈ニ而普請も出來候處當朝ニ至り立寄無之
同行はしめ力落し候由
五月六日

乙丑

連城紀聞

二

○正月八日彦根侯御屆

常野兩州之賊徒中山道邊落行夫ゟ越前路ニ落越候ニ付追討四隊之人數繰出賊之動搖ニ寄所々陣替無油斷手配罷在候段先比不取敢先御屆申上置候右四隊之人數出張中進退左之通

一番手　　木俣土佐隊

十一月廿八日戸田釆女正殿御家來ゟ賊徒追々中山道押登來月朔日ハ必合渡川ニ可掛由ニ而同晦日迄ニ美江寺宿迄爲援兵人數繰出し候樣懸合有之候間同日致出陣候處賊徒忽河渡川ニ押懸候勢ニ付右驛迄早々繰出候樣猶又懸合有之候仍之同日夜通ニ行軍合渡川上之渡場小紅《コベニ》ト申所ニ出張相固居候處賊徒間道ニ相廻り長良之渡場相渡り天王村ニ屯聚いたし十二月三日揖斐谷汲之方ニ押移候趣相聞候付合渡宿手前本田村迄人數引揚賊之動靜致探索候處街道筋ニ押出し候哉ニ相聞候付同日釆女正殿御人數と打合大垣驛相固候樣跡ニ引返候哉又ハ暫致滯留江州略ニ出

（原註）長良ハ芥見之誤なるべし揖斐泊ハ朔日なり

候哉難相分關ヶ原驛御出張之由比圖書樣ゟ垂井宿迄引揚相固候樣御達ニ付同宿江人數引揚申候然處揖斐近村ニ分隊致し休泊且徘徊等致居候趣ニ付賊之本陣揖斐江可打入手筈ニ相定貳番手貫名筑後隊ハ赤坂驛江土佐隊ハ美江寺宿ゟ山口江打入候積之處御目付江原桂助樣歩兵御引率加納宿迄御著陣直樣御打入被成候間山口之方江後詰可致樣御達ニ付卽刻垂井宿ゟ押出シ長屋村迄繰込候處賊不殘越前路江落去候ニ付桂助樣御人數も御引拂被成候間當手勢も引上候樣御達ニ付關ヶ原宿迄引揚申候然處賊今庄迄押來候趣ニ付三番手新野左馬助隊ハ木之本宿迄繰込候樣圖書樣ゟ御達有之繰込候積之處伊部宿ニ而伏屋七之助樣ゟ早々柳ヶ瀨江相詰候樣御達書致到來候間右同宿江繰込候處賊新保村江向ヒ候趣ニ付松平越前守樣御勢左馬助五右衞門隊人數共今庄宿ゟ二ツ屋之方江繰込候趣ニ而栃木峠中河内驛等手薄ニ相心得候ニ付伏屋七之助樣江御屆申上卽刻中河内宿江繰込相固居候處賊屯集所新保村ゟ四人脫走致し

來候間召捕推糺致し候處左之通

人數十六人之隊長　常州新治村豆尾山大岩寺別當　秀道

書記役兼　秀道小性　田村幸一郎

元京粟田口境内新之町

山城屋半兵衛忰兼吉と申候由　常州府中香(宿カ)村上町　針醫清悦

下總國豐田郡古澤村　秀道家來　民彌

右は於所々暴行相働候趣及白狀候付兼而御觸面之通於柳ヶ瀨不殘打捨申候尤其節由比圖書樣に御屆申上置候然處賊徒不殘加州家に降伏段々及歎願候付一橋樣に御伺相成候處御所置振追而御沙汰有之迄御同家に御預ニ相成候ニ付諸手陣拂候樣御達御座候間人數引拂同廿六日致凱陣候

二番手　貫名筑後隊

十一月十九日木俣土佐隊ニ引續彦根表出發同夜關ヶ原宿に著陣賊兵共太田川を越段々押來候間援兵之儀釆女正殿御人數ニ而申來候付晦日早天關ヶ原宿出發美江寺宿ニ滯留罷在候處賊兵共合渡川之備嚴重なるを聞受候由ニ而鵜沼宿之邊ゟ横道に這入天王村粟野村に著陣谷汲之方に可向哉ニ相聞候付十二月朔日朝人數引返晝時比赤坂宿迄引揚候處賊谷汲に參梅谷越を江州路に可出趣ニ相聞候ニ付猶又人數垂井宿迄引揚梅谷に間道幷本道赤坂ゟ勢州路に後詰等相心得候處同夜は賊徒悉く楫斐ニ著陣いたし候由に付同二日先陣も垂井宿に繰揚猶江州路に所々間道有之義ニ付同三日當陣ハ關ヶ原迄繰揚候處賊兵共二日楫斐を出立金原邊に參候趣ニ付猶又釆女正殿御人數打合同四日垂井宿に繰込翌五日楫斐に押寄候處賊這伏峠之難所を越へ越前路に向候趣注進有之同六日人數今須迄繰揚北國之樣子探索罷在候處北國手當左馬之助五右衛門兩隊追々相進左馬之助隊を今庄迄繰込候趣ニ付同七日追々相進同九日柳ヶ

瀬に著陣罷在候處賊兵共池田之庄邊ゟ今庄に參候趣ニ付同十日中河内驛まて繰込候處只今今庄宿に人數繰出候而ハ賊引返府中邊ゟ海路に出可申ニ付今庄邊ハ相通し葉原二ツ屋之山間に追込討取候手筈ニ加州樣御人數と打合候趣先隊ゟ申越候付其儘滯陣罷在候處同廿四日賊徒降伏一同加州家に御預ヶ相成候間陣拂之儀御目付樣ゟ御達有之候趣先隊左馬之助ゟ通達有之候間同廿五日人數引拂同廿七日致歸陣候

三番手　　新野左馬助隊

十一月廿九日彦根表出發關ヶ原迄出張所々間道等手配嚴重相固居候處賊徒共越前路に相廻り候趣ニ付右人數引揚中河内宿迄追々繰詰越前之模樣致探索候處賊徒池田谷に屯致し終ニハ若州路に落行候哉ニ相聞左候ヘハ今庄宿に必定落來可申と十二月八日右驛に繰詰同所ニ而可致接戰心組之處越州樣御人數ゟ當所手厚ニ相固候而ハ定而府中に押懸可申左候ヘハ一橋樣ゟ被仰渡有之御計策之葉原新保村ニ而挾討之手筈差障

且府中之固手薄之由ニ而援兵之懸合有之候間任其意翌九日脇本村迄繰込候處先手之賊共兼而倉谷を出今庄宿泊同十一日新保村江落行候付追討可致越州樣御人數江打合候處人數手薄之折柄ニ付當手ニ而先鋒可致旨挨拶有之則今庄驛迄致出張候處既ニ落行候間猶倉谷ゟ殘黨貳百人許落越且新保村ゟ先越之賊徒共俄ニ引返候趣頻ニ注進有之候付今庄南之方若州追分之所ニ而接戰ニ及可申心得ニ而備立致し野陣を張段々探索致し候處先其樣子も不相見候付越前樣御人數申合彼方先陣ニ而二ッ屋迄繰込左馬助隊ハ新道村ニ扣居候處賊徒共ゟ加州樣江歎訴差出候由ニ而越州樣勢江も相談有之御兩家ゟ御所置方一橋樣江御伺ニ相成候由之處同十五日ニ至り明十六日午之刻可及戰爭趣越州樣ゟ申來候付當隊も繰詰候樣越前勢ゟ打合有之候然處二ッ屋村ゟ木之目峠まて之所ハ御同家樣御人數押詰且深雪ニ而壹人立往來ゟ通行難相成外ニ可然責口無之哉懸合候處西之方田尻村人數手薄ニ付右江廻り可然旨御同家ゟ挨拶有

之候ニ付二ツ屋之方ハ筑後隊相詰左馬助隊は早朝ゟ阿曾浦上迄致出張候處右田尻村ゟ加州樣勢手配有之趣且時刻後候而は無詮義ニ付阿曾浦ゟミトヲ山越ニ新保村江差付之間道ニ有之間右ゟ打入候ハヽ可然見込ニ而越州樣御人數申合未之刻迄山上江繰詰候處新保村眼下ニ見下し屈竟之場所ニ付山上ゟ一時ニ逆落横合ゟ討止候覺悟ニ而一先斥候差出候處戰爭之樣子更ニ無之仍之葉原村固加州勢江問合候處明十七日辰之刻彌諸手打入候趣挨拶有之候間猶其手配致置候處同夜同衆ゟ兼而辰之刻可及戰爭旨打合之處賊徒ゟ歎願書差出候付一橋樣江差出ニ相成候間御左右有之迄戰爭相見合可申趣申來無余義御指揮相待居候處同廿二日賊徒共彌降伏いたし當分加州樣江御預ニ相成候趣尤右始末相濟候迄之内諸軍心弛無之樣御目付樣ゟ御達有之候然處同廿三日廿四日ニ賊不殘敦賀表寺院江引取加州樣勢ニ而取締相附候而陣拂之儀御達御座候間同廿五日阿曾浦人數引拂同廿八日致歸陣候

五右衛門隊
脇
四番手

十一月晦日曉彦根表出立此間文略凡前の如し十二月十二日今庄ゟ人數引返し板取ニ一宿いたし翌十三日如元栃之木峠ニ陣所を構へ罷在候處同十六日越州樣陣ゟ彌明十七日辰之刻ゟ手始戰爭之旨申來候趣筑後方ゟ通達有之則栃之木峠ゟ新保村にハ八町計有之宮之山山上に鐵砲引揚諸手打合何時ニ而も賊陣に可打入手筈ニ致置候處文略同廿五日陣所引拂翌廿六日致歸陣候

右之通ニ御座候尤何れも在所表ゟ遠路に出張如前顯賊徒構近致奔走候儀ニ付其都度々々模樣も不申越候得共場所々々おゐてハ鑑軍之御方ゟ諸事御達有之從當手も御請達仕置候儀ニ御座候此段御屆可申上旨掃部頭申付越候以上

元治二乙丑　　　　井伊掃部頭內
正月八日　　　　　富田權之助

○越前大野侯屆書貳通

先達而ゟ追々御屆申上候脫走之賊徒爲追討越前國今立郡稻村〻宿陣罷在候家來人數之內六隊ハ松平大藏大輔仍指揮同國敦賀郡濱續大比田村と申所〻寄詰二隊ハ今庄宿〻相備諸家申合可及攻擊手筈ニ御座候處賊長ゟ加州陣營〻再應歎願降伏狀差出候付一橋中納言殿〻伺之上右降人不殘加賀中納言〻御預被

仰出候由ニ而鎭靜相成右場所出張之御目付由比圖書織田市藏ゟ家來之者〻相達候趣も有之右陣所舊臘廿四日ゟ追々引拂翌廿五日迄ニ人數不殘歸邑仕候旨在所役人共申越候付此段御屆申上候以上

正月十二日　　　　土井能登守

先達而御屆申上置候私領分越前國大野郡南山中村之內八之村賊徒攻擊之爲自燒仕候箇所左之通

秋生村上下兩村　中島村上下兩村　笹下村上下兩村　鬮當戶村

本戸村　橋切落し四ヶ所
右之通ニ御座候旨在所役人共ゟ申越候付此段御屆申上候以上
正月十二日　土井能登守

○京師ゟ大垣侯ヘ
御沙汰書
戸田采女正
常野脫走之賊徒共舊冬京師ヘ迫近候付一橋中納言致內願爲追討出張其節人數差出候處賊徒降伏早速及鎭靜之條一段之事ニ思召候旨　御沙汰候事
正月

○加賀侯屆書
去月廿三日於京都一橋中納言樣ヘ詰合家老御呼出於
禁中御沙汰之趣御書取御渡御座候右寫相添此段御屆申上候以上

二月

加賀中納言内　加須屋十左衛門

別紙

加賀中納言

常野脱走之賊徒共舊冬追々京師ゟ迫近候付一橋中納言致内願爲追討出張其節人數差出候處格別丹誠早速及鎮靜候條平生指揮行届候故之儀と一段之事ニ
思食候旨　御沙汰之事

正月

○於敦賀彦根侯人數警衛罷在候賊徒

拾壹番五拾九人　拾貳番五十九人
拾三番五拾八人　拾四番六十人
拾五番五拾八人　拾六番六拾壹人

〆三百六十壹人二月九日御屆各名前有之前記同樣ニ付略之

○越前侯御屆

於京都表去月廿三日一橋樣ゟ重役之者御呼出有之則罷出候處傳奏衆ゟ御達有之候大藏大輔ゟ

御褒詞之御書付別紙之通御渡有之候段大藏大輔ゟ申越候此段御屆申上候以上

二月十一日　松平越前守内　草尾精一郎

別紙　越前宰相

常州野州脫走之賊徒共舊冬追々京師ゟ迫近ニ付一橋中納言致內願爲追討出張其節人數召連出馬候處賊徒降伏早速及鎭靜之條一段之事ニ思食候旨　御沙汰之事

正月

○越前大野侯御屆書

覺

儀左衞門悴ニ而家出仕候旨申立候

宮尾爲之助丑廿一才

私家來柴田勝之助と申者之弟にて身持不宜昨年中家出久離仕奉
行所に御屆申上置候

柴田貞藏丑三拾才

右之者共儀先達而御屆申上候通私領分越前國大野本戸村おゐて取押禁錮申付置候處何レも武田伊賀に隨身罷越候者ニ付及吟味候處別紙口書面之通ニ御座候仕置筋之儀如何相心得可申哉此段奉伺候以上

二月廿八日

土井能登守

別紙

武田伊賀に隨從御當地に罷出候迄之始末左ニ申上候

私儀去ル文久三亥年六月鎗術修行之爲出府仕同年八月武田伊賀方に住込同人次男武田魁助に相便劒術修行罷在候處昨子六月中耕雲齋隱居被

仰付同十二日江戸發足海路罷下候節供仕水戸表江罷越於同所永之暇願出候處可遣候得共道筋關所印鑑所持不致候得は旅行難相成候付暫之内滯留致候樣申聞逼《マヽ》留中同十九日耕雲齋出府ニ付猶又供致呉候樣被相賴小金井宿迄罷越候處松戸幷千住等之關門通方難相成候付同所ニ滯留罷在候付其砌再三暇之儀相願候得共何分江戸表迄供致呉候樣申聞其比松平大炊頭樣水戸表江鎭靜之爲御越ニ付耕雲齋義も御跡ゟ引戻水戸御城下迄罷越候處被申聞候趣も有之無據湊邊所々ニ罷在其節ゟ私病氣ニ付武田彦右衛門下宿ニ養生いたし居候處十月湊近邊放火有之右同人筑波山江相越候趣ニ付跡ゟ同所江罷越其砌筑波山屯集之者共一道脫走致し中山道本庄宿江夫ゟ間道仁田通望月宿江罷出候其砌生國宸寄之儀ニも有之猶又强而暇願出候處聞屆無之其上可及斬首樣子ニ付不得已跡ゟ附添參り日向村江懸り於同所一同跡邊江引返候評義有之趣ニ付此上行先も不相分且筑波山浪徒同樣汚名を請候も殘念至極之次第ニ付耕雲齋附

屬安藤彦之進と申者江及內達柴田貞藏申合夜中彼地忍出御領分本戸村江立越候處御召捕ニ相成候義ニ御座候尤國元江立入候義ハ貞藏江相便國元迄無滯被相越候樣仕度存念ニ御座候僞申上候義無御座候

右之通少も相違申上候儀無御座候以上

元治二乙丑年二月　　宮尾爲之助

私儀武田伊賀ニ隨從御當地江罷出候迄之始末左ニ申上候

私儀文久二戌年六月中旬御當地立退中山道通出府仕途中ゟ麻疹相煩七月中床ニ著其後八月水戸御藩奥津藏人方江住込同十二月武田耕雲齋方江被召抱同人上京之節供致し罷登翌亥五月迄滯京夫ゟ歸府同七月耕雲齋水戸海岸爲見分罷越候處附添相越八月比歸府同十二月廿八日耕雲齋義浪士取締被　仰付水戸表江罷越ニ付供仕翌子正月中同人出府ニ付供致し出府仕候處同六月中耕雲齋仍願隱居被　仰付同十二日江戸發足海路罷下同十六日水戸著候處隱居願濟之上ハ永之暇差遣候間當所爲見物

（原註）私考興津歟

勝手次第何方ヘ成共罷越可申旨被申聞滞留中同廿九日耕雲齋俄ニ出府ニ付猶供致呉候樣被相賴小金井宿迄罷越候處松戸幷千住等關門通方難相成七月中迄同所ニ逼留罷在候處松平大炊頭樣爲鎭撫水戸表ヘ御越ニ付耕雲齋儀も御跡ゟ附添引戻水戸御城下邊迄罷越候處ヘ相支無據湊邊所々ニ罷在其後八月中私義病氣爲養生湊町家ニ止宿仕十月下旬病氣快候付不寐番被申付同廿三日朝湊近邊不意ニ放火有之其砌筑波山屯集之者共一同彼地脱走いたし中山道本庄宿ヘ出夫ゟ間道下仁田望月宿相ヘ懸り中山道下諏訪ゟ信州飯田ヘ罷越間道濃州日向村ゟ御當國ヘ差向罷越候處御領分南山中本戸村ニ而被召捕候義ニ御座候尤日向村ゟ御當國ヘ立入候義は耕雲齋指揮を受爲探索罷越候義ニ御座候半と再應御吟味御座候得共右之儀毛頭無之兼而老母ヘ對面仕度心願ニ御座候處先々ニ而脱走獨歩仕候而は御關所通方難相成と相心得不得止日向村迄附添罷越同所よりハ程近之義ニ付右老母對面之儀屆捨罷越候義ニ而聊僞申上

候儀無御座候
右之通少も相違申上候義無御座候以上
元治二乙丑年二月
柴田貞藏
○上州高崎侯屆書
舊冬以來追々御屆申上候右京亮人數上州下仁田邊おゐて常州脱走賊徒
追討之砌討取手負取調仕候處左之通
一三十四人討取
内五人下仁田戰地ニおゐて討取死骸其場ニ有之
七人中小坂守返場ニ而討取賊徒燒捨仕候
廿二人信州境目山峠迄死骸持退同所切懸邊ニ而燒捨候
一十八人
但下小坂通を板戸又は四手等ニ載セ賊徒信州地に持越
右之通御座候處他領其上懸隔居取調方不行屆素ゟ場中首級を揚候儀ニ

無御座候間表立御届不仕候此段各様迄申置候以上

二月廿八日　松平右京亮家來

菅野治兵衛

○頃日所聞加賀越前取締ニ成禁錮之賊徒共従公被命嚴刑ニ被爲處頭分之者は打首を江戸表に被差出筈之由ニ相聞候旨二月十日

一勝田國手話ニ云高木甚五兵衛晤話之由同人知行所之者商用ニ而敦賀に相越居候處武田伊賀始猎（マヽ）賊之者御仕置之旨承り其場ニ至り見物せしニ伊賀守髭長く老人ニ而始ニ打首續而段々斬首拾三人迄打首を見るに別而面白キ事もなく場所を立披しと歸村之上高木の第宅に來り話したるとそ亦勝田翁の話に伊賀の首打たる時其子之由三人傍に在りて首打否謠を諷ひ候由三人同音に諷ひし謠の文句ハ不知とそ又伊賀の子ニ妻子等無之ト云役方之者を再應斯督せしかハ腹立し立上りて蹴倒す凡三間も蹴られて卽死せしとそ

於越前敦賀二月一日吟味姓名　笠松出

家老 武田伊賀
町奉行稲之衛門事 田丸左京
先手物頭 長谷川道之助
小十人目付 平三郎事 井田因幡
小十人格 小川郷校
表右筆 川瀬專藏
譜代與力 八木橋誠之進
主介事 小林忠雄

書院番頭 同 彦右衛門
小性頭取 山國淳一郎
使番代役 村島万次耶
源太郎事 朝倉彈正
大廣間席 多氣平山城事 瀧川平太郎
大番 三橋半六事 山形半六
小普請組 根本三郎左衛門事 岸信藏
川上清三郎

小性組頭目付懸り 軍事懸り 山國兵部
側用人 藤田小次郎事 小野斌男
大番 武田魁助
文武世話役 竹内百太郎事 竹中万次郎
新番組頭 後藤慶之進事 伊藤健藏
小普請組 國分信太郎
給人 畑彌平事 小栗鍒平
高木七太郎

内藤昇一郎　前島徳之進

以上〆貳拾五人

一説云元水府在勤脱走之者當時廿七人ニ而即御仕置相成其餘悪黨者
等随從して多人數之ト

一頃日中山道を右浪徒打首を三級警固して江戸ニ持行或人往合て浪士頭分之首ニ候哉と聞答ニ頭分ニ而ハ無之と云よし右ハ魁頭の首といへハ若殘賊之者謀を以可奪取哉も不被計仍而斯答へしニやト云々

太田代云二月八日右首級太田驛通行之由

一右首級福島御關所通り懸り候處逆徒之首通候儀從
公邊御沙汰無之旨ニ而不通仍之本陣ニ逼《マヽ》留江戸表ニ伺ニ相成候由之處手間取御否及遅々候旨首ハ腐り汁流れ出臭氣難堪由福島ゟ申來るト云々

聞合覺御達

浪士共儀當正月廿九日ゟ加州様御手切ニ相成其儘彦根様若州様御引請

ニ相成追々御調相成候處惣人數七百七拾六人之由寺三ヶ所を引拂同所船町と申所濱藏に押込相成二月四日四ツ時比大將分等廿四人死罪打首罷成此場所今濱村永建寺近邊來迎寺野と申所之此內大將武田伊賀守首弟同姓彥右衞門武田悴金次郎當年拾九才幷淺倉彈正右四人之首ハ御公儀樣に差上ニ相成候由其跡之儀ハ只今ニ延引種々風評之儀計ニ御座候

御若年寄
御公役　田沼玄蕃頭樣　御本陣　今濱村 永建寺

大御目付
同　黑川近江守樣　同　清水町 要權寺

二月

○武田伊賀守　同　彥右衞門　同　金次郎

同　魁助　田丸左京　山岡兵部

山岡淳一郎　竹中万次郎　小野斌男

山形平次　井田因幡　朝倉彈正

川瀬専助
長谷川道之助
小野藤五郎
秋山又三郎
桑屋新之助
國分新太郎
澤田新之助
朝倉三四郎
下野廉一郎
川崎鎌之助
小森忠雄
壽金定太郎
鈴木秀太郎

瀧川平左衛門
市尾孝之助
斧澤助九郎
禾（マヽ）橋誠之助
檜山三之助
濱野藤次郎
佐々木重藏
小番之允
小栗彌平
原藏之助
野口主馬
庄司與十郎
尼崎俊藏

岸信藏
瀧口六之助
村島万次郎
帳付平太郎
岩間文次郎
杉山長次郎
前木光之助
高橋市兵衛
川上清九郎
加藤宗助
森誠之助
伊藤榮太郎
平野重太郎

難波孫之丞
高野長十郎
高橋元次郎
沼田亮藏
内藤昇一郎
房崎善藏
田口彥七
關　友七
上田孝藏
川崎藤助
幡谷善七
三野六郎左衞門
笹田福次郎

島田文右衞門
中崎貞助
櫻井辰之助
簗原造酒藏
小村庄左衞門
杉崎熊之助
見川新八
岩戶常藏
岡野龜太郎
笹田幸三郎
谷村與右衞門
田中三之助
登三佐兵衞

深谷助三郎
大內唯之助
大竹吉五郎
高形與四郎
照沼粂四郎
田中重藏
大久保信三郎
山口四郎右衞門
栗山清吉
栗飯原三郎
川澄清右衞門
小松崎庄之助
中根平助

堤三四郎
坂本勝次
磯部春之助
小田部重平
渡邊久助
溝口大平
小林勇次郎
野口重吉
黒澤利八郎
木山藤五郎
宮本嘉傳次
狛奥三郎
横田藤十郎

山田國次郎
坂本源助
菊代吟太郎
田村七左衛門
加藤祐三郎
大出大助
長谷川新六
石川甚五郎
中村清之助
瀧口清之進
高田金次郎
武田春吉
野村德兵衛

原山勘之助
小島重次郎
川澄鬼平
藤田平左衛門
三鴨善七
高木來
杉本富藏
立花文次郎
三木源助
塚田與吉
井坂奥藏
本多巳之助
三田德兵衛

蓮沼制助
服部由兵衛
青野富藏
宇佐美孫兵衛
成井藤九郎
鶴田善兵衛
小俣鎌之助
米川忠七
深田嘉平次
森庄太郎
有田八郎
武久良之助
岡野音次郎

中山兼三郎
田崎植藏
鴨田半七
石川錸藏
赤舘織之助
小家平三郎
高橋勝三郎
長尾定吉
富永錸藏
小河忠吉
奥本孝之助
小俣啓次郎
椿村定五郎

佐々木久助
清水八次郎
熊坂喜三郎
關登一郎
吉川猪之助
小杉主殿
山中善七
大澤雄太郎
武藤龜吉
堤善兵衛
平山辰次郎
加藤太郎
安藤清九郎

樫村忠兵衛　高橋四郎　酒井八三郎
鈴木庄次郎　山口庄助　長瀬鎌次
平野岩吉　桐伊助　片岡源次郎
本村水之助　石川忠右衛門　小林由右衛門
計田藏之助　鶴田孫平次　中川新助
山形彌太郎　山田瀧之助　清水源藏
月岡久次　鈴木清吉　細谷久助
木村彥次郎　小形德次郎　關源兵衛
岩松杢之助　福名利兵衛　中村友吉
小野德三郎　長谷川定吉　塚原万次郎
寺本次郎吉　鈴木信藏　關口善太
加藤新太郎　藤田啓助　大和田熊吉
大和田秀次郎　武田幸藏　薗部仙助

小川新三郎　西谷宗七　山本齊一郎
長谷川啓助　飯村信之助　小笠原信之助
小泉又助　坂本孝一郎　青木與五郎
二川由之助　鶴田與八郎　大分大助
金澤勇助　井澤彌平　長谷川佐助
筧　忠三郎　近藤半藏　堀　兵助
畠　藤吉　前野彦藏　鬼澤彌平
野口杢次郎　關口伊助　關口定吉
乾　源藏　島山七藏　荒井主計
岡山主水　齋藤安之助　關　彦次郎
鈴木源吾　小沼新太郎　市毛孫七
笹田彦八　中村宗兵衛　齋藤久右衛門
中山重藏　藤田伊勢　小川三郎

飯原芳之助　楠　要人　山田市郎
綿川誠之助　芝田清兵衛　關口直十郎
福田次平次　潮田政三郎　山田儀八郎
菅谷安之助　奥村清吉　鹿島茂兵衛
坪山源助　金輪清之助　高内彦三郎
幡山利兵衛　米川小次郎　宮内彦太郎
石神三次郎　山本三五郎　宮崎彌三郎
取田秀之丞　田丸定之助　石田彦太
加藤庄吉　鬼澤熊三郎　鴫下勇次
高橋喜助　佐野新一郎　荒木政吉
藤岡大助　樋口友之進　畠山殳之進
高崎源三郎　吉川久藏　(朱書)名前貳百八拾壹人

此末何之誰家來中間別當略之

惣人數七百七拾貳人

越前敦賀　本妙寺　淨雲寺　本勝寺

右三ヶ所ニ居候

以上

一今尾侯家來之内右浪徒有之請取ニ罷出候樣越前ゟ差紙來候處元家來にて立去候者故其段答有之由其後如何相成候哉不知ト或士談之

先日御屆申上候敦賀表四人之賊徒去ル朔日ゟ追々御呼出有之然處死刑之者有之候間斬人差出候樣黑川近江守樣瀧澤喜太郎樣ゟ同三日御達有之翌四日掃部頭ゟ斬人拾貳人差出賊徒之内別紙之通斬首仕候段出張家來之者より申越候此段御屆申上候樣掃部頭申付越候以上

二月十四日

井伊掃部頭内
山本運平

別紙

掃部頭方ゟ差出候斬人斬首仕候賊徒

武田伊賀守　武田魁介　山國淳一郎
村部万次郎　朝倉彈正　高野長五郎
八木橋清之丞　田丸左京　伊藤健藏
岸　新藏　川上清太郎　瀧川平太郎
右之餘左之賊徒ハ酒井若狭守殿ゟ斬人差出斬首仕候趣ニ御座候
武田彥右衛門　山國兵部　長谷川道之介
井田因幡　川瀬專藏　國分新太郎
藤田小四郎事
小野斌男　山形半六　小栗彌一郎
竹中万次郎　內藤昇一郎　前橋德之助
右之通御座候
二月
田丸左京　稲之右衛門

○著戮期之歌

人心横濱にしてたつ市はくにを商ふところなりけり
あたならぬあたに騒て神國のあたをあたともいはぬ世そうき

○大垣藩書類

敦賀賊徒二月上旬ゟ廿日比迄ニ不殘御成敗相濟候よし貳間半ニ長四間深サ壹丈八尺之穴を堀其内ニ死骸を入る穢多其穴ニ入鮓を漬候ことくニ詰候而追々入候由彦根之御手ニ而三百人若州ニ而三百人御仕置相成其内武田伊賀ハ彦根之御手へ渡り藩士何レも大悦にて首を刎候事を望候由

御裁許面

始末不恐

公義仕方重々不届至極ニ付嚴科ニ可被處之處追而右次第恐入候義と

心付加州勢ニ降伏致スニ付格別之

御宥免を以斬罪申付者也

二月四日　貳拾四人
同十五日　百三拾九人
同十六日　九十八人
同廿三日　拾六人
〆貳百七拾七人

追放

二月十七日　七拾六人
同廿二日　百拾貳人
〆百八十八人

合四百六十五人

一賊徒惣計八百十八人不殘吟味致し候へハ數日相懸り候故先重立候者吟味ニ而後ハ追々罪科被　仰付との話ニ而子供ハ大名ニ致し遣ハスなどヽ申示し候而付纒來候者共之由敦賀寺院ゟ歎願ニ付拾壹人寺預ニ相成候

右は二月廿八日公役衆敦賀ゟ御用濟ニ而當府大垣泊ニ付員數等之儀は御勘定衆手帳ニ有之寫也

一田沼玄蕃頭樣御用濟ニ而二月廿七日大垣御晝休ニ而御歸府別手組幷御付高木宮内樣等御通行有之候

○二月六日彦根來簡

常野兩州脫走之賊徒舊臘越前之地ニ落去加賀藩に降伏仍之同國敦賀之寺院に入囚置候處今般爲御取調大目付黑川近江守樣御目付瀧澤喜太郎樣濃州關ヶ原春照街道御通行ニ而正月十七日越前敦賀表に御到著翌十八日越前彦根若州之三藩に此度賊徒御取調ニ付右四人警衞御用等も有之候間早々人數差出候樣御達書十九日彦根に著翌廿日早天諸事爲打合御城使日下部內記出立同日八ッ時比宇津木兵庫隊三拾騎銃隊三組彦根表出立同廿四日敦賀宿に繰込同廿三日中野三季之助銃隊二組出立廿五日敦賀表に繰込右兩隊精兵凡貳百五拾人揔勢六百人餘扨又越前若州兩

藩ニも追々御繰込同廿七日三番勢揃ニ相成候處
御公義ニ而は兼而御手筈御取極有之哉明廿八日晩景ニ明暁ゟ賊徒御引
移しニ付早々人數出張候樣御達有之彦根勢ハ越前街道氣比之神社若州
勢ハ東町邊越前藩ニは濱島寺町邊加州藩ニは賊徒共是迄入囚罷在候本
側《マヽ》寺本妙寺長《マヽ》遠寺右三ヶ寺之內外警衛被仰付右四藩之摠勢凡四千人持
場嚴重ニ相固夜四時比賊徒共明朝
公邊ヘ引渡候旨御達ニ相成候處無兎角承伏仕候付廿九日拂曉ゟ御引移
被成往來警衛之儀は領主若州ヘ被
仰付乘駕廿挺ニ而兼而御手筈御座候哉濱手町土藏十六戸前御借受有之
廿九日一晝夜ニ一切引移ニ相成其節彦根藩越前藩ニは辻々警衛被
仰付候扠一番之土藏ゟ五番迄ハ若州六番より十番迄ハ越前十一番ゟ十
六番迄ハ彦根御預凡一戸前ニ六十人程ツヽ入囚罷在候右六戸前ニ賊徒
三百六十八人之內武田初重立候者拾貳三人有之候夫ゟ宇津木中野兩隊五

十騎三番ニ組立一晝夜四度代りニ而土藏江幕を張立嚴重之躰ニ御座候
引續二月朔日彥根御預十六番之土藏ニ罷在候武田始十二人之者共敦賀
永學寺御白洲ニおゐて御吟味有之田沼玄蕃頭樣ニも同日敦賀御著ニ相
成候間追日御吟味相濟次第夫々御仕置ニ可相成事と被存候
右一便一件大略如此御座候以上

丑二月　　　　　　　　　　　　　　　　彥根姓名

丑二月於敦賀賊徒御仕置連名

小澤軍左衛門討　　　　　　武田伊賀

內山治右衛門討　　　　　　武田魁助

廣瀨辰次郎討　　　　　　　山國淳一郎

伊藤傳兵衛討　　　　　　　村部万次郎

牧野藤十郎討　　　　　　　朝倉彈正

大和田信五郎討　　　　　　高野長五郎

大久保與左衛門組
太田彥太郎討　半（マヽ）橋清之進
同組
高橋左傳治討　田丸稻之右衛門
同組
絹川幾太郎討　伊藤健藏
黑野彈左衛門組
菅野金之助討　岸信藏
同組
德田銀之助討　川上清太郎
回組
石田輝之助討　瀧川平太郎

右之通彥根手ニ而討捨同六日六拾人討捨是又名前跡ゟ可申進候
但賊徒〆六百二拾二人
三百貳人　彥根手ニ而討捨
貳百四拾人　越前手ニ而討捨
八十人　若州手ニ而討捨

一同日若州手ニ而討捨
武田彥右衛門　山國喜八郎　長谷川道之助

井田因幡　川瀬専藏　國分新太郎
前島徳之助　小野斌男　山形半六
小栗彌市　竹中万次郎　内藤昇一郎
右爲檢使田沼玄蕃頭樣黑川近江守樣瀧澤喜太郎樣其外諸御役人御出張
二月六日出十三日著　彦根　姓名

○大垣領東粟野村番非人新兵衞申口

二月八日疋田宿江參り浪人之樣子承候處當月四日重立候者廿四人死罪ニ相成其内首四ッ鹽漬ニいたし江戸表江御廻し其後御裁許之節ゟ手筋を賴警固役之代ニ被雇始末見及候由

一同十五日御仕置有之候ニ付罷出候處敦賀ゟ四五丁程西ニ當り今濱村地内松原之間ニ來迎寺野と申狹き野有之其所ニ柵圍いたし入口ハ喰違ニ相成其内ニ胴首等打捨候穴巾貳間長サ三間深サ九尺程ニいたし三ッ堀有之同日百三拾九人死罪相成尤御條目讀聞セ有之有增左之通

其方共武田伊賀ニ一味いたし
公義ゟ討手御差向ニ可相成を辨ながら數度討手ニ敵對し所々往返亂
妨し万民を苦しめ不恐
公義次第不容易儀ニ付可行嚴科之處追而恐入と心附加州勢ニ降參致
ニ仍而
御宥免を以死罪申付者也

一右死罪人之内凡八分通ハ御條目水戸藩中誰と讀上壹分通ハ浪人誰と讀
上其餘ハ不殘百姓誰と讀上候得共銘々不殘苗字附人品も武家之歷々と
相見候由

一右浪人ハ初一度御吟味有之御裁許之節は二度目之御呼出ニ付何レも御
裁許とハ存不申候田沼樣御直吟味ニ而も有之哉又は御預替歟之心組ニ
而罷出案外之由

一十六日死罪九十八人

一十七日七拾五人
御免尤悴新吾外越前之者大野之者五人此六人夫々願人ニ御引渡其餘六拾九人願人無之ニ付柳ケ瀬御番所迄送り出し同所おゐて追放之由
一右刑罪場ニおゐて誰取落し候哉常野雨州より之日記警固役之内拾取候由ニ付借寫候旨申ニ付寫致し差出候樣申渡置
一二月四日御呼出之節武田伊賀ハ襠高袴割羽織同人弟同苗彥右衛門ハ麻上下ニ而罷出候由承候
○丑二月太田御代官ニ達
上古井村之者共浪士ニ被召連候手續口書
上古井村
平七
兼吉
右兩人之者去子十一月廿二日江州多賀ニ參詣仕候處歸宅不仕候ニ付追々相尋候得共行衛不相分候付其段御達奉申上置候處去ル廿一日夜歸宅

仕候間始末相尋候處別紙之通ニ御座候付手續書相添乍恐此段御達奉申上候以上

丑二月廿四日

右村庄屋
座馬銕郎

高田意六様

御陣屋

上古井村
平七

粂吉

私共儀去子十一月廿二日志願ニ付江刕多賀大社江参詣仕此節歸村仕候手續左ニ奉申上候

一多賀参詣濟之上十一月廿九日加納宿泊晦日朝出立新加納迄相越候處上ノ方江多人數之武士拔身之鎗或ハ銕砲所持押参り候付恐敷存兩人共往還北之方江引込候林山之邊ニ通行見物致し罷在候處廿軒と申所ハ此邊ニ候哉と銕砲所持之人近寄参り相尋候付暫ク東之方ニ候旨申候處同風

俗之人三人相越此邊ニ而人足雇ひ度候得共人夫無之甚迷惑致し候付而は今晩泊り迄相雇度旨申聞候付私共ハ多賀參詣仕歸路之者ニ候間何卒御斷申上度旨相答候處猶又拾人計相越中ニハ騎馬武士壹人大將分と相見此馬を壹人引呉候樣申聞候壹人ハ荷物持呉候樣だん〳〵相賴候付押而相斷候處更ニ不聞入手を引立是非〳〵持參り可申旨矢庭ニ引立候間何方之御家中ニ候哉不相辨候得共身柄之人ニ被賴此上斷申候而は如何之儀出來も難計と奉存候間不得止事平七ハ別當ニ相成兼吉儀は荷物少々持付添相越途中休息之所ニ而承候へは水戸浪士之由承知仕恐敷候得共斷も不相立段々附添參り芥見村ゟ出長良川渡り越天王村幷鳥羽村粟野村等ゟ止宿其節又々相斷歸村爲致呉候樣申聞候處先方中條ニは只今引取候而は其方共身之上無覺束大垣彥根を初所々固メも有之被召捕候も難計先々今晩は一宿可致と叮寧ニ取廻し呉必迯歸り候事無用と申聞候間甚心配之余り如何してなりとも迯歸り度と天王村泊ニ而村境相渡

候處所々出入之口々道筋を浪士多人數ニ而相固メ出入更ニ不相成樣相見候間翌朝ニ至り中山道に出候ハヽ其節ハ如何樣いたし候而成共迯歸り可申心組ニ而罷在候處翌十二月朔日早朝ゟ一同出立ニ付又々被引立候而長屋村盡支度同日楫斐村ニ止宿仕候

一私共被召連候大將名前承り候處水戸おゐて三百石國分新太郎と申人之由ニ御座候

一楫斐泊之夜彥根大垣等夜打可參由ニ而浪士おゐてハ口々ニ固人數を以嚴重ニ相守候義ニ御座候

一村內出入口幷作場道共浪士七八人ツヽ夜中篝火ニ而相守申候

一十二月二日金原村泊同三日長峯村幷天神堂村長崎村等ニ止宿私共ハ金原村ニ止宿仕候處大將分其外ニ而評義仕候義ニ付模樣ハ相辨不申候得共何分此邊迄被召連候上ハ迯歸り候義迚も不行屆外々ゟ迯歸り候人夫ハ御固之手に被召捕又は卽座ニ而切捨られ或ハ村々百姓之手ニ入一命

失ひ候者も有之旨承り候付不得止事附添罷在候處先方大将はしめ至而
私共大切ニ取廻し呉軍ニ相成候共一命ハ請合候間㝡早歸村いたし候事
思ひ切候樣段々申諭有之十二月四日五日六日之間甚難澁其邊雪深追々
降積り蝿干峠と申越前越之節は橋々切落し或ハ松杉等切倒し往來留通
路更ニ不相成場所ニ差懸り候處大將分之者ノコギリヨキ等荷物ゟ取出
し往來妨有之候木々切除ケ又ハ假橋等芝松杉を以取扱へ越立私共ハ引
馬荷物を持運ひ候次第ニ御座候
一此邊ニ罷成候而は浪士鎧を捨又は駕籠小鉄砲其外不用之荷物は谷ニ捨
又は燒失身輕ニ致し峠を越申候
一小荷駄之内細道難場ニ而谷ニ荷物馬共欠落候場所も有之候
一病人等も此邊ニ而駕籠を捨或ハヲビ又は手を引合セ大病之者ハ貳人三
人して難所取越申候
一此邊ニ至り候而は一日ニ一里貳里位之處ニ而一宿致し候付四日より六

日迄ハ甚難所ニ御座候
一此邊村々人家立去り壹人も村內ニ居候者無之村多相見其內居合候者有之場所も御座候へ共人之色土之如くにして一言も申者無御座候
一夜ニ入候節ハ明家へ入篝多分焚其邊之薪等勝手次第所々ニ而取集メ篝火晝之如くニ御座候
一金子等ハ所々ニ而貰ひ候へ共更ニ遣ひ候義不叶給物等も多分私共當行ひ候ニ付而は入用無御座先方ゟ預ケ置申候
一右峠越難所ニ差懸り候節人馬渡し方大將ニ而夫々工夫致し人家ゟ行ふとんを取出し川中へ敷人馬を渡芝を切流シ橋ニ致し人夫を渡し申候
一此邊之谷々ハ結構之甲冑等其外武器多分押流候尤此場所ゟ所持之鎗大筒之外持參不致身輕ニ相成峠を越越前大野御城下柵々之內へ入込候處大野御領分七ケ村領主ゟ燒拂ニ相成陣場之手當と相見橋々切落有之所ゟ六日夕五ツ半時比著いたし候處其夜ハ至而寒風强ク雪ミぞれ降り身こ

ゞへ甚難澁仕候乍去七ヶ村燒捨場所ニ壹人も固人數無之大將初燒殘り居候土藏之内ゟ夜著ふとん取出し一夜を明し被申尤夜中軍卒ヘ申付有之候ニハ明日ハ必ス軍ニ可相成候間大筒をさらへ可申と被申付大筒方ニ而ハ夜中筒さらへ致し大砲之音山間ニ響キ今にも軍ニ成可申心持ニ御座候

一兵粮ニ迷惑仕候ハ此場所ニ御座候尤此所ニ而野陣ニ相成明日ハ軍ニ成と相心得申候

一十二月七日木之本ゟ北國海道池田ヘ出止宿仕候八日松ヶ鼻村泊

一翌九日今庄宿へ著之處同所は彥根御固メ之よし然るニ本陣初明渡し彥根方右宿出立いたし迯去跡と相見宿々姓名席札等門ニ打有之候所にて浪士一同止宿仕候

一此邊村人數更ニ無之處迯去雪降事五六尺滯留二三日にして十二日新保宿ヘ止宿是も彥根御固場之跡ニ御座候

一同日ニ相成日並聢と不相辨候處浪士ゟ加州御固御人數江願書出候よし
下々之私共承り居候ハ去ル戌年以前
天朝ゟ異國打拂之儀
御公義樣御初諸大名樣江被仰出之處打拂無之候付此度水戸御隱居樣之
思召を臣下武田初
天朝江願ニ出られ申候ニ付加州樣江降參之上理非分明之事御分ヶ被下
度願之由右願御聞入相成候得は武田初之浪士本望之由一命ハ勿論差出
願出候趣之よし
一右願書出十二日ゟ廿四日迄段々御引合之樣子ニ見請申候同日承り候ニ
は加州樣江願意御引受相成候よしにて同日ゟ敦賀江御引入相成申候右
途中加州勢案内にて先立浪士五拾人計之中江加州勢嚴重ニ〆りいたし
段々右之通り締りいたし敦賀表寺へ引入右寺ニハ幕打廻し加州勢計ニ
而外を固メ門外江出候事不叶尤至而叮寧ニ馳走一日替りニ燒物付にし

て被下候
一十二月十九日加州ゟ御使者來其節之樣子承り候ニハ浪士降參いたし候由然ル上は異國打拂之味方加州必ス引受可申間鎗長刀兩刀大筒其外武器類馬迄不殘可相渡との由夫ニ付日本三軍師とやら申候武田も安心して武器不殘大守之命ニ隨ひ相渡旣ニ同日長持入にして不殘武器相渡申候
一廿四日ゟ加州勢ニ而晝夜替り〳〵武田初大將分其外下々ニ至迄一間之外不出取次之役人用辨致し外之事聊も不相分馳走ハ日々出申候付大將分より殘り著を貰請又は私共まて燒物付にして馳走有之安心ニ暮居候處正月廿八日ニ相成夫々之役人ゟ至而之馳走之趣ニ而私共ヘは硯蓋迄出候馳走有之翌廿九日ニハ御尋之旨有之との風聞ニ御座候
一廿九日ニ相成候處〆り入口ニ役人參り武田初組々ニ而拾人ツヽ可罷出旨申入候付夫々用意之上入口を出候而玄關向順々ニ出行申候私共如何

之事と心配いたし居候中名前呼候間入口ニ出候處駕籠ニふとん敷乗候様申聞候間則乗門外ニ出兩方を見請候處御公役幷諸大名衆と相見鎗鉄砲ニ而透間もなく御固メ相成居一目見るゟ身躰震ひ縮ミ罷在候處敦賀町引廻し参り町端より行當り之處ニ幕打竹矢來之場所有之内ニ釣込無二無三ニ大勢押かけ高手小手ニ〆上られ足ニハ材木を以拵へ足挾六寸釘ニ而打〆其上牢之中ニ押入申候

右之通大將分初壹人毎ニ同様之次第ニ御座候私共兩人壹人ハ四番之牢ニ入壹人ハ拾壹番之牢ニ入申候

右牢と申ハ土藏之大ニ成を拾七戸前牢ニ仕置横ニ丸穴を明ケ喰事通ひ場ニいたし其余は更ニ明シ間無御座追々入來り候人々誠ニ心外之躰ニ相見早ク首打可申如斯之仕向加州大守ニ可有事なし犬大名と怒り斯有と知るならハ先般諸大名之固メを切拔上京可致義ハ安キ事之一万貳萬之勢ハ皆ころしニ可致を今更心外千萬と實ニ立腹之聲承り申候

一窂ニ拵候土藏長廿五六間巾八間ゟ小キハ長十壹間巾四間位ニ而拾七戸前人數八百余人右之通ニ相成申候
一二月朔日士分計壹人毎ニ呼出し相尋候由ニ御座候右之人々窂ニ歸り之上風聞を聞候處筑波山初湊川合戰夫ゟ高崎和田峠人數を打候分相尋候由ニ御座候私共義ハ窂之丸穴之口ニ役人參り始末相尋申候
一平七義ハ四番大將分國分新太郎初メ一同入申候處兼吉義十壹番窂小栗彌平山形半六初一同之中ニ入申候窂中樣子同樣ニ御座候一日にぎり飯三ッツヽ貰ひ申候
一入窂之時衣類を脱セ丸はだかにして吟味いたし候間金子其外著替等迄不殘相渡申候
一二月四日四番窂より大將分國分新太郎壹人呼出夕方迄も歸り無之如何と存候其日ハ雨風強ク天地鳴が如く定メ而變〔本ノマヽ〕シと人々思ひ合セ申候窂毎ニ大將分計り右之通呼出シ駕籠ニ乘セ連行歸る人壹人も無之同日大

将分廿八人呼出之由

一同七日私共初助命可相成分敦賀御役所ニ壹人毎ニ御呼出御尋有之候ニは牢中之者牢破りして逃去候申相義相聞且又加州初公役を種々恨ミ候風聞有之候付有躰可申上旨御尋有之候得共左様之義一向不存と相答申候

一同十五日百三拾四人十六日九拾九人御呼出之由承り申候武田初呼出之儘帰る人更ニ無之ニ付定而目籠等に而江戸表ニ御差送りニ而も相成候半と奉存候處出牢之上夫々承り候處いつれも討首相成候由承り申候

一同十七日私共生所等御取訂ニ付奉申上并押而被召連候始末等有躰申上候外ニいつ方之者ニ候哉不存知七八拾人も助命被　仰付銘々ニ金壹分ツヽ被下下役躰之者柳ヶ瀬御番所迄送り呉夫ゟ道を急キ一昨廿一日帰村仕候右送り參り呉候下役之者噂ニハ御仕置場所ハ大ニ成穴堀有之右穴三ツ今日迄ニ埋候由承り申候右仕置場方角遠見いたし候處天ニハ鳶

鳥千羽むらがり憂ひ聲相聞只今ニ耳ニ殘り永々世話ニ逢ひ候人々死罪ニ相成候と承り候而ては一躰事之善惡は相辨不申候得共段々慈愛ニ預り候儀ニ付責而は一遍之回向香花も手向度と存候

一右之外長々浪士ニ附添居候得共別段承り候義も無御座其余御吟味ニ預り候義共無御座候付而は右之通一旦浪士之者ニ被召連候義ニ付如何様之御咎被

仰付候共今更可申上様無御座乍併求而被召連候儀ニ無御座候間幾重ニも御憐愍之程偏ニ奉願上候以上

丑二月廿三日

右 平七

兼吉

右之通相違不申上候間御憐愍を以御咎之儀は御宥免被成下置候様只管奉願上候以上

上古井村庄屋 七郎

同断
座馬銕三郎

高田意六様
御陣屋

○二月四日於越前國敦賀被
仰渡
申渡

元水戸藩
書院番頭彦右衛門父隠居
武田伊賀
右
武田彦右門
右伊賀二男
武田魁助

其方共儀元同藩市川三左衛門等申立候趣主家おゐて採用相成候而は故同藩結城寅壽存意貫き家政取亂候様可相成と存通り愁訴いたす段は主家之爲筋と存込仕成す儀ニある共愼中之身分下總國小金宿等江出張追

々同志之者共鎭靜として出張いたし松平大炊を申欺隨從いたし城內ゟ可立入と仕成其上常刕那珂湊其外所々暴行し御討手幷主家ゟ敵對剩主家緣邊ゟ相便可申と軍裝を以所々橫行國々動亂爲致農民を惱す段御大法を犯し不容易所業ニ及ふ始末不恐公義仕方重々不埒至極ニ付嚴科ニも可被處追而右次第恐入候義と心付加州勢ゟ降伏致候ニ付格別之御宥免を以斬罪申付者也

小姓頭取
山國淳一郞父隱居
山國兵部

其方儀常州筑波山賊徒攘夷を口實ニ設太平山等屯集致すニ付鎭靜方申付候處却而賊徒共ゟ同意致し又同藩市川三左衛門等申立之趣主家ニおゐて取用ニ相成候而は主人爲筋ニ相成間敷と心得其儘難差置存込折柄松平大炊ゟ賴受候迚隱居愼申付受候身分附添步行武田伊賀等ゟ隨從暴

行常州磯濱等ヽ屯集御討手并主家ヽ敵對いたし其上主家緣邊ヽ可相便と軍裝を以所々橫行國々動亂爲致農民を惱す段御大法を犯し不容易及所業始末不恐

公義以下同文

右　山國淳一郎

其方儀故左衛門尉位牌ヽ附添水戸表ヽ罷越候途中戰爭中ニ而市川左衛門等之軍勢相支城下ヽ難立入段は無餘義次第ニ有之候得共松平大炊等一同ニ相成其上右位牌榊原新左衛門ヽ引渡上ハ立戻其段可申立之處武田伊賀ヽ隨從父兵部共々御討手并主家ヽ敵對いたし其上主家之緣邊ヽ可相便と軍裝を以所々橫行國々動亂爲致以下同文

源太郎事　朝倉彈正

先手物頭　長谷川道之助

表右筆　川瀨專藏

使番代役
村島万次郎

小十人目付
平三郎事
井田因幡

其方共儀其筋ゟ申付を受松平大炊江附屬水戸表江罷越候上は㝡初戰爭相成候節得と事柄可相尋處常々市川三左衛門等所業主人爲筋ニ成間敷と存居候折柄迚大炊一同武田伊賀江隨從所々屯集御討手并主家江敵對いたし剩大炊江附添上は同人降參致候節一同可罷出處無其儀猶伊賀一同御敵對いたし其上主家緣邊江可相便と軍裝を以暴行國々動亂爲致以

下同文

町奉行稲之右衛門事
田丸左京

其方儀常州筑波山其外屯集之者共爲鎭靜乍罷出却而右徒江加る而已ならす魁首と相成暴行農民を惱し又は元同藩市川三左衛門等之趣意被行候而は主家之爲筋不宜と存候儀は無謂儀ニ無之共右事件ニ付同國那珂湊等江屯集罷在候武田伊賀其外之者共一同相成御討手并主家江敵對致

し其上重立多人數引纒軍裝ニ而所々横行國々動亂爲致以下同文

目付同心畑彌平事　小栗彌市
側用人藤田小四郎事　小野斌雄
町同心　川上清太郎
林之床新廻り　須藤敬之進事　伊藤健藏
大番頭六左衛門悴　山形半六
玉里村三輪平六悴　大宮神主多氣平山地方　瀧川平太郎
小普請組　脇本愼平事　岸新藏
大宮村百姓　內藏昇一郎

其方共攘夷之素願貫度
公邊ニおゐて因循之御處置振一己之過激より御廟算相立候樣致度迚同
志之者多人數常州筑波山其外所々屯集有之暴行又は市川三左衛門等之

存意被行候而は主家又は領主不爲と存候而ハ無謂義ニ無之共右事件ニ付同國那珂湊等に群集罷在候武田伊賀其外之者共一同ニ相成度々御討手幷主家に敵對いたし殊ニ軍裝ニ而所々往行國々動亂爲致以下同文末死罪申付者也

右

二月四日　二十四人斬罪

同十五日　百三拾九人死罪

同十六日　九十八人死罪

同十七日　七十七人追放

同十九日　七十五人死罪

同廿一日　百十八人遠島

同廿二日　百拾壹人追放

同廿三日　十六人死罪　十九人遠島　百三拾一人追放

人數都合八百八人

内斬死罪三百五拾貳人遠島百三拾七人追放三百十九人

一敦賀松原斬罪場にて申渡相濟武田伊賀者さま御苦勞と挨拶いたす武田彦右衛門云拙者事ハ覺悟致居候得共何卒家來共助命宜御取計ニ預り度旨申述候左之者共は辭世遣《遺カ》し度ニ付暫時猶豫被下度段を申左之通詠吟いたし候由

梅鉢の花の匂ひにひかされて己の身の果をもしらぬ拙なさ

瀧川平五郎

魁の花はあらしに散にけり風にあふへき枝ならたくに

藤原重友

たとへ身は敦賀の里にさらすともなとか絶へきものゝふのみち

米川又藏

降雪にいつれを花としら梅のかほれるいろのなつかしきかな

眞平
東平

右之者共の首のうち穴へ投込候節歯をくひしばりギリ〳〵と半時計鳴し候者有之よし

一浪士之内元水戸藩中林幸七と申者横濱にて英人を殺害し其夜神奈川ニ止宿翌朝引取候處吟味嚴敷相成候付其儘脱走いたし候者之由然處今度目籠ニ入江戸表ニ御下し相成候由

是ハ二月廿九日夜關ヶ原泊ニ而關東御取締役澁谷稽太郎樣御付添本縄目籠入江戸へ御下し相成候由

一敦賀ニ八九人程病人其外共殘居是ハ江戸ニ御下し歟未相分由女ハ若州樣ニ御預相成小兒貳人敦賀寺院ニ被下候由

一龍勇隊大將　井田因幡

一虎勇隊大將　武田彦右衛門

一神衛隊大將　藤田小四郎

一奇兵隊大將　武田魁助
一補翼隊大將　大和外記
右之通役割軍行之事
右ハ別手組頭取朝比奈松三郎樣同肝煎大島得三郎樣御記錄之内より拔書之
一二月廿七日夜關ヶ原御泊關東御取締宮内左右平樣御用物八十二個御長持一棹兩掛二個差物二人此内金荷一駄浪士武器八十二個之武田伊賀山國兵部なとゝ手鎗ニ札付候貳百本有之
○二月十九日關ヶ原宿ニ泊り此度敦賀ニ而追放ニ相成候信州飯田之者之話
一二月四日大將分廿四人斬罪ニ相成夫ゟ暫延延《マヽ》十五日十六日ニ四百人程首を斬られ又十九日廿日殘之者被斬候由私共ハ一昨十七日牢舍御免ニ相成候者七十六人柳ヶ瀨迄送り被出申候右之者此道筋追々通行

可致候私ハ信州飯田之者ニ御座候と申聞候
一浪士入牢ニ相成候前日御酒被下候其時燭臺之蠟燭眞と蠟と三ツニ分レもえ上り候付大將武田伊賀守今度ハ各首を刎られ可申と兼て覺悟致し居候樣と申聞候
一我々ハ同シ土藏ニ入られほしかの匂ひと兩便の匂ひニ而堪かたく御座候
一和田峠ゟ此者の《方カ》者ハ不殘御免と相成申候和田宿ゟ東の者ハ殘らす首を刎られ申候入牢中浪士共の申候ニハ今度ハ加州ニ被欺候と申居候由
一浪士之内十八才之者よみ候歌のよし
梅咲や花の匂ひにたまされて敦賀の土となるそかなしき
一昨日御追放之者拾人許當所通行高田や近江屋抔ニも兩三人も泊
一敦賀松原と申斬罪場ニ二間四方の穴を數ケ所堀死骸を埋候由

一入牢中浪士共他事なく金毘羅大權現と妙見大菩薩を一途ニ祈念いたし命乞致居候由

一昨十九日御追放之者一〻宿駕籠ニ而罷越候是ハ牢ゟ出ると直樣首か落ると承り候而早腰をぬかし夫ゟ更ニ腰立不申候由仍之宿送り之樣ニ致し古郷江歸申候

右之通承り候付奉申上候以上

二月廿日

○前書龜山勇右衛門か歌の末ニ一本

美濃國太田と云所に宿りて酒くみかハしけれと故ありて急に別れけれハ

盲人ノ由 清原 大道

杯をさして急ける旅なれハ殘る心をくみてしられよ

○乙丑三月於水戸御仕置

武田伊賀紙幟

此武田伊賀と申者跡方重職之身柄犯國禁候儀不少蟄居中竊ニ徒黨を結ひ惡行增長いたし山岡兵部稻之右衛門事田丸左京藤田小四郎事小野斌男等申合攘夷鎖港を致口實數百人をかたらひ國々所々放火金〔本ノマヽ〕策爭戰之指揮を司官兵幷主家人數ニ及數度敵對城郭ニ發炮いたし人道を取失ひ候耳ならす脫走先ニおゐて同樣之仕義ニ及ひ農民を膽〔惱カ〕シメ累代之主君を令忘却旁之所行不恐

公義積惡大罪逆賊張本無比類言語道斷ニ付爲戒後昆存命ニ候ハヽ磔可申付所首級ニ付上下町引渡於所々晒之上梟首行ふ者也

月日

山岡兵部

稻之衛門事 田丸左京

藤田小四郎事 小野斌男

右武田伊賀と大同小異之文言

三月廿五日下町七軒《町脱カ》・札場ニ晒廿六日上田《町カ》和泉町札場ニ而晒野捨ニ相成
申候

永牢　山國兵部妻なつ　五拾歳
死罪　武田伊賀妻とき　四拾八歳
永牢　同　娘とし　十二歳
死罪　同　悴桃丸　八歳
同　同　兼吉　三歳
永牢　同　妾むめ　拾八歳　上金町小腸屋娘之由
死罪　武田彦右衛門妻いく　四拾三歳
同　同　悴三郎　拾貳歳
同　同　二男金次郎　十歳
同　同　三男熊五郎　八歳
田丸稲之右衛門娘まつ　拾九歳

同　　　　二女　やへ　拾七歳

同　　　　三女　むめ　十　歳

右ハ是迄浮新道御用長屋ニ罷在候處當廿三日赤銀上り家へ相下り候事

かくて身ハなきと思へと山吹の花ニ匂ふて散そかなしき

武田伊賀　妻とき

引連て歸らぬ旅に行身にも日本心の道ハまとハき

同彦右衛門　妻いく

かすならぬ身をもおくれし死手の道

田丸稻之右衛門　女まつ

○大目付御目付井伊家來幷酒井家來ヘ申渡

井伊掃部頭殿　　黒川近江守

家來中　　瀧澤喜太郎

水戸殿ゟ可引渡囚人百三拾人之内七拾人今般御預ヶ相成候ニ付可引渡旨田沼玄蕃頭殿被仰聞候間只今名前書相添牢前おゐて支配向之者ゟ引渡候間可被得其意候依之申達候

二月廿三日

酒井若狹守殿　　黒川近江守
家來中　　　　　瀧澤喜太郎

遠島申渡出帆迄在牢之者百三拾七人大坂町奉行組之者爲請取罷越候上御預相成候付可引渡旨田沼玄蕃頭殿被仰聞候間名前書相添於牢前支配向之者ゟ引渡候間可被得其意候依之申達候

二月廿四日

○酒井若狹守ゟ達書

私領分越前國敦賀表ゟ取圍置候賊徒共於彼表追々御呼出御吟味有之去

月四日二十四人同十五日百三拾九人同十六日九十八人同十九日七十五人同廿三日十六人死刑被　仰付其節々黑川近江守瀧澤喜太郎ゟ依達井伊掃部頭申合斬人差出及斬首候段在所表家來共ゟ申越候此段御屆申上候以上

三月十七日　　　　　　　　　　酒井若狹守

○土井大炊頭より屆

私家來ニ御預降人之內御裁許有之候間介錯人差出候樣去五日長田六左衛門永井大之丞ゟ達有之介錯三人添介錯六人差出候處申渡濟之上別紙之通御裁許相濟候旨在所表家來共ゟ申越候此段御屆申上候以上

四月八日　　　　　　　　　　土井大炊頭

別紙

覺

榊原新左衛門　　谷鉄藏　　富田三保之助

中山民部　谷彌次郎　渡邊宮内右衛門
門奈三右衛門　里見四郎左衛門　福地政次郎
松本平左衛門　小池源太左衛門　三木孫太夫
鈴木庄藏　三好衛門八　小田部幸吉
眞木彥之進　栗田八郎兵衛　沼田久次郎
右切腹
照田平三郎　梶清次右衛門　森三四郎
林了藏　土胡幸藏　薄井十兵衛
綿川宇八郎　福地勝左衛門　原熊之助
宮本辰之助　岡部藤助
右之通御座候以上
一水野日向守に御預廿人
四月三日御宥免を以　郡司忠助

水戶殿ゟ引渡

四月三日死刑　西宮銕之助

一大岡兵庫頭ゟ御預之內

四月四日斬首　下野隼次郎

同　田丸新助

一稻葉備後守ゟ御預之內

斬首　米村圓次郎

○水野筑後守殿宅ゟ山田一郎罷越候節御面會無之候付左之詩相認玄關ニ差置立歸候由

憶君忠誠更無私　古昔英雄尙身耻

慷慨赤心盡報國　示我計策攘夷時

水戶浪人　山田一郎

右一郎追而自訴致御預ニ相成又町奉行ゟ御引渡ニ相成候

○飯田軍藏妻ゟ筑波ニ之文簡寫 子七月廿八日黒子ニ而高島九右衛門寫來ル

御覺悟とハ乍申きのふニけふとはかなきことのみ承り身のおきふしのミ思ひ暮しまいらせ候程なくも曇りなき世にうきことの御物かたりまひらせ度御覺悟をいそきし《マヽ》治助参り咄し《マヽ》て今に御無事と承り歡ひまいらせ候今のこゝろさしハ父上にも同し御事也喜七ニいさきよき旨申付候ゟの世の事のみ樂しみうれいも忘れまいらせ候かしく

筑波御陣　　　　青木宿所ゟ

飯田ゟ御許へ

子に迷ふ心のやみにつましかのくらき世かけてくらき夜ニなく

万兵唱義提長矛　踏破筑山免姦四
雄氣堂々終不屈　寒風飄旃到濃州
右武田耕雲作《マヽ》作

妖霧遮天朦不晴　虎狼白日尙縱橫
雙刀射眼如霜冷　孤月照肝似鏡明
百歳欲持松柏操　一生直慕夷齊清
深宵起坐寒窓下　閑話春秋對短檠

右濃北之作

浪人楫斐ニテ作リシト云姓名未詳

○或人話ニ

鵜沼驛に宿セし時浪人の話を聞ニ父母妻子ニ訣れ來りしハもとより中にハ妻を刺殺して家を出去りしも有妻をハ殺したれとも子を殺すに忍びざりしなど話する其忠義ニ凝り固まりたる容貌志氣聞く者或涙を流さゞるハなかりしと云

○此日越前の或寺にて村民共相謀り今度斬られし浪人の追福をいとなみしにこれを聞て參詣の人四方より集り大群集にて燒香の煙天に滿て雲

の如くありし右追福を謀りし村民共ハいつれも浪人の爲に其所を損燒せられし者なるがそれを恨とせずひたすら浪人を追慕すと云

○上古井村の者浪人に從ひ行しも御陣屋ゟ之達書にハ強《シイ》て牽引し様に書たれとも實ハ感慕して逃去るに忍ひさるにより從ひ行し由其證ハ陣屋へ達書の終にも一遍之囘向香華も手向度と云々アリ

仙臺生　清三郎

虎死留皮豈偶然　湊川遺跡水連天
人生有限名無盡　楠氏誠忠萬古傳

妻臥病床兒叫飢　立挺身欲拂戎夷
今朝死前（マヽ）與生別　唯有皇天后土知
假令東陽人群蠻　照祖神靈在此間
一片恩○（不明）報國涙　遙々泣拜日光山

兵庫津頭是湊川　徴軀願向水邊指
勤王一戰死埋骨　則與楠公共墓田
虎勇隊長　三橋半六弘光
綸言ハ汗ぼの如く出てひく江戸の親仁か天瓜粉つけ
述懐　水府藩中　國分新太郎　十四才
元期万死復何悲　只恨神兵未掃夷
魂魄不歸天與地　七生此世護皇基
春風に梅の匂ひにほたれてなかの旅路の歸る古鄕
きのふけふ軒端の梅にやとりつゝまた舌しれぬ鶯の聲
降積し雪ハあれ共梓弓つるかの里ハ梅咲にけり
右敦賀にて辭世のよし此者筑波山戰爭之節首三十餘級迄取たる抜群の勇士といふ惜哉感心

○　福島村向町出生　當時無宿清七

私儀何年以前家出仕其後何渡世致し居候哉且又今般常州筑波山籠居罷在候浪士之由多人數右邊ゟ中山道筋江出下諏訪ゟ伊奈筋通り夫ゟ木曾蘭口江入妻籠扣橋場江出美濃路江押通り候砌其方儀右組を迯去三卯野和宿罷在固場江罷越歸鄕致度段願出怪敷見請候間召捕場所おゐて一ト通り致吟味候處一旦浪士組入候へ共前非後悔致し右組を遁れ罷越候旨申立候由右は何之比何樣之運行ニ而組入いたし何樣之所業致し居候哉御尋御座候此段十一ヶ年已前家出江戸表おゐて釼術修行仕居一昨戌年一旦歸鄕同年十一月猶又江戸表江出夫ゟ野州足利在松田村江參り石川儀助と申者之世話ニ相成右村內ニ住居釼術師範仕弟子も拾人計有之候處當五月水戸浪士藤田芳之助田中源藏兩人ニ出會田中源藏申聞候ニは我等　烈公尊王攘夷之御遺志を奉續度兵を集メ候爲參候其許も釼道心

懸罷在候由右ニ同心致候樣承知之上ハ御家來筋ニ取持可申旨段々被進若同心不仕候ハヽ手込ニも可致勢も相見候間無據致承知候處初メ伍長目付被申付候隊長ハ野州之人之由吉岡國之助と申候此人ニ被携筑波山ニ參り田丸稻之右衛門ニ出會申候組下ニ西岡摠吉是も野州之人佐々兎彥八是ハ何所之出生歟不承候其外三人有之候へ共名前忘却仕候宛飼ハ月々貳兩ツヽ貰候筈右伍長目付ハ兩三日ニ而轉役使番被申付候筑波山ニ參候而は水戸浪士淺田富之丞と申水府流鈲道開眼之人之世話相成罷在申候筑波山屯所之儀は大將分ハ坊ニ罷在其外小者等ハ町々ニ宿を取罷在申候無程筑波山ゟ田丸稻之右衛門之手ニ付府中ニ參り候同人兄山國（マヽ）刑部今ハ儀八郎と申候人軍師ニ御座候其比武田耕雲齋ハ小金ヶ原ニ滯留其外水戸浪士八方ニ屯集罷在申候摠勢之內水戸浪士ハ半分ニ而余ハ集勢ニ御坐候同所ゟ小川と申所ニ參り暫時滯留此所ニも人數千五百人も屯致し居夫ゟ水戸樣御領分海老澤松川大道磯野濱等所々ニ散亂仕

候夫大將田丸稻之右衛門武田耕雲齋初水戸之港岩井町と申所に參り候
其節私も右人數ニ加り參り申候同所ゟ半道計隔り候處礒之濱と申所に
水戸樣之御家來大將鈴木石見守市川三左衛門御人數繰出戰有之候同所
おゐて九月下旬ゟ十月廿三日迄對陣戰有之十月廿三日味方大敗北多分
散亂致し候間不殘割腹ト決定相成候處評義替り比方に參り候夫ゟ常州
一之宮通り下仁田に出一戰大拔ト申所ニ而高崎勢ニ夜討被仕懸候得共
勝利同所ゟ壹里程行候ト敵有之一戰夫ゟ信州筋に參候和田ニ一泊同宿
おゐて此邊私案内ニ可有之敎道筋心懸候樣被申付翌日和田峠先に越參
り候處鉄砲三發被打懸候間直ニ引返注進仕候處東餅屋ニ待居候人數押
出九ツ時ゟ戰初り八ツ時比迄ニ忽ち破り同夜下諏訪ニ泊岡ノ谷ゟ伊奈
筋通行致し候初メ常州筋ゟ信州筋に出候迄ハ初而通行之道筋故地名ハ
勿論不辨且又誰樣御人數か不承候へ共所々御固も有之或ハ戰も致し候
へ共私ハ使番之事故一度も戰ハ不仕候

一所々おゐて富家ニ立寄金子無心申候由如何之子細ニ候哉御尋御座候
此段私ハ不拘義ニ而不存候へ共攘夷之儀ニ付献納致し候樣申聞取立候由ニ御座候

一浪士ハ孰ニ行候心得ニ候哉御尋御座候
此段京都ニ參り候哉之趣ニも承り候へ共私共へは相洩不申候付賍と存不申候

一先非後悔舊里歸住願度罷越候とは全僞ニ而實ニ八谷中探索方之閑者ニ可有之不包有躰可申旨嚴重御吟味御座候
此段全左樣之心底ニては決而無之㝡初田中源藏義尊王攘夷之儀を專ニ段々申聞組入被進且前ニも奉申上候通同腹不仕候而は手込ニも可相成場合ニ有之無據組入は仕候得共追々樣子見請候處全右樣子之義ニも無之哉同人ニ被欺候義と心付候間間際見計迯去申度存候得共何分締も嚴重ニ而難迯其日々々ニ隨從是迄罷越候處舊里も間近く相成

候間益戀敷相成其上深く勘考仕候處攘夷等之儀は
公邊御所置ニ有之候儀ニ而私式之加り候儀ニ無御座と前非後悔奉恐
入候次第此上は　御地頭樣ゟ歎願歸鄕仕候より他事無御座候義存付
候間風邪ニも有之病氣申立相斷浪士殿り備之跡ニ成右組內を迯去歎
願申出候義ニ御座候何卒格別之
御憐愍筋偏ニ奉願上候
一浪士ゟ組入之義田中源藏ニ被進異儀ニおよひ候ハヽ手込可致哉之勢無
據同心いたし且先非後悔舊里歸住歎出候とハ乍申
公邊御討手ニ敵對いたし候浪徒ニ乍暫荷擔いたし候段不埒至極之旨被
仰聞候
此段一言之申譯無御座候
○彥根侯屆書
先日御屆申上候敦賀表ゟ出張之人數今度日光

御名代被
仰付候ニ付引揚之儀於彼地黑川近江守樣ゟ申立候處出張人數之內百人計相殘引揚候樣去月廿一日御挨拶有之候間御達之人數相殘同廿三日引揚歸藩仕候然處猶又別紙寫之通田沼玄蕃頭樣幷黑川近江守樣瀧澤喜太郞樣ゟ御達御座候間物頭二組士十人其外役人共相殘其餘は不殘同廿七日引拂翌廿八日歸藩仕候此段御屆可申上旨掃部頭申付越候以上
三月五日
井伊掃部頭內
萩原市之丞
右別紙
田沼玄蕃頭樣ゟ御達書寫
井伊掃部頭家來ゟ
賊徒共追々御仕置申付候付警衞之儀は
御免被成候別紙之通御預被　仰付
賊徒共之內百三十八水戶殿ゟ可引渡分御同家ゟ請取之者罷越候筈ニ付

右之内七十人於當地御預被　仰付候間請取之者罷越相斷次第引渡候樣可仕候尤病死之者有之候ハヽ死骸見分之上取片付其段請取として罷越候右家來に可申聞候且又引渡相濟候ハヽ場所引拂病死之者一同人數書いたし公事方御勘定奉行に可申立候仍之御預人幷名前之儀は黑川近江守瀧澤喜太郎ゟ引渡ニ而可有之候

但若可逃去と歟又は暴動之及所業候節ハ兼而相達候通無用捨討捨候樣可仕候

別紙

黑川近江守樣瀧澤喜太郎ゟ御渡書付寫

水戶殿可引渡人數百三拾人之内七十人今般御預ニ相成候付可引渡旨田沼玄蕃頭殿被　仰聞候間只今名前書相添於牢前支配向之者より引渡候間可被得其意候仍之申達候

二月廿三日

○若州小濱侯御屆

於敦賀表去月廿四日田沼玄蕃頭ゟ同所詰家來之者ニ賊徒追々御仕置被仰付候付警衛被成　御免遠島之者在牢中御預被　仰付候旨別紙之通達有之猶又同廿四日黑川近江守瀧澤喜太郎ゟ右遠島之者引渡有之幷賊所持之品取扱之儀は別紙之通達有之候段在所表家來共ゟ申越候此段御屆申上候

三月　　　　　　　　　　　　　　　　酒井若狹守

別紙

田沼玄蕃頭ゟ達書寫

　　　　　　　　　　　　　　　　　　酒井若狹守家來ニ

賊徒共追々御仕置申付候付警衛之儀は　御免被成別紙之通御預被成候賊徒之内遠島申付候者百三十七人出帆迄在牢申付大坂町奉行組之者乘船ニ而爲請取罷越候筈ニ付夫迄於當地御預被　仰付候間到著次第印鑑

引合可相渡候尤牢中病死之者有之候ハヽ死骸見分之上取捨其段爲請取罷越候右組之者ゟ可聞候且引渡方相濟候ハヽ病死之者一同人數書致シ公事方御勘定奉行ゟ可申立候尤御預ケ人名前幷印鑑之儀は黑川近江守瀧澤喜太郎ゟ相達ニ而可有之候

但若可迯去と歟又ハ暴動之及所業候節は兼而達置候通無用捨討捨候樣可仕候

別紙

酒井若狹守殿　　黑川近江守

家來中　　瀧澤喜太郎

遠島申渡出帆迄在牢之者百三十七人大坂町奉行組之者爲請取罷越候迄御預相成候付可引渡旨田沼玄蕃頭殿被　仰聞候間名前書相添於牢前支配向之者ゟ引渡候間可被得其意候仍之申達候

二月廿四日

別紙

兼而相預置候賊徒共所持之品之内大砲八挺は水戸殿之御品ニ付請取之者御同家ゟ被差越候筈ニ付著次第可被相觸候其餘ハ今般江戸表江差立候間支配向之者江可被相觸候尤不用達品は取捨候積ニ有之候此段申達候以上

二月廿四日

○下総古河矦届書

野州邊屯集賊徒降人罷成候者共之内大炊頭在所家來江百人舊冬中御預被

仰付候者共元水戸樣御家來ニ而不容易者之儀何樣之事變出來可申も難計手當嚴密行届候樣被致置度晝夜深配慮中ニ有之殊ニ日光表御警衛被

仰付候場所柄御太切之儀ニ付精々手厚被仕度被奉存候間追々人數も差出候義ニ御座候處當四月

御神忌ニ付猶又增人數も被差出廉多之儀何分ニも人數引足り不申當惑至極被奉存候此上
御神忌ニ付而は公家衆日光表ゟ御通行之節領分中御警衛人數差出候樣之儀有之候而は猶更人數目當無之吳々も當惑至極被奉存候右之次第ニ付御預人手當之儀も自然不行屆ゟ萬一之義出來仕候而は重々恐入被奉存深心痛被仕候仍之何卒降人御預之儀
御免被成下候樣幾重ニも奉歎願候何分厚御含置出格之譯を以
御仁慮之　御沙汰被成下候樣仕度被奉存候段去月十五日備前守樣迄申上候次第ニ而當惑之折柄猶又同十九日野州邊浮浪之徒降伏及鎭靜候義ニは候得共脫走之者共未何方ニ潜伏可罷在も難計ニ付當四月
御神忌之節參向之攝家門跡方を初堂上方面々途中警衛被
仰付候間通行之節野州野木宿ゟ千住迄人數差出護送候樣可仕尤人數武器等之儀は銘々見込を以無益之人數相省實備警衛相立候樣可心得旨御

書付を以

仰渡候然處前條ニも奉歎願候通何分御固所多ニ而人數引足不申更ニ手段も無御座且野木宿ゟ千住迄之里數往返四拾里程之場所ニも有之加之追々御下山相成可申左候得共數十里之場所折返し被差出候も不相成然

上は降人御預

御免被成下候歟又は堂上方護送之儀

御免被成下候樣ニは相成間敷哉尤堂上方護送人數此節取調可差出旨御達も御座候得共前書之次第ニ而右調之手當も無御座無據猶又被申立候義ニ而深恐入被奉存候へ共急卒何レゟ歟

御仁慮之

御沙汰被下候樣被仕度被奉存候此段各樣迄申上候樣被申付候以上

三月五日

土井大炊頭家來
赤見貢

松平大和守家來ニ預
江橋伍右衛門

其方儀水戸殿領内不穏難被捨置御人數幷諸家人數をも被差向候處常州那珂湊に引退賊徒共一同同所ニ楯籠度々戰爭ニ及候段公邊御印は勿論諸家旗差物ニも不心附御敵對可致心底無之との申分ハ難立右始末不屆ニ付嚴科ニも可被處之處追而田沼玄蕃頭諭之趣ニ隨ひ同志之者共申合御人數引入候ニ付出格之御沙汰ニも可被及之處水戸殿ゟ被　仰立も有之美濃守殿御差圖仍而死罪申付ル

片岡銕戯

其方儀御人數之由ハ不相辨共賊徒と一同常州那珂湊おゐて度々及戰爭候者ニ加り罷在候段被雇主之申付ニ隨ふ義ニ有之候共右始末不屆ニ付嚴科ニも可被處之處追而右之者共田沼玄蕃頭諭之趣ニ從ひ御人數引入候次第ニ至候付御宥免を以領主家來に引渡遣ス此段美濃守殿仍御差圖

申付ル

月日

○板倉内膳正家來ゝ御預ニ而死刑

ひとり行死出の旅路の露けさを哀れとたにもいふ人そなき　奥野助九郎辭世

松平下総守白洲ニおゐて

我死なハ四ッのかふへに八ッのむし（本ノマヽ）誠忠の鬼となりて守らん御世の基ひを　園部俊雄辭世

○五月七日

時服十　松平下総守

常野兩州賊徒供追討之節兵粮等運送護衛之儀家來共ゝ被
仰付候處何れも格別ニ骨折候段達

御聽一段之事ニ被
思召候仍之被下之
右於御黑書院溜替席雅樂頭老中列座和泉守申渡之
時服七　大岡兵庫頭
名代大岡主膳正
同十　本多美濃守
右同文言
右於御白書院替席列座同前同人申渡之
御鞍鐙　丹波左京大夫
時服十　名代水野日向守
常野兩州賊徒共追討之儀被
仰出候處家來共格別骨折拔群之働等有之段達
御聽一段之事ニ被

思召候仍之被下之

時服七　　溝口主膳正

名代溝口隼人正

同文言　家來共格別骨折候段　　堀田相模守

御刀加賀國友重代金三拾枚

時服十　　松平右京亮

御鞍鐙時服十　　久世謙吉

時服十　　名代永見健次郎

同文言　家來共格別骨折拔群之働有之段

御刀山城國信國代金五拾枚　　鳥居丹波守

時服廿

同文言　家來共指揮行屆格別骨折拔群之働有之段

御鞍　新庄駿河守

同文言　自身出張致指揮家來共格別骨折拔群之働有之段

右於御白書院椽頬替席列座同前同人申渡之

五月五日

金十枚　時服三　歩兵奉行　河野伊豫守

同七枚　同　同頭　平岡越中守

同十枚　同　同頭　戸田肥後守

同五枚　同　御持筒組與頭　松平信濃守

時服二　騎兵頭　山角磯之助

歩兵頭　城織部

金七枚　深津彌右衛門

時服三　岡田左一郎

同三枚　同　同　森川荘次郎

同　金五枚

金七枚
時服二

同　同五枚

野州賊徒共追討骨折候付被下之

右於芙蓉之間雅樂頭老中列座和泉守申渡之

同　御持筒組與頭　都筑鐐太郎

大砲組與頭　松平左門

　　　　　　萬年眞太郎

同並　天野歸一

前編　陣中略記

此書市川氏三左衛門に従ひし人の筆記と見ゆ巻首に云水府の御政道と申ハ古へ　文武両公の御代ゟ仁政を取行ひ給ひしかハ近國之人民不奉仰と云事なし然るに近キ比天狗と云ものゝ出來て更ニ新政を取行ひ君をあさむき奉りて不平の政道を行ひしかハ忠眞ハ皆隠れて逆臣奸士ますく勢を得て立身する程に國中の上下貴賤上を恨ミ奉らすといふ事なし是全く奸臣の世を亂すなりと憾慨の諸生身命を抛て逆臣賊徒を討ん事を願ふ是原本發端の言なり今こゝニ抄寫するにより本文ニハ略スと然るに嘗て聞く處を以てすれハ　烈公の英烈逆臣奸士に欺かれ給ふべきに非す其忠誠の明驗は逝後
朝廷の褒賞贈官の
勅ありしにても知るへし今に至て所謂天狗なる者は
先君の遺志を奉せんと欲する者之これを悪て伐らんとする者ハ時に趨り

勢に附くの徒なり彼天狗の徒憤激の餘り樹黨暴行し終ニ
大府の兵士に敵するに至てハ賊徒の稱もとより逃るべからすといへども
彼趨時の徒
先君の遺志に於てハ頓に忘れたるが如く
皇國の大患の如キハこれを度外ニ措き恬然として顧思せす唯彼激切感憤の徒を仇視し骨肉相食ミてこれを快とし忠なり勇なりと思へるハ抑又何の心ぞやたとひ已むを得すしてこれを攻撃すとも中心痛憂する所なかるべからさるに絶て其氣象ある事なし故ニ其書す所味方と稱する者の事ハ敗走せしをも引揚たりと書し賊と稱する者の事ハ只官に怯けたるが如く恐れて逃たり走たりと書し偏頗側媚少からす且己か見聞する所のミを記載するハ可なれとも其事實の前後接續する所を記さゞれバ事跡詳ならさるも多し又無用の冗語を用ひて虚飾する有属辭顛倒文字當らさるも儘多し今寫すに隨て甚《マヽ》甚キ者を修删し其餘ハ皆原文のまゝに寫して事實に於

てハ敢て略せす如斯の書畢竟諸家の記を𢴀めて彼此校讐し修删改定せさ
れは全書とはなりかたかるへし
慶應元年乙丑孟秋

陣中略記目錄

上卷

一水府諸生由來之事
一官軍幷市川三左衛門野州ニ下向之事
一高道祖合戰之事
一下妻大合戰之事
一諸生一同水戸表ニ下向之事
一藤柄合戰之事

一賊徒湊を乗取事
一神勢舘合戰之事
下卷
一二本松勢久慈川合戰幷助川落城之事
一額田邊合戰之事
一雲雀塚合戰幷鳥居家部村《マヽ》野村合戰之事
一雲雀塚再度合戰之事
一松平大炊頭降參幷峰山合戰之事
一雲雀塚三度目合戰之事
一雲雀塚四度目合戰之事
一湊攻取事幷賊徒降參之事
以上

陣中略記上

如水心者筆記

水府諸生由來之事

元治元年四月弘道館の諸生所々に集會して御政體の亂れたるを歎き身命を抛て逆臣賊徒を討ん事を願ふ五月朔日ニハ岩船山願入寺へ集會して種々評議したるが兎角出府之上　君公ハ言上して其上にて取計べしとて此所ニ暫く逼《マヽ》留して同月廿六日彌南發とそ定りける扨其存意書ハ
乍恐　先君列公告志篇を著述被遊候而廣く士民を諭給ふ其第一條ニ忠孝の本意を述させ給ひ次ニ人々　天祖　東照宮の御恩を報んとて悪く心得違ひ眼前の君父をさし置直に
天朝公邊ハ忠を盡さんと思ハヽ却而僭亂の罪遁るましき旨を述させ給ひし事我藩の臣子たる者何れも心得罷在へき事ニ候處近來狂暴の士民

等
天朝の御明徳を奉誣他國浮浪の惡徒を語ひ國中無罪の衆民を苦しめ徳川家の御親藩の臣下として妄りニ　將軍家を輕侮し昇平の至恩を忘れて反亂し大逆を企無躰之暴論を以しば〱　君上ニ迫り奉り種々の流言を作りて多く異論之良臣を退け賄賂を貪り私黨を張り祖宗之法度を破り士民の禮分を廢し加之東西に奔走して公武の御中を奉妨上下之情を壅塞して君臣之道路を絶其他惡業不遑枚擧是を以て　先君列《マヽ》公之遺志と稱して我水國眞の義勇を輕しめ虎狼の國として忠孝の篤實之世臣を不用終ニハ一國の君臣上下悉く反亂の賊に陷ん事眼前にして士民の耻辱千歳の汚名無此上臣子の身分決而等閑可打過時節ニあらす且我々是迄日々弘道舘に出入し文武の業を勤て以て君之恩ニ報ん事を謀る今此時に當りて國の逆臣を除き賊の横行を制するニあらずんバ何を以て地下の烈公に見へ奉らん依之面々忠憤難默止自然一同集會仕候上ハ共

に心を一にして力を合せ是非黒白を辨明し是を天下ニ明らかにして年來の誠心を相達し眼前　君上之御配慮を可奉安一同の本意ニ御座候依之此段申上置候以上

元治元年甲子五月　　諸生共

同廿六日早朝ゟ千波原といふ所ニ勢揃して朝比奈彌太郎佐藤圖書市川三左衛門を初として其勢上下七百余人佐藤辰之助を先に立先陣渡邊半介二陣ハ市川三左衛門三番ハ佐藤圖書四番ハ朝比奈彌太郎槍ハ鞘をはらひ弓ハ弦を張鉄砲ハ切火繩ニ而一同白鉢卷をしたり同廿七日七ツ時駒込之邸ニ繰込市川佐藤朝比奈小石川ニ出仕右存意之段申上候處君公ニハ殊之外御滿足ニ被思召是ゟ市川三左衛門ニ野州邊賊徒追討をそ被仰付ける

官軍幷市川三左衛門野州ニ下向之事

六月十六日野州邊浪人共討手被　仰付候旨御達ニ相成小石川ニ詰候面

々左之通

一ノ組諸生

世話役 藤田直之助　同 鈴木四郎太夫　同 齋藤四方之介
岡部龍之進　岩澤定次郎　額田永三郎
佐藤雄次郎　佐々三八郎　三谷安次郎
檜山七藏　笠井福太郎　小野瀬壯介
岡見留吉　金子久次郎　小泉彥十郎
大森金三郎　舘野鋏次郎　白須繁次郎

貳ノ組

世話役 佐々木末吉　同 安松十五郎　鈴木庸之助
同 小泉彥八郎　鈴木榮次郎　鈴木任藏
松井秀三　關八太郎　伊藤德助
小田部巳之吉　山本悌之助　酒井捨彥

大樽金太郎
志水陸一郎

三ノ組

世話役 片山丑之助
同 橋詰酉藏
大久保貞藏
齋藤捨松
中川任一郎
蔭山千次郎

四ノ組

世話役 吉村主殿
加藤山三郎
瀬尾辰之助

高久彦三郎
宇田川銀平
同 福田律三
橋詰辰藏
鈴木運之助
堀江庄次郎
齋藤金之助
庄司善次郎
同 山本三平
岡部德五郎
鈴木金太郎

高田秀次郎
同 弓削辰次郎
白須準太郎
樫村銀次郎
細谷萬吉
小室金一郎
淺羽龜之助
檜山熊三郎
高久千次郎
草川進吉

杉山與七郎
高野定之助

陣將附

世話役 宮田常之助
同 宮田金藏
大關捐藏
城所友次郎
佐藤萬右衛門
宮田銀五郎

大砲方

世話役 高野爲之助
同 高田彥助
樫原銕藏

本郷精一郎
友部德之助
同 佐々八次郎
同 相澤秀五郎
生井岸次郎
渡邊吉之助
大内午之助
同 磯野長兵衛
同 樫原富三郎
戸崎留五郎

根本清五郎
白石又兵衛
同 磯野理三郎
同 小田部壯三郎
疋田傳八郎
塙富太郎
堺野吉次郎
同 松村榮次郎
同 高山金四郎
代田留吉

村上銀四郎
津田孝之助
小川辰三
寺川留五郎
大宮金之助
大森金六郎
師南
萩勇太郎
額田彥太郎
御醫師
御先手物頭
同
御目付

岡本勇四郎
石川金之助
綿川龍之助
安生鎌吉
坂田三八
生熊德之助
大岩伴次郎
藤谷鳳介
富田理助
蘆澤勇七郎
大井幹一郎

飯島魚之助
安松萬次郎
近藤助太郎
松井辰三
藤田犬丸
大畠理八郎
前島浮德
同心四十人余
同心四十人余

御徒目付　佐々木雲八郎　泣井銕之助
御小人目付　野村喜左衛門　加藤孫三郎
御右筆　高根秀三郎
御軍師　友部八太郎
吟味役　三谷政彌太　鈴木八右衛門
御使番　渡邊伴右衛門　付添同　稲之丞
士大將　市川三左衛門　付添同　三次郎

右惣人數上下六百人余大砲百目三挺ホート二ツを引て同十七日五ツ時出立す千住にて官軍と一緒ニなり今夜ハ草加泊り官軍ハ千住泊り十八日大澤十九日杉戸廿日栗橋泊り廿一日古河泊り廿四日古河出立小山ゟ結城に著七月四日迄逼〔マヽ〕留して同五日官軍諸生二手に分て筑波へと攻寄る今朝出立之人々官軍には藤澤志摩守城織部諸生三ノ組四ノ組渡邊伊右衛門諸生の指引にて御先手富田理助之一手下館道を繰出す其勢千五

百人余也六日ハ市川三左衛門初諸生一之組二之組御先手芦澤祐一郎一手御目付大井幹一郎を初大砲三ッ官軍ゟハ御目付代小出順之助永見貞之丞北條新太郎初不殘之勢二千人余關本町ゟ下妻ニ至れハ永見は多寶院市川ハ新福寺へ宿陣せしかば下妻の市中皆人數にて席もなく見へにけり

高道祖《サイ》合戰之事

七月七日騎兵早馬に而來り大寶邊賊四五人來り出合候間砲發致候處高祖村渡し邊ニ引取鯨波の聲を上候間水戸殿にも御人數御指出し可被成トいふニより陣將初不殘支度して押出したる處大寶へ來りたる敵ハ三人計斥候の躰にて馬に打乘中にも昌木晴雄入道ト云賊ハ緋威の鎧に鍬形打たる兜を著て眞先ニ來りしか官軍を見て逃けるを透さず撒兵打懸けれ共間合四町も有之故打漏したり扨市川三左衛門ハ急きて進むほどに田町と云所迄至りたる所へ指圖役星野正之助馬上ニ而馳來り敵ハ彌

居候ぞ水戸家にも急キ給へ此度ハ塵に致候と言捨て懸抜たり依て益急キ行ハ乍《タチマチ》高道祖の渡しに至申候處官軍指圖ニ而川へハ既ニ舟橋を懸たり此川ハ小貝川とて是ゟ二三十間計の幅ス高道祖宿追分迄至りし處指圖役壹人扣居本道ハ既ニ此方にて手配り致候間水戸家にハ裏道を堅メ可被成由申により常願寺といふ寺にて一同休足する所ニ乍三十目位の大砲の音聞へけれハ是ゟ六七町進ミ山畔に陣を取しに賊の方と覺へて鯨波の聲すると乍官軍ゟ小筒十發程打出せハ賊方にも木筒の大砲三四發小筒十發打懸し様子夫ゟ官軍ゟも破裂散彈打出せハ撤兵歩兵も數百挺の小筒を一齊に放けれハひとへに雷の鳴渡る如くにて敵の聲も聞へざり凫味方ハ進て陣太鼓を打て小松の山中を押通れハ此太鼓の音にや驚けん砲聲にや恐れけん賊ハ洞下を指て逃行けれバ八九町追懸しが夕陽ニ及ひけれハ總軍引揚ける今日の戰ひニ賊貳三人卽死味方ハ壹人も怪我なし夜五ッ時總軍下妻へ歸陣す翌八日も賊來る注進有しが市川三左衞門初小貝川渡迄出

張する處官軍ゟも出陣ニ相成永見貞之丞眞先へ金の永樂通寶の馬印次ニ同しく金の志の字の下へ猩々緋の破連の下りたる小印を立自らハ馬上にて赤地の錦ニ五ノ字の附たる陣羽織を著歩兵一大隊撒兵騎兵を引率して來りしかハ此方ゟも市川三左衞門白の四半に定紋を青く付たる馬印を馬前ニ立させ其身ハ白地の錦の陣羽織次ニ大井幹三郎猩々緋ニ金の輪貫の陣羽織ニ而出向ひ暫く相談有て今日ハ引上ける扨下舘表へ向ひし官軍幷此方諸生共も今夕當地へ繰込けれハ只雲霞の如キ人數ニ而尺寸の地もなく裏店ニ至る迄皆宿割をそしたりけり

下妻大合戰之事

去程ニ八日の夜未タ九ツ半時成ニ注進有て賊洞下ニ而勢揃をして其勢凡千人唯今高道祖の渡を越て高道祖へ火を懸ケしと云繼て又注進來り賊彌此所へ押寄候と云扨東の方をミれバ高道祖の方ニ當りて二三ケ所より燃上りてミへける夫ゟ注進ハ引も切らず來りけるが八時も過て明

七ツ時過益所々焼る様子なれハ何にもせよ坂本口を堅へしとて御先手一頭諸生一組出んとする處ニ大砲二發程耳元ニ聞とひとしく鯨波天に響きけれバすハや賊來れといふ間もあらぬに坂本口ゟ四五拾人切込候と云言葉に繼て又永見ゟ指圖役來り賊大寶邊ゟ來りて我々本陣の裏ゟ砲發致し早所々へ火を懸候間急キ御人數指出給へと云所ニ夜も明て九日と成けるさらハ急々繰出さんと陣太鼓を打所ニ官軍ゟ打出したると見へ大砲小筒人亂て雷の如く市中ハ火ニ成遠近燃上りたれハ天を焦す計《マヽ》計の焔之爰に坂本口番所ニは井上家の家來七八人拔揃て四五拾人の賊を相手ニ被取圍被追詰必死と戰へ共切貫れて終ニ五人討死す永見の陣所にハ賊共切込たれバ皆鉄炮を捨置槍長刀ニ而いつれも手詰の勝負にて玆を詮途と切詰火花を散して戰ひしか味方即死六七人手負七人計出來たり爰に又水戸家の大砲方ニハ大砲を奪ハれじと下知する所へ賊四方ゟ來りけれハ眞先へ安生鎌吉貳尺三寸の太刀を振て切て出敵四五

人ニ渡り合戰ひしが終に討死す安松万次郎大宮金之助も此時討死す扨杉村榮次郎ハ賊將三橋半六ニ股根を被突しか其槍を取返してけり此時高田彥助も垣根の脇ゟ二人の賊槍を持て向ひしを切拔しか綿引龍之助ハ垣根の外へ駈出す所を賊刀を上て扣居只一ト太刀ニと脊中へ切付られしが命ハ助かりたり爰に三ノ組にも齋田金之助樫の棒を振て賊と戰ひしか棒を切折られたれバ刀を拔んとする所を被打ける同組庄司善次郎も懸出しけるが銕砲ニ被打歩行不叶して燒死したり此中ニ市川陣太皷を打て繰出セハ賊ハ引退けり夫ゟ兩町と云所へ出て此所を固めて陣を取たれば裏を固ありし歩兵大町藤澤小出の陣所へ引揚たり早九ツ時比にて火は鎭りしが未タ黑烟空に滿て日光りも不見しが漸晴行ハ一同兵粮を用て味方の討死怪我人を調れハ討死五人手負八人之かくて官軍へ、打合て摠軍不殘下妻を引拂十町計下妻原と云所へ引上ケ野陣を張て明日結城へ引揚ける

諸生一同水戸表へ下向之事

去程に總軍一同結城へ引上ケ此所ニ一兩日逼《マヽ》留して議しけるが官軍にハ一先江府へ引上候へしとて十三日出立に成けれバ此方にも九日の合戰ニ兵粮不殘焼れけれハ同く江府へ登りて再出陣すべしとて此所を立て間々田の驛に至り此所ニ一日逼《マヽ》留して同十五日古河栗橋を過て幸手ゟ杉戸といふ所ニ至り此所ニ泊けれハ江戸ニ居し佐藤圖書朝比奈彌太郎初五月中出發の諸生不殘水戸表へ下り候樣被　仰付十四日小石川を出立して來りし人々に出合且歡且歎て共に袖をぞしぼりける扨此所ニ三四日逼《マヽ》留して種々評議しけるが陣將ゟ書付出たれバ一同披見するニ

追討出發之族江

拙者儀此度之儀ニ付乍不及浮浪之徒追討之職被　仰付是迄出張居候處各勵精神追々之辛勞大義感入次第ニ候然處粮米人馬之義ニ付是迄引揚候得共江府に而ハ右手當之手段も無之由ニ候間　御目付代江屆

之上明十八日御國ニ罷下り手當出來次第早速出張の心得ニ候間其旨

相心得可申候事

七月十七日

斯有上ハとて人々其支度をして同十九日四時杉戸を出立して朝比奈佐藤市川共ニ江戸表ゟ下りたる諸生合せて三百余人古河泊り次之日ハ小山泊り廿一日結城ゟ下舘廿二日笠間泊り廿三日ニハ早朝ゟ立て夕七ッ半時水戸表ニ繰込しが諸生ハ組々ニ小印を立陣將初威風凛々として入たれハ見物之者群をなしける扨向井町泉町邊所々宿屋或は茶屋抔ニ居し賊共を搦取しに廿貳人計之陣將ハ柳町通りにて評定所へ繰込けれハ佐藤朝比奈も夫々居宅へそ著ニける

藤柄合戰之事

同廿四日暮六ッ時注進有て只今賊臺町藥王院ニ繰込候と告けれハ先ッ七軒町口へ御先手頭諸生二組をそ指出されける然ニ皆虚說故廣小路に

扣居て明七ツ半時評定所へ引揚て休足する所ニ六時過又注進有只今賊は五百人餘同心町と云所にて二手となし一手ハ酒門村ゟ清水町口一手ハ藤柄町ゟ七軒町口へ繰込候樣子なりと告けれハ一同急キ支度をして陣太皷を打て繰出す處ニ又一人駈來り早魂消橋迄來り候といひけれハ人々急キ進て一町目にて二手ニ分れ七軒町口へハ諸生一ノ組二ノ組御先手物頭富田理助を被遣其余ハ清水町口へと向ハれける然に藤柄町口ゟ來りし賊ハ千種太郎三橋半六大將にて其勢貳百余人七軒町迄進ム所へ味方の人數一町目ニ而一度ニどつと鯨波を揚けれハ賊ハ此聲に恐れて魂消橋邊迄引たりしを透さす追掛ながら御使番渡邊伊右衞門眞先へ進ミ手筒を撰ミ打ニ一發せしかバ乍ち一人倒れける所へ大砲百目壹ツ幷御先手方ゟ透間もなく一齊ニ打懸たれハ賊も必死と打合しが坂田三八近藤介太郎等ニ打立られ矢庭ニ四五人打殺され少し亂て見へしを爰ぞと思ひて御先手方同心共入替り〳〵〳〵息をもつがず打出せば十人計

打留たり賊も今ハこらへ兼少し引色に成所へ諸生共一ノ組ゟ鈴木四郎太夫槍を横たへて眞先に飛込たれハ賊ハ彌散亂するを倘追駈馬の後ゟ味方小筒を打けれハ四郎太夫大音揚て進めやと呼ハる聲に繼て同一ノ組岩澤定次郎鈴木ハ槍入をしたるぞ此所ゟ鉄砲を打てハ味方ニ當るべし進まれよといひけれハ御先手方も一同聲を揚て進けれハ二ノ組ゟも山本悌之助大橋金太郎先達而進けるに賊ハ一人も引返す者なく皆右往左往に逃行を唯一人千種太郎の組と名乘引返し來れハ四郎太夫やさしき奴ゝと槍を上段に執て向へハ彼も貳尺五寸余りの刀を左上段に構へて切て懸るを御先手組長山平三郎と云者の放つ鉄砲ニ右の手のさきを被打て少しひるむ所を四郎太夫只一槍に胸板の二段計の所を突けれハ後へごふと伏し首を取て給れと呼所をつと近寄我が刀ハ不穢とて此者の持たる刀を取り首を打此首を携へて（マヽ）江戸迄至れハ陣將丼御目付大井幹三郎扣居タれハ一番首取候と渡して夫ゟまた引返し藤柄に至れハ一

ノ組なも藤田直之助佐野權次郎を初旗鉄砲色々分取したり是な又四郎太夫ハ賊貳人切殺したる由爰に小泉清吉も或家の軒下ニ賊壹人居たるを一槍に突殺したり此内ニ定次郎も十文字槍を持田の中に扣たる賊を眞胴へと突通せハ同一ノ組大森金三郎飛懸り首を切たりしか餘りに能切れて肩先迄切付たり其外二ノ組志水陸一郎も、能首を取たり此戰ひと賊の方被討たる者森又藏を初として廿人余の即死なれ共戶板或ハ肩抔ニ懸て引取しかハ味方にて首を取たる分拾三級之怪我人四拾人余と聞へし扨又清水町口へ向ひたる賊ハ同貳百余人酒門村淨土寺邊な白旗を靡セ金鼓を鳴して進來り田中と云所にて二手と成清水町紺屋町と左右へ分れて押寄るを味方な大砲打懸しか尙進ミ來るを芦澤祐七郞下知を加へ御先手組一同に砲發しけれハ敵も木筒を扣へて打出す所に味方な菊地扇三郎小筒を以て居敷打に一發せしが賊壹人打倒したり此中に御先手方なも散々ニ打立れハ敵も即死怪我人出來て不叶とや思ひけん引込しが清水町口紺屋町貳ヶ所へ火を付逃去けれハ忽黒烟天を焦計に焼上りて家數百軒計も焼ける此中に賊ハ不殘引去しが紺屋町口にても首壹ツ取たり此度の戰ひハ味方御先手富田理助の組下少しのかすり疵貳人のミみにて其外ハ一人も怪我なし首都合拾四級取る誠ニいさきよき勝軍成と人々さゝやきける

賊徒湊を乘取事

八月十日松平大炊頭初武田伊賀守榊原新左衛門鳥居大久保其外賊徒一味の者不殘其勢千餘人臺町藥王院へ繰込是ゟ　御城へ入らんとせしかども存之外打負て藥王院にもたまりかね同十一日之夜ひそかに磯の濱をさして逃去けり斯て明れハ十二日賊磯の濱へ攻入たりと聞へけれハ祝町といふ所ニ居し人々伊藤辰之助川上捨三郎同留次郎安松牛一郎佐藤熊次郎其勢僅四五十人大砲を構へて待所へ賊ハ貳三百人押寄來りたれハ大砲小銃打懸しか不叶して湊へ引上ける然に川上捨三郎ハ只壹人

踏止り大軍の中へ切て入しか何かハ以てたまるべき味方ハ壹人敵ハ三百余人稲麻竹葦の如くに取圍ミ只もミつぶせとそ攻たりける然共捨三郎ハ少しもためらハず爰を寂期と打て廻り敵四五人切倒しなをも心ハはやれとも切貫へき樣もなく終に討死したりしかは賊ハ岩船山願入寺へ火を掛て勝関を揚て歓ひけるかくて是ゟハ日々湊と祝町互ニ川を隔て打合しか賊ハ大軍味方ハ小勢なれは御城下へ援兵を乞ふ程ニ同十四日保内の郷兵八百人相場九十郎大將にて被遣同十五日諸生一ノ組七ノ組二ノ組ニ郷足輕六拾人余被遣たりけれハ湊ニ有人々も喜ふ所ニ同十六日の朝汐霧深くして川の向ふも見定め難きを賊ハ湊を乗取らん事今朝に有とて願入寺の裏貉《ムジナ》元といふ所ゟ小舟三艘漕出して渡らんとするを見付て注進有ハ扨こそとて一同御殿の御庭ニ出て見れハ舟ハはや川の中ハ比之急キ打砕んとて一番の藤田直之助佐々八三郎築山の上に百目筒を扣へて入替々々打出せ共思ひの外霧の深キ故にや不當してはや著

船しけれハ御殿ハはや町々初鐘を打出して上を下へと泣さわく有様たとへん方なし然に賊ハ又五艘程櫓を立て漕來る味方ゟも大砲拾四門口を揃へて佐久間寅次郎大森謹一郎名越新次郎佐々末吉數十人打出といへとも賊ハ只一文字ニ川を渡したり爰に又祝町の渡ゟ馬船に取乗り大將分とミへてサイミの羽織著たる者廿人漕出して渡る所を味方ゟ打出したる玉船の先へ當りけれハ漕返したり此中に賊ハ早反射爐を乗取り所々口々へ攻入所を藤田直之助大森謹一郎釋迦町口にて打合ける鈴木四郎太夫芦澤定次郎岡見留吉佐々末吉笠井福太郎ハ石川竹之助田夕菊太郎久米孝三郎御舟手方廣木孫六等廿余人ニ而防けるが賊拾四人一町目裏を通る所を御船手同心御殿ゟ打たれハ大將分壹人打殺したり此の所にて鈴木四郎太夫も六匁筒にて壹人打倒し岡見留吉も弓にて壹人射たり扨佐々八三郎小澤貞藏ハ御殿の西の方ゟ反射爐と打合しか反射爐を乗取て旗貳本立たり爰に一町目口へ來し賊ハよふ〳〵追返したれハ

鈴木岩澤佐野岡部久米を初貳三拾八御殿の表御門ゟ押出し二町目邊ニ來りし所はや七町目四町目壹町目火に成て燃立所に賊ハ四拾人或ハ五拾人程ッヽ手々ニ別れて皆槍刀をひらめかせて旗馬印を携へ黒の烏帽子白の稽古著ニ而立廻りけれハ味方も所々別れて伊藤辰之助ハ和田の方へと進み戰て賊四五人討取しが此伊藤手討たりし大矢次四郎といふ者打死したり其外敵も味方も亂軍に成たれば爰に打合彼所ニ切合思ひ〳〵に追つ追れつ互ニ必死に切結ひ一時餘り戰ひけるが昨夕光妙寺へ繰込たる七ノ組村松信藏岡野庄次郎山本道之助萩昇助初廿余人一ノ組ゟ齋藤四方之助白須繁次郎金子久次郎舘野銕次郎小野瀬壯助横山七藏初十余人鄉足輕六十余人反射爐近く攻寄て戰ひしが所々ニ火懸りたればば今ハ是迄とて舘山にそ引上ける此時相場九十郎一手ハ戰ひて同引上たり扨伊藤を初所々の味方等思ひ〳〵に皆引揚たれば今ハ御殿に殘りたる者石川父子久米鈴木岩澤大森等わづか廿人計外ニ同心拾余人都合

上下四五拾人皆々心を合セ茲を詮途と戰へとも賊ハ大勢なれははや御殿の下へ透間もなく攻來りけれハ石川ハもはや多勢ニ無勢防べき手段もなけれハ立退んといふを鈴木押止て有しが四方の火燃來て御殿の御庭一面ニ烟に成たれば自ら　御殿へ火を掛て石川初右之人々御殿之裏門ゟ出て淨光寺へ打合龍田野通勝倉にて一同出合是ゟ評定所へ引上ける味方打死五人手負三四人賊ハ手負死人數不知とぞ聞へける

神勢館合戰之事

去程に賊ハ湊を乘取たれば勢を得て今ハ御城下へ攻入有無の合戰をすへしとて松平大炊頭武田伊賀守あらゆる賊將共を初として其勢一千余人を率して四ツ時湊を立て柳澤より三反金上へりにて大炊頭自惣大將として武田父子は緋の陣羽織其外思ひ〳〵に出立して途中ハ下座觸をして白旗赤旗を風に飄して堀口と云所より枝川をざしてぞ押寄ける然に神勢館ニハ福地父子佐々與右衛門片岡勝藏中村新平大關庸之介を初

大砲同心四拾人都て八九十人籠り居しか兼而賊打合て置くとく見へて乍船壹艘を漕出すと見へしが續て馬舟五艘出して大炊頭初不殘川を渡したれハはや評定所へ之注進ハ櫛の齒を引如くなり町々の男女ハ上を下へと迯さわげハ陣將より口々を固むへしと先川岸通りハ門前ゟ三ノ町迄先之一御人數寛助太夫大將にて扣たり新御藏へハ戸田銀次郎付添の諸生百人余り新町口へハ渡邊半助幷諸生貳百人にて固ける爰に賊の方ゟ入谷六郎右衞門使ニ來り大炊頭御城に繰込度由申候得共市川三左衞門返答ニ是迄之所業驗〔本ノマヽ〕て繰込事ハ堅く不相成由斷りて返しけれハ暮六ツ時再ひ飯田壯藏來り又右之段申けれハ壯藏ハ此方に指立られ歸る事を不得かくて翌廿一日福地政次郎里見四郎左衞門兩名にて今日ハ彌御敵對申候と言ひ送りけれハ此方ニも市川初出馬して三の町中の町九町目邊に人數を配り彌互ニ爭戰の用意をしける然れ共青柳邊にて少し打合しのみにて戰ハなかりしか同廿二日賊ハ川を渡し青柳邊に繰出候

へハ此方ゟも先の二御人數好文亭ニ居たるを引上て青柳へ被向けるが賊三百人余川際迄來りし處味方ゟ大炮打掛青柳村へ火をかけしかば敵敗走して十人計卽死手負十四五人味方ハ卽死壹人怪我人三人敵の首三ッ打取たれば手初よしとそ勇ける爰に又賊貳百人計新御藏へ攻寄しに戶田の諸生防兼て引退けれハ賊は此所を乘取喜ひけり扨九町目口へハ市川手の諸生堅メて有しか賊神勢館の大矢場へ上りて此所を見る所を九町目田畔より放ちたる大砲玉當りて六人ころけ落たりかくて賊ハ新町へ火を付たれバ乍三町目四町目燒失したり同廿三日敵三十人計立原朴次郎大將にて九ッ時新町渡邊半助持場へ切込けれハ味方ゟハ横山九郎右衛門長刀を以賊將立原を討取たれハ引色に成處へ中主吉次郎壹人の賊を見附て追懸しか吉次郎過て細川に落けれハ賊得たりと槍を以て突んとするを伏なから右の手にて槍の穗をかばと拂ひければ賊突はづして吉次郎か脇へどふところひけるを引つかミ互ニ上ニ成下ニ成する

所へ近藤軍四郎來り敵の腰を一ト槍突けれバよわりたる所を鈴木千之允首を取たり此內ニ味方齋藤金六賊と戰て終ニ打死したり渡邊清左衛門ハ左之手を鋏砲にて被打宮川辰之助ハ肩先五寸許り被切たり乍去味方ニ而打取分ハ立原朴次郎木村勘兵衛を初として賊共之首都合三ッ取り其外賊の怪我人ハ數不知とぞ然るニ如何したることなりけん中の町九町目新町初所々の口々皆引拂になりたれハ市中の男女老若泣叫て迯去有様ハ目も當られぬ姿なり川岸通にても今日打合之處萩昇人組小口八藏打死したりかくて川岸通へも火を懸たれハ燃上る有様たとへん方もなかりし同廿四日新寺橋へ諸生百人赤沼町八町目ハ渡邊幷諸生市川ハ三ノ町口を固しが又新町邊ハ火を付燃上りて見ゆる所ニ賊ハ如何にもして今日を限りに下町不殘燒拂ハんとて火矢燒玉破裂の類を引も不切打出せハ砲聲ハ百雷の鳴渡る如く玉の落る事ハ霰よりも繁かりしか味方も必死に成て所々の口々ゟ砲門を揃へて打出し互ニ打合しが日も暮

る程ニ賊ハ新御藏へ又貳百余人新手の勢を繰入込替々々彈藥も惜まず打合ハ敵も打出したる玉ハ評定所或ハ柵町邊都而御城の近邊ニ皆落たりしが不思儀成哉怪我人ハなかりけり扨味方ハ今日官軍歩兵一大隊繰込けれハ日々神勢館を目懸て打合戰ける同廿七日二本松丹羽左京大夫人數貳千人計神崎寺へ繰込ニなりけれハ惣軍彌攻口を定て神勢館を攻落さんと軍議一決して同廿八日先ッ丹羽家の人數ハ大谷鳴海大谷與兵衛隊長として日野源左衛門自ら貳千人余之兵を率て市毛枝川邊ニ攻掛らんとて中河內を渡して數千人にて見へけるを賊ハ神勢館より遙に望見して此大軍を以後へ廻られてハ叶ハさるへし一先湊へ引上ケ再度計略を廻らして水城を乗取へしとて同廿九日の曉天大炊頭初賊將不殘湊をさして退キける

陣中略記下

如水心者筆記

二本松勢久慈川合戰并助川落城之事

二本松丹羽左京大夫人數ハ久慈川筋之警衞として川合村邊ゟ下凡三里の間を川筋不殘固めて居たる處九月二日朝五ツ時賊徒村松ゟ繰出して凡其勢二百人余瀧川原と云渡迄來りけれハ二本松方ニも急キ大砲打懸しが賊ハ事ともせず無二無三ニ川を渡る所を二本松藩中ニ櫻井源五右衞門とて名高キ弓の達人成しか指詰引つめ射出しけれハ忽六七人射殺されたりされ共賊ハ少しもひるまず一目散ニ川を渡しけれハ櫻井ハ矢數十五本迄も射たる處へ流れ玉來りて當りけれハ惜哉終ニ討死したりける是ゟ二本松勢ハ石名坂と云所へ引揚此所ニ陣を取て暫く戰ふ所ニ助川山野邊主水正居城ニ繰込居たる賊大久保にて裏切ニ來りしを二本

松勢ハ不透細道ニ追かけて一行立にて進來るをねらいすまして打出しけれハ一發の大砲にして敵十人余將棊を倒すが如く乍一度ニ打殺したり是を見て不叶とや思ひけん不戰して退キけれバ味方も大田へ引上ケしか打死四人手負九人敵ハ卽人《死カ》三十人余手負數不知とそ同三日助川の城を乗取へしとて菊地善左衞門相場九十郎先陣にて二本松の人數千余人高鈴山ゟ裏手に廻り一手ハ菊地善左衞門額田村戸一郎を先手として表ゟ攻寄へしとて戸一郎ハ纔ニ拾八人にて先ツ助川へ攻入らんとするニ賊ハ口々へ大砲を構へて打出シたりされとも勇み切たる戸一郎の一手なれハ少勢といへとも少しもひるます我先にと城迄迄《マヽ》押寄鯨波をとつと揚たりける後陣ゟ差《マヽ》左衞門繼て攻入敵の大砲を構へたる所へ目掛て切込散々ニ打破る中ニ戸一郎はやゑい〳〵聲を上ケて城中へ亂れ入火を掛けれハ賊ハ途方を失ひ逃迷ふ所を切殺突殺或は生捕をして勝鬨を上けれハ敵ハ不殘逃行たり裏手へ廻りし二本松勢火の手を見て彌城

ハ落たり進んと云所へはや山野邊の奥方子供迯來りしを生捕て夕刻互ニ太田へ引揚けり

額田邊合戰之事

同五日賊徒田中愿藏藤田小四郎大將にて三百余人村松を繰出して額田へ繰込たれハ太田ゟハ二本松の人數半隊千余人太田を繰出して河合村に川を隔て陣を取殘る半隊ハ太田を固め扨水戸へ注進しけれハ同六日野州宇都宮城主戸田越前守人數千五百人枝川通ニ而田彥筋同國壬生城主鳥居丹波守人數ハ六百人水戸殿先ノ一御人數千人計ニ筧助太夫大將にて鳥居家と共に靑柳村通にて酒出村迄押出セハ鳥居家ハ菅谷にそ宿陣しける同七日筧富士山といふ邊ニ陣を取此所ゟ左の方酒屋權六と云商家ニ流旗廿本計を立て賊五十人計扣たれハ是を目懸て大砲打出し砲戰する所ニ又右之方畑の中ニ小松の一叢立たる木蔭に敵五六人來りて隱れたりされ共味方ハ更ニ氣も不付して只右酒屋の方へ砲發して居し

所へ額田の方ゟ金の瓢簞《マヽ》の馬印を眞先に立て百人計進來る故味方ゟも進て大砲四五挺を以て打掛し處間合凡五六町に成しと思ふ比彼瓢簞《マヽ》の馬印を左右へさつと振けれハ右之小松の林ニ紅白の吹貫二本立かと見へしが忽左ニ扣へし酒屋の兵𪜈三方ゟ一度ニどつと鯨波の聲を合せて面も振ず鶴翼に備へて味方を目掛唯一文字に攻來る味方ニも大砲小銃砲門を揃へて一齊ニ放ッといへ共敵ハ事ともせず死骸を乘越々々進來りはや陣中へ切込たれハ伊藤久内馬上に槍を横たへて自ら進め〳〵と下知を加へけれとも味方亂立進者なかりしかバ久内大ニ怒て只壹人敵の中へ割て入當るを幸ひニ左右へ突けれハ乍壹人突殺し二人に手負たり爰に宮田仙右衞門藤田直之助と戰ひ宮田ハ槍藤田ハ刀にて向ひしか久内見付て同士打なり〳〵と聲を懸けれハ互に引分れしか藤田ハ槍疵を受宮田ハ刀疵を受たり今ハ是迄と兩人敵の中へ飛込藤田大音ニ心有奴原ハ出合へ〳〵𪜈呼はりて貳尺三寸五分有陸奥守の刀を打振て切て

入終ニ打死したりける此内ニ覚を初味方不殘中河内を指て引揚けれハ敵ハ味方の捨たる大砲等分取して又額田へ引上ヶたり味方打死六人手負八人敵即死五人手負八九人之同八日夜ハ賊百人計向山常福寺宇都宮陣所へ夜打ニ來り本陣を目掛て切て入けれハ戸田家ゟ若武者共不漏と取圍ミ散々ニ戰ふ所へ菅谷ゟ鳥居家の人數杉村迄進來り砲發したれハ敵不叶して常福寺へ火を掛退たり此時戸田家　敵廿人余打取味方手負四人之同九日正九ツ時比賊貳百人余額田を繰出して助川海道へ廻り稲田村邊より陣太皷を打鯨波の聲を上て進來れハ戸田家にも用意して有所ニ賊又堤村邊ゟ精兵百人計二手となし一手ハ本道を進ミ一手ハ畑藪などの中を忍て田彥宿の西へ廻り思ひも寄らぬ方ゟ攻入たれハ戸田家の人數色めきて見へけれハ賊ハ時分よしと家々へ火を掛ヶて切入たりされ共戸田家ニハ大砲方初爰を詮途と打合しか大砲を構へて打所を敵より打れて乍倒れたり爰ニ戸田家大目付山崎權右衞門ハ馬上にて敵四

五人ニ被取圍三人を切殺して終ニ打死したり又大砲方之者ニ壹人ハ合藥を敵ニ渡さしと自ら合藥へ火を懸て其身も燒死たり此中ニ敵ハはや皆家々□へ廻りたれハ味方崩立田彦出口へ火をかけ御城下を指て我先にと引上けれハ賊ハ是ゟ石神邊ゟ村松へ出平磯へそ引取ける依之額田ハ味方乘取けり戸田家ニ而味方の怪我人を改し處打死七八人手負拾人余其外土地の者など死したる者有しとそ田彦ニハ死骸拾三人有之し由賊も死人怪我人皆戸板なとに乘せて引去ける

雲雀塚合戰并鳥居家部田野村合戰之事

同十八日賊徒三百人余平磯原新堀ト言所迄繰出したると注進有けれハさらバ攻寄て鏖に見せんとて御目付代日根野藤之助御作事奉行岡部駿河守歩兵頭並北條新太郎御持小筒組頭深津彌右衛門大砲指圖役頭取坂本復之助を初市川三左衛門大井幹一郎友部八太郎松田半左衛門其勢合て貳千余人大砲拾余門押出せハ賊新堀を引退平磯原へ陣取けれハ正面

ゟ市川三左衛門諸生共凡六百人余鶴翼ニ備へて鯨波を揚て攻掛れハ歩兵隊ハ横合ゟ狙撃に攻んと友成猪之助深津鉞五郎歩兵隊ニ大砲二門を以て道を左へ取前濱村に押出して惣軍ハ村松街道を平磯の方へ進壹本松ニ而兵粮を用ひ暫休足之内指圖役頭取香山榮左衛門斥候として乗出し平磯原ニ出し處雲雀塚の蔭に賊六十人余潜伏居故直ニ大川正次郎撤兵一小隊坂本復之助半度モルチールを以打掛攻寄しかハ賊ハ雲雀塚を捨て平磯を指て引退けれハ則部田野原へ官軍幷市川惣軍平押繰出シて廣々たる原野に拔隊龍《パタロン》を布列して敵勢を見渡せは白旗數流風に靡して馬印小印數拾本横面凡四五町之間ニ立並て陣幕等を張廻し胸壁を築立其蔭ニ大砲凡拾五門計備付専ら防戰と見へけれハ官軍方ゟも大砲六門を繰出し間合五町計ニ押寄押懸れば歩兵ハ敵間近く攻掛たり爰ニ敵ゟも一同ニ十五寸十二寸壹貫目ゟ百目等砲門を揃へて一齊に打出けれハ味方ゟも歩兵撤兵大砲ニ至る迄不劣と放かくる程に數百の砲聲ハ唯百

雷の空中に轟か如く之時に敵中ゟ合圖と見へて一發黒烟上りたるを日根野見て心付此黒烟を合圖に必村松の賊徒加勢に來るなるへしとて諸生高須藤七郎佐々木政右衛門宮田銀五郎を道案内として指圖役並星野正之輔撒兵一隊引率して前濱邊ゟ繰出スかくて此所ニハ大砲付添深津彌左衛門周旋して下知する所へ敵ゟ打出したる十五寸の大砲二三度とべり來りしか破裂しけれ共味方ニハ幸ひに怪我なしかゝる所ニ賊ハ押太鼓を打て湊口ゟ一飄《瓢カ》軍馬鯨波を揚て繰出し來れハ市川一手兵を進めて打合暫戰けるか官軍方は彈薬大砲之分計三十發打切此方ニも樫原富三郎菊地扇三郎河合傳治大砲合セて貳百三拾六發打切夕陽ニ及ひてハ退口難儀なるへしとて摠軍繰上五町程退き新堀といふ所に胸壁を築立此所へ殿の人數を差置市川ハ左の方へ引揚んとする所に賊徒追討の心得にて金の武田菱の紋所に猩々緋の破連同金の目籠ニ猩々緋の破連を下けたる馬印を押立旗壹本風に靡かせてはや雲雀塚へ騎馬貳人摠勢六十

人余押出しければ味方ゟも右築立たる胸壁ゟ大砲を放かくれハ歩兵ハ其蔭ゟ小銃を一同ニ打出して敵を追退けたり此時日根野岡部踏止りて此小勢なる敵を打出もらし引退て殘念さよと齒がみをなし給へ共大砲も引上市川も引取けれハ詮方なく引退んとする所に部田野邊ニ旗壹貳本馬烟を立て進む兵あり敵歟味方歟と遠目鏡にて見れハ則鳥居丹波守人數なり依之安堵の思ひをなして官軍ハ引揚ける爰に鳥居家ハ先日迄太田ニありしが昨夜枝川泊りにて中根村へ繰込ハ合戰㝡中成と聞直ニ隊長高須大助を初一同物具して部田野をさして進む所に官軍方と覺て大小銃打合之音聞ゆれハいよ〳〵急きて部田野村迄至るに敵ハ陣太皷凡五ツ程一調子ニ鳴らして鯨波を揚け進來れハ鳥居勢先鋒高須嘉司馬小笠原甚三郎兵を進めて小筒を打出す處へ軍師松本五郎兵衞下知して中筒隊を添て打掛れハ賊少し退キたり然るに左の松山ゟ白キ軍裝の者四五人出たるを敵歟味方歟と土人ニ問へハ敵なりといふされとも間合

凡四丁も隔たれハ大砲をといふ所へ友平愼三郎ホートー一門荒木——丞自在砲を引來りて打んとする處に思もよらぬ六軒屋の方ト覺へて四五十人旗馬印を立て來るを味方の引上ヶ來る成へしと思ふ所ニ近寄て見れハ左にあらで金の瓢簞〔ママ〕の馬印を眞先ニ立次ニ紅白の吹貫を押立是則藤田小四郎の一手なりはや十間計に近寄ハ乍敵鯨波を揚〻たり是を見て友平兼て込置たる散彈を一發放つと乍さつと四方へ散しか家々の裏へ廻り火をかけたる故味方ハ高須小笠原初一所ニなり入亂れて戰ひしかはや日も暮てくらき所ニ所々の民家忽火に成けれハ恰も白晝の如くなり時ニ高須大助ゟ備を立直して退くへしと下知有ハ忽亂軍の中に列を正して小荷駄戰士を先ニ立砲隊を後陣として追來る敵を打拂ひ々々々十四五町引揚此所にて勢を揃へ夫ゟ松明を付て引揚たり爰に付添諸生鈴木四郎太夫小笠原共に小筒にて打合居しが何所へ行たるか見へざりしに敵三人計來りしを壹人打倒したれハ殘貳人乍迯去ると後ゟ六七人

追掛來るを烟の中をかけ抜て引取たれば四郎太夫家來與七郎岩澤定次郎家來啓助兩人敵四五人と戰ふ所ニ荒木丞を見付一同ニ自在砲を引て引上ケたり鳥居家卽死足經下人手負三人爰に亦前濱邊へ引く星野正之輔ハ撒兵等遠見抔出して居所ニ騎馬の賊貳人遙ニ濱通りを馳行を見付て正之輔高須藤七郎佐々其外薄井扇左衞門鄉兵貳三十人召連一同居しが此者初撒兵等百人計にて追掛鉄砲放ちしかハ壹人の腕を打たり右兩人の者馬を乘捨歩行にて走り行を正之輔敵の馬に乘手槍を以て追掛しか馬殊之外疲れ不進故間合四五間之處ニ至り馬ゟ飛下り手槍にて敵の前胴へ突けれ共不通再度突く所を敵片手にて槍の穗先を以て片手打に正之輔之腕へ切付たり扇左衞門手下中根村百姓定介敵の耳の邊を切付けれは倒れしを正之輔首を取たり此敵赤地の錦ニ櫻の花の縫の陣羽織に桔梗の紋の小袴著用して賊徒一方の大將竹田百太郎と云者なりされと今一人は取迯しけり扨一同中根へ引上し處日根野實驗有て陣羽織ハ

右百姓定介ニ被下又此者の指したる刀ハ長貳尺六寸相州貞宗の由正之輔へ被下たり此戰官軍方怪我人六人市川手ニ壹人のみにて即死ハなかりしとそ

雲雀塚再度合戰之事

同月廿五日六ッ半時北條新太郎香山榮左衛門坂本復之助部田野原六軒屋へと繰出せハ市川ハ前濱より平磯へと押出す鳥居家此度ハ一本松ゟ雲雀塚へと其勢六百人新堀にて備を立敵の勢を見るに凡百人計雲雀の上ニ流旗四五本押立たり是を見るより松本五郎兵衛下知して大砲を打せける程に大砲頭友平愼三郎十二寸ホート放かくれハ敵も斥（本ノマヽ）より百目位迄數發ニ打出すを味方ハ事ともせすにゑい〳〵聲を揚て進ミ間合三町計ニなりたれハ高須嘉司馬小笠原甚三郎小筒を打せし處に官軍ゟ六番小隊來り入替り々々打立るニ荒木丞自在砲を引來りて味方ハたゝ彎月に備へて隊長高須大助は不快にて今日出陣せすといへ共松山十郎

兵衛松本五郎兵衛淵本半藏いつれも士卒をはげまりかり《しカ》立けれハ賊ハ防かねて一番の塚を逃去二番の塚へ陣を取たり味方いよ〳〵勝に乘て面もふらす進めバ此所にもこらへかね平磯へと引退くを逃さじとて淵本半藏仁木官藏篠崎伊三郎志賀安之丞短兵急ニ追懸間合六七間ニ成けれハ賊廿人計一同ニ返し合せて小銃を打出したりしが淵本半藏腰を被打進退不叶ハ是迄とて甥なる志賀安之丞に向ひ敵に取られぬ内早ク首を被打よと申ける故安之丞然らは御免候得とて首を打所へはや敵四五人槍を携へて突掛りし故安之丞此と戰ふ内に半藏か首ハ敵ニ奪れたり此時附添書生佐野確次郎も槍を合せて安之丞を助ケたり此間に遙ニ二町計先にて火花を散して戰ひしか仁木ハ槍を打落され刀を拔きて一人を切殺しけれ共六七人ニ被圍けれバ終に勞れて打れけり篠崎も茲を詮途と戰ひしが終ニ打死したり此時鳥居家は右三人を初として即死五人手負十三人之惣軍ハ雲雀塚を乘取鳥居の紋付たる白旗を風に飄してあ

りしが此様子を見るより進得ずして扣たり扨市川の一手ハ前濱にて賊廿人計鉄砲打掛しを貳人打取平磯をさして進む所に雲雀塚の方を見渡せハ塚の上へ鳥居の旗を押立てあれは鳥居家こそ雲雀塚を乗取たりと兵を進て平磯へと攻寄るされと鳥居家の人數は不進して扣たれハ付添ひなりし鈴木四郎太夫松山十郎兵衛に向ひ如何なれハ此所ニ長居し給ふぞ急キ進まずんば淵本等の死骸も皆敵の手に入べしと進むれとも兎角して進まされハ四郎太夫ハ家來與七郎と兩人にて進む所に香山榮左衛門來り右三人ニ而畑の中を一文字ニ進まんとする所へ壹貫目玉四郎太夫と家來との間へ來りしかハ危きとミへしか幸にして怪我ハせすかゝる所ニ六間屋口に向ひし歩兵共我先ニと攻込て賊の陣屋へ踏込或ハ幕或は旗なと分取すこれを見て鳥居家の人數も漸進ける所ニ壹人の賊サイミの羽織にて床机に腰を掛ケ馬印を前ニ立下知をして居たるを見付て四郎太夫間合一町計の所にて小銃打掛し様子成しか玉ハ當らさり

しにや迯去けるを右床机と旗とを同人家與七郎分取したり然るニはや歩兵ハ平磯の上なる賊の住居致たる小屋へ火を懸れば與七郎も一所ニなりて火をかけたれば忽燃上りたり此時市川ハ平磯へ攻入て是も火をかけたれハ同しく忽燃上り兩方の黑烟一同ニ風ニ靡きて恐ろしく燒行を味方ハいよ〳〵勝鬨を上て遙ニ湊口を見渡せハ白旗赤旗を磯吹風に飄して數百の人數押太鼓を打て繰出せハ又明神山ゟハ大砲四五門口を揃へて打出す扨市川ハ是ゟ平磯臺へ繰上れバ此時磯野理三郎手負たり鳥居家は雲雀塚にて藤田小四郎の陣太鼓をとり其外旗大砲等分取して七八丁引上ケたり爰ニ市川ハ猶爭戰して平磯の上にあれハ松田半左衛門來り鳥居家に少し止り給へといへとも官軍も引初たれハ止むへき樣子もなくみへけれハ鈴木四郎太夫松山十郎兵衞松本五郎兵衞ニ向ひ市川只今合戰の樣子なれは少し力を添給へといへハ友平愼三郎言樣官軍方にて引上てハ中々味方計止事は彈藥も手薄なれハ先ツ官軍を引止ん

と四郎太夫愼三郎兩人香山桊左衛門に追付右之段を申處私ニ而ハ御答申上難し北條殿ニ告給へとあれハ兩人引返し來る處ニ鳥居家物頭小笠原甚三郎總軍の殿守して引上來りしが是を聞色を正し眼を怒らして味方に向ひ大音揚ていひけれ《るカ》ハいかに味方の人々聞給ハずや市川殿ニハ引上兼賊と戰扆中の由是を見すく＼引退くは武門の耻辱況や鳥居家代々彦右衛門の家名を汚すに非すや我が主君水戸殿へ對し義が立まじ各方も市川殿へ對し義が立まじいざ返し給へく＼と再三呼ハりしが甚三郎は壹人にて血戰せんといひ捨て忽駒の鼻を向直し相從ふ足輕廿余人を引率して甚三郎の組は進めよ者共と朱の采配をさつと打振て踏止りたる有樣は實賴母敷そ見へにける然ニ賊ハ乍一町計前なる小松の林へ來りて乍旗を押立るや否甚三郎大音ニそれ打テと下知〆下ゟ廿余挺の小筒を壹度ニどつと打出せば是に恐れて賊ハ乍旗をふせたり此中に市川も引揚ヶ來りしが賊ハ彌廿人三十人所々別れて追來るを且戰ひ且退

く所ニ湊口舘山の方ゟ旗馬印を押立太鼓を打て多人數追々繰出す然共早暮合ニなりけれは互ニ引上ヶしか市川手ニハ火急ニ追掛られたれバ味方も踏止り戰て手負九人計有敵は鳥居家市川手と兩方ニ而打取し人數凡四拾余人之由之

松平大炊頭降參　附峯山合戰之事

同廿六日御目付戸田五助計らひにて松平大炊頭同家來木村小次郎初五拾余人其外大久保甚五左衛門同甚十郎鳥居瀨兵衛丹羽惠可其勢上下百人余祝町へ來り降參す依て松平周防守人數警衛して下町會所へ繰込大炊頭は後ニ切復其外之者不殘死罪ニなりたり大炊頭家來會所ニ而自殺せし者七人大炊頭ハ屋敷不殘缺所ニなりしよし爰ニ九月も過て十月五日湊の賊徒祝町を乘取んと舟數艘出しを堀田家ゟ大砲被打懸引返しけるか此ひまニ峯山并反射爐を乘取らんと柳澤ニ扣居し官軍御目付高木宮内歩兵頭城織部大砲頭萬年愼太郎を初歩兵隊を繰出せば纔て大御番

頭神保山城守別手組頭多賀外記下総關宿城主久世人數六百余人其勢合壹千余人勇進て陣太鼓を鳴らし鯨波を上て繰出せは敵ハ是を付れて峯山ゟ大砲凡四五挺必死ニ打出すといへとも味方何かハひるむへき只一文字ニ押寄て乍峯山を乗取しか味方餘りニ大人數なれハ尺寸の間もなく只人々立たる儘にてありしが神保山城守ハ兼て豪雄の人なれは猶も進んとて下知する所に乍反射爐ゟ大砲打出したれハ味方ゟも放懸打合しか味方ハ一方道ニ而人數ハ多し容易ニ進ミ難キ所なるにはや鯉淵勢と關戸邊の人家ニ火を懸たれば乍燃上りて天を燋す計なれハ今日ハ先是迄ニ而引揚んといふ所ニ敵ゟ打出したる大砲水車樓邊ニ扣し久世家の人數ニ當りたれは一發にて即死四人有此時久世家ニハ渡邊愼兵衞久世家附添の諸生宇田川銀平同人家來同し枕ニ伏たりされ共味方少しも恐れす峯山ニ敵の築立置し胸壁を崩し大砲拾挺武器玉薬分取して引取しか敵廿人余手負内即死四五人有之由味方ハ官軍ニ而即死二人有久世

家ニ而三人手負十四人なりしとなり

雲雀塚三度目合戰之事

同十日昨夜田沼氏ゟ達ニ而早天ゟ諸陣勢揃して先第一ニ水戸家ハ市川三左衞門次ニ先の一御備大將寛助太夫等を初鯉淵勢千余人を先鋒となし其勢凡二千五百余人直ニ雲雀塚へと押出せハ板倉内膳正人數ハ鳥居家と合せて千余人馬渡村ゟ村松海道を平磯の方へ繰出せハ宇都宮の人數千五百人是も馬渡村より繰出織田伊賀守井上越中守ハ合せて千三百余人總軍押として織田ハ馬渡井上ハ部田野口に扣へたり去程ニ市川手ハ先登ニ雲雀塚ニ押寄鯨波を揚けれハ賊ハ不戰して迯去けれハ先手の鯉淵勢等勇ミ進んて平磯臺へ攻入し處賊徒稻荷山の邊より三四拾人進來りし故市川下知にて大砲を進めて是と戰ふ處に湊口にて合圖の黑烟二發程上るとひとしく雲雀塚の左右小松の中ゟ伏勢起て銕砲雨霰の如くに打掛けれハ鯉淵勢後へ退んとする處に乍小松の蔭より一飄《マヽ》の軍馬

刺《本ノマヽ》出して被遮詮方なく戰ふ所に向ふかハ又陣太皷を打て金の目籠の馬印を眞先に進め赤地の錦の陣羽織を著たる賊將黒の馬に打乘あまれ《本ノマヽ》者と大音に呼ハり進來れハ鯉淵勢崩立てそ敗走しが十余人手負ける是を見て賊徒ハ益勢に乘して余所の者には目も懸す只大音揚て口々に市川を打取れ諸生共を打取れと呼ハり〳〵左右と前より命を惜まず攻來れハ市川ハ眉先を被打諸生にも拾余人手負せけれ共味方も必死ニ戰て賊徒數十人打たりしか後陣ニ在し先の一の人々筧助太夫を初七八人手負けれは少く繰上て備を立んとする所を賊ハ彌勝に乘て追來るを菊地扇三郎同人家來丈吉其外足輕共福王行之進を初いつれも踏止り必死と戰へとも何かハ叶ふへき勇ミ立たる賊共鯨波の聲を上て攻來れハ味方ハ是にも止らずして一本松迄引揚たり爰に板倉家鳥居家ハ先陣已ニ敗走せしと聞て此所にて戰んと備を立て待所ニ敵ハ乍二町計前なる松の林迄來りたれハ板倉家鳥居家大小銃一齊に放掛れと敵彌進ミ來れは板倉

家崩立たり此中に水戸家ハ市川寛初大半引揚たれハ鳥居家も繰上んとする所に賊將石野源次郎紺糸威の鎧を著鹿毛の馬に打乘眞先ニ進めバ追々後陣ゟ綾錦の陣羽織著たる賊三四十人來るを友平愼三郎乍ホート一發打掛れハ少し立止るを小笠原甚三郎小筒一同に打出せハ石野も引返したり依之鳥居家ハ高須大助下知して備を亂さす引揚たり斯而賊ハ鳥居家の引上たるを望見て又取て返し攻懸れハ今ハ水戸家も不殘引取鳥居家も引退て板倉家計大砲を殘したれハ夫を引上んと殘る者ハ譏五六十人にて板倉家隊長なとハ皆中根をさして敗走し引退きしに賊ハ少數と見て一目散に攻來れハ敗軍の板倉家大砲も打捨て士卒我先にと右往左往に迯去を物頭内藤豐次郎弟七三郎組之者廿一人外ニ戰士八人踏止る此豐次郎といふ人ハ元來仁心深キ人なれハ士卒組之者一同歸服して今此場ニ臨ても一人離るゝ者なく只今日を限りと覺期の躰なり被引返し來し賊共凡五十余人勇み進て切て懸るを豐次郎下知して廿一人之

足輕一同居敷て小筒を打出せバ乍十余人打倒したりされ共少しも恐れず賊切て懸るを味方も一同銕砲を投捨て刀を拔て切結ひ踏込々々散々ニ戰へハ賊も必死と戰へ共不叶して引去ける依て板倉家の味方三十余人にて首三十八取たり此時市川手にハ大砲方菊地扇三郎ハ元來武功の勇士なれハ敵の餘りに追來るを大に怒て唯壹人踏止り板倉家の人々と一所ニ小筒を以て追來る敵貳人打倒したる所ニ左の小松の蔭ゟ四五人拔連て切て掛るを扇三郎ハあざ笑て刀を拔て戰ひしか忽ち槍にて突れたりされ共打死と覺悟したれハ讒貳尺三寸計の刀を左右へ打振り血眼ニ成て獅子の荒たる如くに戰ひ乍賊壹人只一刀に切て倒したりしか右之手の先を切られて刀を落し齒かみをなす所を左より肩先を切付られ倒れしかハ首を取られたり爰ニ又今朝前濱邊ゟ繰出したる賊貳百人余馬渡をさして進ミ來れハ戸田家ニ而戰ひしか味方敗れて引退くを支織田家にて戰ひ是も同しく被攻立敗北セしは織田家の家來に武田大助と

云者打死す是ゟ織田初御書院御番衆大砲をも打捨てさん〳〵に成引退きけれハ賊共ハ戸田織田の兩家を打破りて彌勇ミ右の捨置たる御書院の大砲ホート二門を引て村松海道を引上來りしか板倉家の人勢を見付て乍鯨波を揚て右二門のホートを打掛ケけるを板倉家ハ内藤豐次郎初戰勞れし兵なれ共小筒を一度に打セて三十余人眞先ニなりて貳百人之中へ切て入或ハ備を鳥蛇に變し戰へハ敵も味方の人數を取園んとすれど内藤兄弟初千變万化火花を散して當るを幸ひに切て廻り賊三十人切殺し内藤兄弟初戰士拾人足輕廿一人不殘同し枕ニ打死したり依て敵ハ自分の手の死骸を不殘片付て右打死の者の首を取勝鬨を揚てそ引去ける扨内藤豐次郎ハ今朝家來を呼申付けるハ此兜ハ我先祖天艸の一戰ニ用ひし兜にて重代の寶なれハ爾命をなからへて國元に歸り伜へ遣し呉べし尤委細ハ受張の中へ書付置たりと言含めしハ哀れ今朝ゟ覺悟したる事とみへける内藤兄弟組子不殘戰士十人皆心を合セ一同六拾八人打

取て一足も不引打死したるハ古今稀なる打死なりと人々涙を流してほめぬ者こそなかりける茲に井上越中守ハ唯一手陜道より直ニ西ヶ原へと進ミけれハ向ゟ農兵と覺しき者七八人遽々《アハタヽ》敷駈來り賊百余入押寄たりと呼ハり其儘見へず成しかバはや小松の蔭ゟ砲煙上り五六發打出したりすハや敵ハ間近しと踏止り各々急キ左右へ分れ鶴翼に備を立て待しかハ忽一方ニ火を掛たりとミへて黒烟盛に燃上り焼音と共ニ聞ゆる大砲小筒を打掛る音頻り之されと味方ハひるまずボート二門を兩翼に備へ兼て付込り榴撒彈を一度ニ打放し繼て各隊ゟハ小筒絕間もあらせす込替々々打合けるがボートハ碇と度を計り數發ニ及ひしが皆其度に違ハずして破裂も多かりける然る處ニ又左之方ニ當りて鯨波山林に響き恰も雷電の一度に落か如く聞へけれハ味方も是に應してどつと一度に聲を揚ヶ急ニ隊伍を旋《メグラ》し筒先を揃へ聲を目當に打出せしに賊ハ唯前一方ゟ打合て漸久敷戰ひしハ賊次第に勢を增し舘山ゟは新手を繰出し

既ニ包打にせんとや謀りけん右之岩根をつたひて竊に裏手を廻り前一方より砲發烈敷殊に其玉丸皆能ク途ニ飛來り袖を貫き肩を摩りしも多かりしに簱持夫壹人打倒れ旗ハ忽倒れしが猶も屈せず力を勠セ此地進退極まりしと盡く憤激の色顯ハれて攻戰ひしか賊十余人忽矢庭に打留ける所ニ後ゟ壹人駈來り既ニ先刻鳥居家ゟ引揚の催促再三來りしと告ける故何事ぞとはしめて疑ひしか先繰引せよとて互に小筒を打懸なから隊伍を整へ山を降り中根をさして引揚殿《シンガリ》をぞ爲たりける事之後ニ思ひ合するに先の七八人の農兵賊の廻し者にて有けること扨こそ此一戰ハ味方の砲發夥敷恐れしか賊の常に好みし激戰にも遂ニならさりしと或人囁きけり此圖固ゟ自分其場に臨まさる所ハ事機の虚實詳ならさるを恐れて敢て記さすといへ共此一戰ハ多く人の知る所なれば收載せざるを得す扨今日所々の打死手負を書上しに戸田家に即死壹人手負貳人市川手ニ打死貳人手負廿人先之一ニ手負八人鯉淵勢に手負拾三人板倉

家ニ打死三拾余人手負三人右味方之分死人三拾七人手負五十五人賊方ハ死人九拾六人手負四拾貳人前後ニなき大合戰とそ聞へける

雲雀塚四度目合戰之事

同十七日朝五ツ時部田野原ゟ舘山筋へ小川町歩兵隊并頭岡田左一郎御目付戸田五助水戸殿使番岡島雅樂丹羽家の人數大谷與兵衛大谷鳴海日野源太左衛門合セて三備人數貳千人部田野ゟ《本ノマヽ》一本松邊ゟ雲雀塚へ歩兵頭河野伊豫守大砲六門戸田家の人數福井榮丸千五百人市川寛ハ今日摠軍押として一本松邊迄繰出す斯て戸田五介岡田左一郎二本松人數之鳥居家ハ昨日も今日も中根村固メなり去程に舘山筋へ向ひし味方ハ歩兵隊二本松の人數其勢三千余人昨日の　辱を雪がんとて面もふらす押寄無二無三に攻立て和尚塚を乘取ハ賊徒共散々ニ逃行を追討して進めバ日野初大谷鳴海大谷與兵衛士卒を下知して繼て進めばやがて賊の見張近所迄攻寄て鯨波をそ揚ニける然るに舘山ゟ太鼓を打て荒手の人數百

人旗馬印を押立來れハ又敵力を得て味方へ攻懸るを味方も踏込々々戰ひける爰に柳澤にも大砲を舘山ゟ繰出し賊へ打かけたり扨城織部多賀外記を初一千余人鯨波を揚ヶ陣太鼓を打て峯松迄繰出し部田野口の模樣に寄此方ハ反射爐へ攻入らんと勇進んて押出ス然處雲雀塚へ向ひし戸田家の人數雲雀塚ニハ防く敵もなく依て進て和尚塚東の賊の見張へ攻込分取して勇む所ニ賊ゟ荒手の勢貳百人計り會釋もなく戸田家へ切て掛れは隊長福井榮槍奉行辻半藏等必死と下知をなして戰ひしが兩人共ニ打死し其外三人打死手負十余人に及て崩れ立ミへけれハ市川進んて此賊と戰ふ中に戸田ハ引上ヶたり舘山筋へ向ひし人々も是を見て今日も斯てハ墓々敷事ハ有ましとて唯（本ノマヽ）引に官軍方丹羽家靜々と引揚しかバ柳澤ゟも是を見て峰山へ進ミし人々追々引揚ける扨市川ハ賊追來れハ返し合せて戰ひつヽ備を亂さず雲雀塚邊迄引揚しが先の二の人數ハまだ平磯邊ニ戰ふと聞て此所に備を立平磯の樣子を聞バ先之二ハ尾崎

を初平磯ニ攻入し處敵も迯て戰ふ者なけれバ加藤彦太郎先陣に進ミし處ニ思ひもよらぬ方ゟ敵切て出けれバ謀計に落しかと少し退んとする所ニ金の瓢簞《マヽ》の馬印を立て藤田小四郎玆ニ在りと正面ゟ打て出たれば彦太郎も馬上にて必死ニ下知を加へて戰ふ所ニ足を打れけれハ組之者福田秀之助栗村庄四郎小池善左衛門等介抱して追《退カ》んとする所を四方ゟ被取圍組之者三人必死に戰て彦次郎と一所ニ打死したり此時大御番成瀨六之進も手負し故同役望月庄左衛門大關族之助兩人ニ而介抱して退く所を賊十人計追來りて取圍めバ望月大關是と戰ひしか成瀨を奪取られて兩人の者右十人余の賊と大ニ戰ひ三四人迄ハ切殺たれ共終に打死したり此中に味方ハ崩立たるに御徒目付煩賀《本ノマヽ》次郎吉踏止り戰て敵壹人突留しが味方怪我人十余人出來て引上るを市川救て引揚しか賊徒勝に乘て追來れバ松田牛左衛門藤田千之允佐々八次郎小田部五三郎岡野庄次郎城所友次郎高田九八郎何れも踏止り賊と散々に戰へハ賊不叶と引

退ケハ味方も無事に引揚けり

湊攻取事幷賊徒共降參之事

同廿三日未明ニ小出順之助ゟ達ニ而諸生廿余人ホート一門を引て小泉村ゟひそかに川を渡り直ちに反射爐に忍ひ入大砲一發打て鯨波を揚ければ是を合圖ニ祝町ゟ堀田相模守人數千餘人松平下総守人數千余人川ゟ又松平右京亮人數千貳百人歩兵頭平岡四郎兵衛青篠を以腰ニ挾ミ味方の印となし兼て用意したる舟數十艘を一度ニおろし漕出し乍川を渡して四方ゟ鯨波を揚て亂レ入大音ニ降參せん者ハ一命を助べしと呼ハり〳〵込入れバ賊ハ途方を失ひてあきれたる計なり爰に味方の計略にて一昨日《夕歟》方湊邊口々に高札を立たり其文ニ曰

那珂湊屯集之内元來正義之者ニ候處全く賊徒ニ被引入無余儀加り居候者も有之哉ニ相聞候右類之者共悉致《マヽ》致誅伐候儀は如何ニも愍然之事ニ付實以誠心ニ復し降參之上ハ格別寛宥之所置可有之者也

右之通書記し立たれは是を見て仲間中色々異論の者共出來たる所に斯之如く四方ゟ不意ニ攻入けれハ如何共詮方なく戰ふ者壹人もなくして二百人計降參しければ乍赤根のたすきを給ハり然ハ湊に火をかくべしと言付ければ其言葉に隨て所々へ火を掛ければ武田藤田等三百余人迯出して馬渡ゟ大宮をさして迯行ける然ニ山國喜八郎ト云賊將ハ宵ゟ人々之通行を見て返り忠の者や出來けんとさとりて夜四ッ時迯出して大宮にて武田田丸藤田等不殘一手に成其勢四百人計に成扨武田ハ馬渡りへ火を掛ければ中根村ニハ諸陣勢揃して有しが湊の火の出るを見て湊こそ落たりとて柳澤よりハ歩兵頭城織部大砲組の頭萬年愼太郎御目付高木宮内別手組頭多賀外記御持小筒組頭和田傳右衛門其勢合せて貳千餘人久世謙《マヽ》吉人數六百人中根村ゟハ市川三左衛門尾崎豐後鯉淵勢合セて二千人余歩兵頭深津彌左衛門岡田左一郎河野伊豫守歩兵三千人皆太鼓を打て繰出せハ四方の人數摠軍凡壹萬三千余人恰も數十万の人數と

見へて鯨波太鼓の音山川ニ響キ天地も震動する計の勢なれハ賊ハ不殘旗を卷て降參しけれハ其降參の人數を書付るに凡千余人なり依て湊御殿反射爐の邊ニ指置て四方を嚴重ニ固先湊御殿下ハ堀田家人數御殿ハ下総守人數幷歩兵反射爐へハ小出平岡松平左門舘山ニは高木和田傳右衛門幷歩兵隊小川筋へハ右京亮人數柳澤ハ織田伊賀守井上越中守三反田ハ神保山城守金上ハ鳥居家人數半隊東中根ハ鳥居家半隊に戸田家人數二ヶ所なり扨武田脱走の賊徒追討ニハ村松邊ゟ久慈濱へ城織部安藤利三郎人數合て二千人余田彦ゟ石神邊岡田左一郎溝口主膳正人數二千余人太田邊ニハ丹羽左京大夫人數二千人太田道通り深津彌左衛門市川三左衛門尾崎豊後鯉淵勢合せて三千余人右追討惣人數合せて凡九千余人之扨又降參の者ハ久世家堀田家下総守とへ御預ケに成けれハ湊ハ焼盡してたま〱殘りたるハ土藏計にて荒はてたる原野の如くにとなりたりける

大宮太子邊月排下之宮合戰ゟ上州下仁田大合戰美濃路ニ而武田降參迄之始末ハ續編ニ委く記ス

連中略記下終

乙丑

連城紀聞

三

○丑正月東國之士拾四人西國之士廿一人大坂市中一統に申諭候次第

我等報國之志を立一昨年來京大坂之間ニ徘徊致し密ニ時勢を相察候處一昨年八月十八日京都の變擾幷昨年七月十九日之大變擾有之恐多も奉惱
朝廷候而已ならす大小諸侯ハ不及申百姓町人迄も一旦ハ寐(マヽ)倉を失ひ已ニ天下一躰之大擾亂ニも可及之處會津侯の誠忠ニ仍て再ひ國家平穩之途ニ向ひ　朝廷之
叡慮も奉安堵諸侯干戈之憂を免し百姓町人も寐(マヽ)食を安し候處頻ニ會津侯之惡評を致し候段愚昧之者共ハ致方も無之處少々耳目を開候者共ハ蔽罰をも可加尤我等三十五人も初之比會津侯之御所置も如何可有之と疑念有之仍之各申合專ら其眞僞を探り天下眞誠之人ニ隨從致し尊王攘夷之功をも立度存心ゟ彼此之大小侯之内探索をも密々致し候事凡三年然ニ會津侯彌以天下之大正議なる事を此節ニ至り初而相悟り疑念更ニ

無之乍然一旦報國盡忠之眞心大義あるか人を疑ひ候心底各藩之武者ハ申ニ不及自身之義膽も慚愧ニ不堪候得は申出切腹をも致し武士之道をも相立可申存候へ共元來會津侯ニハ攘夷之宿意有之不得止自國之變擾を恐れ人心協和無之而は外寇之議ニハ難及と有而御苦惱之處時勢安穩ニ相成候上ハ不遠彌攘夷も思召立之有之由探聞嘆嗟ニ不堪然時ハ身命を保チ攘夷先鋒の數ニも加り身を投ち度存心ニ決し各退散いたし候甚〔其カ〕節ニも至り候ハヽ早々名乘出可申先鋒之數にも御加之儀所奉深祈ニ御座候乍然三十五人之内十一人ハ只今之通日用を送り治世安穩之妨を申觸候者共を不遠內ニ誅戮を加へ梟首をも致度最京大坂之內ニ而加誅之者許多有之候へ共愚昧ハ差置其中ニ而筋々之者或ハ坊主醫者或ハ町人ニ而も町々之取締をも致し兼々勸善懲惡正義不正義之申諭をも可致者共諸人の上ニも立なから上を譏り人を迷し候者共一々誌置候間是等ハ悉ク誅戮を加へ可申ため十一人ハ五幾〔畿カ〕內ニ相留り猶又近在城下々々津々

浦々ニ至迄可加誅者共を吟味不致而は我等今迄誠忠之人を疑ひ候申譯も立かたく乍然其所役人も有之事故其役人之手ゟ刑罰を加へ候を理之當然共可申全躰會津侯衆人之惡評を一々御存有之なから誅戮をも御加へ無之段ハ能々時勢を察し時情を悟り御含忍御心底有志之輩之所難默止衆人此意を悟り得すして惡評を立候者其罪難遁處候間近内大坂ニ而四人京師ニ而六人ハ天地

神明之所不許之人物ニ有之我等代て誅を加へ可申他ハ改心いたし惡評之根基を改候ニおゐてハ差許可申然し改心之證據無之候而は決して可許ニあらす

疑心氷解始爲天下眞忠誠義の士厚奉報　皇朝之鴻恩飽皆眩夷蠻之腥羶何恐誅城市村落之姦徒乎

右ハ町中之者共ハ讀兼候者も可有之坊主醫者之類其外町役人共ゟ一々寫取早々讀聞セ可申尤京都ニおゐて此張紙不致譯ハ御膝下ニ有之兼々

上之所致善惡を承知致なから世上之惡評ニ雷同し言語道斷之者共ニ而其罪ハ他所之者ゟ格別重く前以知らセ置ニも不及此義大坂市中も能々可心得者也

元治二年丑正月

○乙丑正月長州遊擊輩之建榜

君上被爲繼　御先祖洞春公之御遺志御正義御尊奉被遊候處奸吏共御趣意ニ相背名ハ御恭順ニ托し其實謀反四境之敵ニ申合恣ニ關門を毀チ新館を除キ正義之士を逆殺し加之敵兵を御城下ニ誘引し陰ニ周防一國を割與之義を約し恐多くも種々御難題を申立君上御上御身ニ相迫り候次第御國家之御耻辱ハ不及申愚夫愚婦之切齒する處大逆無道我々世々君恩ニ浴し奸黨と倶不載天區々之微忠聊義兵を起し洞春公之尊靈を地下ニ慰奉り幷

君上之御正義を天下萬世ニ輝し御國民を安撫し奉る者也

丑正月　　　遊　撃　輩

觸

一當今諸隊之者共於諸所致暴動候付愼中之義ニ候得共不得止及追討候間此段御隣國之御方ゟ御達相成候樣致御賴候

正月八日

一過激徒山口ゟ押入候付下之關ニ罷在候浪徒人少相成候付幸ニ正月十四日五卿を筑前ゟ引渡容易ニ取計出來候事

一二月三日比長門東北東北境にて戰爭有之津和野ニ砲聲等相聞其比長藩十八人舟ニ而石見ゟ走入候を數十艘にて追駈候由此節ハ過激徒大ニ勢を得毛利長門ハ右中ゟ被奪候歟自身ゟ走入候歟何分ニも過激徒中ゟ相加り居候由周防東南海岸等も騷々敷上之關室之津邊ニも百人許も屯集同月中旬比小倉藩士周防洋を通行之節も砲聲相聞烟の立上り候を見受

候由併放火ニ候哉砲烟歟ハ聢と難見定趣下之關邊も兼而大膳父子愼中故戸を閉髮も（本ノマヽ）植居候を過激徒罷越其儀ニ不及とて爲相止候由尤三末家も議論相違ニ而吉川も無詮とて收手傍觀之樣承候事然ニ藝藩ゟ今以鎭靜之趣ニ申越候ニ付而は別ニ趣意も有之儀歟共被察候小倉藩なとも深く心配之趣ニ候過激輩勢ひを振ひ候始末ハ山口城ニ而戰爭之節正議重役之者砲彈ニ中り激徒ニ被討取候ものゝ懷中ニ吉川往復之書狀有之其概意ハ防之一國謝罪之爲

公義ニ差出大膳父子ハ遠島其上ニ而吉川二男を毛利家相續として長の一國を領せんとする義有之由右を相唱へ士民を誘誑するより二國の人心激徒ニ相靡キ候由卽先書激徒より建榜之趣意ハ右等之義と被存候併是ハ全く重役を討取候を幸ニ贋狀を相拵候ニ承候事

○乙丑二月來書拔書 虛實甚不明

信州清內路之者ニ承り候飯田矦の御不首尾ハ甲劦御固蒙之處御城危ニ

付御伺も無之御歸城被成候故と申候
一長州未十分鎮靜ニ相成不申候哉長征之諸侯廿一頭大坂ニ御滯留と申事
淀侯も御入城難相成同所本陣御滯留と申事（筆者云此事未聞淀侯ハ正月下旬入京右已前歸城ス）
一松前伊豆守樣或田沼玄蕃頭樣歩兵組御召連夷人之風ニ御座候間入京御指留ニ付大津ニ御待セ置御上京之由愚案ニ天竺之服を著候僧
禁中ニ御入被成候は如何（筆者云一橋君不斷銃隊御召連ナリ方今日擊セヌ說ス最其他も有）
一和田倉馬場先櫻田之三門正月十一日ゟ出入甚六ツケ敷相成候由
一横濱此比出火花村ニ飛火百五拾軒程類燒之處各國ゟ出金致し家持ハ金三拾五兩と借屋住は七兩ツヽ施し候由横濱ゟ申越候由
一鎌倉ニ而異人を殺し候者ハ水戶浪人清川清藏と申者ニ而先達而死刑ニ相成今一人ハ目白之松平大炊頭家來と申事嚴重ニ御尋御座候へ共未相分不申候由
○乙丑二月十六日加茂社前に張置有之候張紙之寫廿二日

御老中參
內前日柳原殿ゟ
御所に向御持參ニ相成候由

田沼玄蕃頭等逆心之事

田沼玄蕃頭儀先祖主殿頭事卑賤ゟ莫太之御高恩を蒙り追々御取立ニ相成執政職迄も相勤居候處私欲ニ相走り遂ニ
德川氏之天下を掌握せんと相巧先之將軍家を於
御濱御殿毒殺致候罪狀相顯れ候得共寬大之御沙汰ニ而悴には新地被下置是迄代々枕を高ふし珍味美婦ニ相耽居候處當玄蕃頭ニ至り先祖主殿頭同樣　御重恩を忘却し京師外夷に密計申合攘夷鎖港之儀
天朝ゟ被　仰出候を一〔本ノマヽ〕同方相妨ケ誠議之御方々一橋中納言殿會津桑名淀三侯其外在京之大名衆
皇國之御爲抛身命心得ニ而御守衞仕居候族を不殘相退ケ己ノ意ニ從ふ

諸侯を入替可申と相巧
將軍家ニ種々之奸計を申立候儀一々不遑枚擧候此度罷登り候閣老貳人彼等も同意と申關白殿下を始堂上方迄も賄賂を以取結兵庫開港速ニ相始メ可申と申觸候事件關東ニおゐて分明之右同意之松前伊豆守水野和泉守其外略之此節も追々小役人共夷人之行裝ニ而多人數罷登り
王城之地を相穢候始末實ニ難堪憂憤候此儘差置候ハヽ中川宮山階宮其外堂上方迄も彼か意ニ不隨御方ニおゐてハ元弘建武之例を以て取扱んとの企内々有之實ニ（脱アルカ）　天地惡むニも餘り有之國賊之臣等一時偸安致居候儀ニ無之彼等之密計堂上方始メ
將軍家ニ申上度候處奸徒相妨不能其意候故不得止事道路ニ張置なり

元治二年丑二月　　幕府恩顧士等

此張紙爲神國不容易大事ニ候間必守護職所司代手元ニ可差出候若猥りニ取扱候ハヽ後日可加天誅者也

慶應元年乙丑四月

疔的　防疔散　一貼代　三十六万九錢

體治

抑疔腐の病たるや勞心暴瘧より生して經絡潛り時々起る時ハ痏高ぶりて痘瘡放發し脾胃盛んニ肺の臟を破り忽決疝ニ及ふ終ニ筋血ニ迫り性骸危キに至る此危急を救ふニハ快驗刀といへる三稜針を以て是を突たて肝邪を追ひ筋血を整へ後良藥を用ひて是を全く治すへし尤是を用る事速成るを善とす時日を移す時ハ性癖の外邪襲ひ來りて再ひ害を生し終に治し難きに至る此藥我朝の祕法にして殊ニ桂枝大黃升痲當歸附子黃芩犀角等を加味して制する劑なれハ猥りに是を許さすといへとも此度衆人の望に任セて世に弘むる物なり其功用ひてしるへし

效能左ニ記ス

一　腫鋭瘡毒の內膜ニ付てよし
一　陰莖の皮冠りをむくによし
一　咽鼻の腫ハ腹を切てよし
一　膈勞の胸を痛むるによし
一　腑勞の吐に通ひ付たるによし
一　皮癬寒瘡ハ和を用てよし

調合所　皇都　錦城亭製（朱印）
賣弘所　東都　本城亭製（朱印）
取次所　尾州名古屋　二俣総督

此取次實ハ迷惑至極ニ御座候へ共本家より進め候ニ付無據取次仕候

○五月廿日比兩國橋ニ張紙　中村敬輔

其方儀幼少ゟ所々門ニ従事し綱常倫理華夷內外之辨を誦讀しなから阿

諛佞辨を以要路樞機ニ取入邪曲を建議し候段其罪一日も難許仍之今其罪狀を天下ニ示し我輩同志代天誅戮を行んとす汝禽獸とハいひなから能耳を明て聞へし汝幕府卑賤ニ而少敷讀書之能有を以て非常ニ恩顧ニ預り儒員ニ名を置たれハ正道を崇め異端を排き國恩を可報ニ却而洋夷之邪說を尊信し開國和議之說を主張し生國之耳目をぬり仁義を充塞する段其罪一之去甲子年在京中老賊佐久間修理之徒と謀り譎詐權謀を以恐多も

主上御遷幸之事共を密議し奉る段其罪二之忠勇氣節之士

神州之沈倫を憂尊攘之大義を唱候を憐むる精忠義烈後人之手本と可成宋末岳武文山を誹謗し候類後進を誤り名敎を信用し

皇國神聖之大道る周孔仁義正敎を開せて威布せん事を保幕吏奸邪を評議し昌平學校を廢毀せんとする段其罪四之

天朝おゐてハ癸丑以來攘夷之

叡慮確乎として御撓不被遊當今正議拂地之時ニ至而も鎖港之嚴
敕屢被　仰下候を忌憚し奉り逆臣北條義時遺策ニ則り承久反
闕之策を盡し松平伊豆水野和泉太田道醇之奸臣を皷動し終ニ
御進發を名として大衆を牽ひ無勿躰《マヽ》も
闕下ニ迫り奉り夷狄之親睦を堅くし豈
神州三千年來尊嚴之
御國を戎夷腥羶之俗ニせんとする段其罪五ㇾ凡此五罪ハ天人共所不容
大逆無道草莽區々之輩といへ共共ニ天を戴さる之讐敵ㇾ其上汝ハ幕儒
ニ列し其君をして北條足利の逆臣になさんとし主として天理人倫も滅
息するハ獨天下之逆賊而已ならす抑又聖門之罪人ㇾ我輩區々たる草莽
之士黨を結ひ私戮を恣ニする段
天朝幕府ニ恐有といへとも春秋人ニ得て誅するの大典ニ則り權道を以
汝之生首を引拔日本橋上ニ而梟し則聖在天之君を慰奉らんと欲す此他

松前水野太田宮津小栗古賀之如キ奸吏ニ至る迄天地鬼神ゟ誅戮を可加者也

五月　　大日本烈士

此罪狀を三日之間へき取間敷若相背者は逆罪ニ組すれハ天誅不可遁者也

○五月　　酒井雅樂頭

此度

御進發之節御留守御委任被

仰出御供も不相勤ニ付上納金仕度旨內願之趣達

御聽候處御機嫌

思召候得共旣姬路

御宿城ニ相成其上養子河內守ニは御供被　仰付彼是入費多ニも可有之

候間上納金ニは不及候へ共段々申立之趣尤ニ被
思召候間願之通金五千両上納被
仰付之
御進發御用途可被差加旨被　仰出候

本多美濃守

同文言之內
御供も不相勤既ニ岡崎御宿城
金貳千両

水野和泉守

同文言之內
日光御法會御用も相勤
金貳千両

酒井飛驒守

同文言ニ而金五百兩　田沼玄蕃頭

同文言之内

常野浮浪之徒爲追討數十日出張

金五百兩　平岡丹波守

同文言之内

近來御取立相成未間合も無之

金五百兩

○豐後來簡江戸ゟ來

當月十日夜長州勢數十人俄ニ小倉ニ渡り小笠原公御城ニ夜討征入大合戰有之小笠原公既ニ落城共可相成處十一日巳刻飯塚田野邊ニ屯居候細川候御人數小倉ニ後詰ニ參長州ニ打懸大合戰ニ相成長州勢大敗軍ニ相

成跡追々附入ニ致し細川侯ニ而下之關乗取竹崎井崎邊ニ屯少々之取潰
し度《マヽ》と有之候ニ付薩摩黒田鍋島等之御人數追々繰込ニ相成殊之外騒々
敷當地迄も騒立不案《本ノマヽ》事此上如何可相成哉心配仕候一寸申上候以上

五月十九日

豊後鶴ヶ崎 高田屋助八ゟ

○壽操院様重役江藝州同役ゟ文通之抄

倉橋繁十郎（藝州ゟ對州ヘ御出之加手姫様御附當時豊前田代と申所ニ詰）田代表ゟ歸府有之長防海上之
儀相尋候處右は小倉ゟ乗船之儀下之關江は渡船不為致候故順風ニ無之
候而は難乗出仍而金津と申所迄陸地相越夫ゟ乗船船中之噂承候處子息
長門ハ此節奇兵隊ニ被奪取山口ニ籠居候由ニ而奇兵隊段々勢強く人數
も日ニ増小倉邊江押寄候事度々ニ而亂妨いたし上之關なとへハ更ニ通
船も留り尤先方ゟ差留候譯ニハ無之何様不氣味故先は不參と申事ニ候
又小倉沖ゟ見請候躰下之關江軍艦參居候哉ニ付相尋候處此節只貳艘ニ相

成候旨船頭之話ニ御座候尤繁十郎も見請候由ニ御座候
一大橋能登是も防州室津迄此間雇船相越室津ニ五六日逗留噂承り候處先達而奇兵隊と萩勢と取合有之候處萩方ニ而は七百人程も損傷敗北夫ゟ奇兵隊增々勢加り貳萬人余之惡黨集り候由其內大將分百人計有之此御領內之者も六七十人奇兵隊ニ加り中ニハ堺町町人悴壹人川上在方角力取壹人大將分百人之內ニ相成此者共隨分と拔群成方之由ニ御座候
一岩國吉川ゟ頃日奇兵隊一万人程不意ニ押寄同意致し候樣押相進万一同意無之候ハヽ可及合戰旨演達ニ候處油斷之處ゟ押寄候付而は無是非吉川も表向同意之姿ニいたし一旦人數戾し置早速夫々注進相成候由何分此節次第々々ニ人數相增候趣ニ付一日も早く右奇兵隊御征夷無之候而は如何樣之始末ニ相成候哉も難計此御國ニ而も一同心痛尤御國境ゟは御人數出張相固居申候
五月廿六日出

○越前侯建白

今般毛利大膳父子御征伐として
御進發被　仰出候付私儀大坂表ニ御待受仕度奉願候處願之通被
仰出難有仕合奉存候右ニ付昨秋以來景況を以及愚考候處大膳父子降伏
謝罪之次第ハ尾張前大納言殿ゟ委細被及言上候通ニ而此上ハ大膳父子
を始二州之御仕置夫々御裁決迄之御儀と相心得居候處今般之被　仰出
ニ而は大膳父子悔悟之躰も無之其上不容易企達　台聽候趣ニ而亦復御
征伐として
御進發被　仰出候儀如何之御次第ニ而被爲在候哉難奉計御座候元來父
子之譴責を始始末嚴重ニ過一同死守之勢と相成候は寔ニ不容〔易脱カ〕事實柄ニ
而天下之御爲不可然ニ付父子重疊服罪之處を以降命相待罷在候條之儀
前大納言殿ゟ具ニ被申上置事ニ御座候然處夫等之筋は一切御取揚も無
之再發之趣を以

御進發被爲及候御儀必　御定筭可被爲在御儀と奉存候へ共昨年之處二
百年未曾有之御大義御威光を以朝野共漸安堵ニ歸し候處又々士兵を被
動候義ハ亦天下之亂階ニ而諸士大名之困窮万民之愁嘆誠ニ以不一方事
共ニ而此上如何成不測之變可生哉も難計乍恐　御家之御爲ニも相成間
敷歟と不堪恐懼奉存候夫ニ付猶又愚考仕候處畢竟　御上坂之上御上洛
大膳父子始二州之御所置
叡慮御伺　公武御合躰之御裁決ニ相成候へは不擧干戈大膳初二州之士
民ニ至迄如何樣之御譴責をも無異義甘受可仕は勿論ニ而天下之人心も
鎭定ニ至可申は必然之義と奉存候昨年之御機會ニ候へは如何ニも迅速
御征伐御成功之上　御上洛御至當ニ奉存候へ共當時勢ニ而は
朝廷ゟも先達而以來毎日　御上洛之御沙汰も被爲在候哉ニ奉拜承候へ
共直ニ大坂ゟ　御進發被爲在候而は御都合如何と奉存候何御事も
叡慮御伺之上ならでハ

朝廷之
思召ハ素ゟ天下之矚目と申討長鎮壓之御運も如何可相成哉と奉存候呉々も御輕擧之御義不被爲在猶又每度叛狀之事實御糺彈之上朝命被奉天下ニ聲言して共ニ御征伐被爲在候ハヽ御成功之程も万々無疑可爲御儀と奉存候實ニ此度之義御名義之正否
御家之御興廢ニも聞解（關係カ）仕至重至大之御儀と奉存候ニ付冒万死奉言上候
尙厚御廟議被成下候樣伏而奉至願候誠恐誠惶頓首謹言

毛利大膳父子初不容易企有之更ニ悔悟之躰も無之趣を以爲
御征伐可被遊　御進發旨被
仰出候右不容易と之趣ハ如何樣之儀ニ御座候哉素ゟ御確證御座候上之
御儀と奉存候得共
御主意之趣諸藩ゟ貫徹不仕人心折合兼候節ハ御爲ニも不可然哉と奉存

候間條々明らかに御觸示し罪を鳴して
御征伐被遊候樣有御座度奉存候私義乍不肖昨年征長摠督之
命を蒙り萬端委任ニ而出征仕候處元ゟ將器ニ乏敷重大之事件實以痛心
仕候處偏ニ
御威德ニ而大膳父子速ニ服罪仕候次第等ハ委曲申上置候義ニ御座候就
夫今般之義ハ
御廟謨之程ハ不奉伺候得共實ニ治亂之分際ニ而不容易御大事深御安事
申上日夜不堪苦心奉存候間彌以
公武御一和人心歸嚮を被爲得御所置被爲在度御儀ニ奉存候私義一旦摠
督之
命を奉し殊ニ御懿親之儀國家之御爲難默止奉存候間不憚忌諱申上候尤
長防之情實列藩之形勢等委曲御承知可被爲在候得共猶深　御熟慮被爲
在候樣只管奉懇願候

五月

(朱書)御中軍御行列

番外

諸軍勢宿割格

大目付

御勘定奉行

御作事奉行

御目付

御勘定吟味役

壹人宛

九番方色旗

御名

御休泊割	御晝	御泊
五月十六日	品川	川崎
同　十七日	神奈川	程ヶ谷
同　十八日	戸塚	藤澤清浄光寺
同　十九日	平塚	大礒
同　二十日		御晝御泊共小田原城

御幕
長持　五棹
大砲護衛　貳千石高
御持筒與頭壹騎
御持小筒組二小隊　八拾四人

同　廿一日　同　箱根金剛院

同　廿二日　三島　沼津

同　廿三日　原　吉原東泉寺

同　廿四日　蒲原　興津清見寺

同　廿五日　御晝御泊共駿府城

同　廿六日
久能山御參詣駿府城ニ歸御
（以下二行朱書）
廿六日雨天ニ而廿七日

大砲組與組頭カ壹人　大砲組（朱書）
千石高
〇印ゟ（朱書）
大砲四門〇陸軍奉行壹人拾人大御馬印
大砲組　水主同心

久能御參詣廿八日　御發駕

同　廿七日
岡部　田中城

同　廿八日
金谷　懸川城

同　廿九日
袋井　中泉村陣屋

閏五月朔日
御書御泊共　濱松城

（朱書）
六日濱松　御發途

同　二日
同　荒井

同　三日

御徒目付　壹人　　御小人目付　壹人

御中間目付　壹人　　御徒頭壹組共　千石高廿八人(朱書)

二川　吉田城

同　四日

赤坂　岡崎城

同　五日　御晝御泊共

池鯉鮒

同　六日

(朱書)

十日御泊　十一日

鳴海　名古屋城

十二(朱書)

同　七日

稲葉　起

十三(朱書)

同　八日

墨股　大垣城

同　九日

御先馬貳疋
御具足
御目付 千石高(朱書)
御使番 千石高(朱書)

垂井　關ヶ原
同十日
醒井　彦根城
同十一日
高宮　愛知川
同十二日
武佐　守山
同十三日
草津　膳所城
同十四日
大津　伏見御役宅
同十五日
御晝御泊共淀城

御徒目付

御中間目付　御小人目付

新番組共　頭カ　二千石高(朱書)

一組

御小馬印

同　十六日

橋本　牧方

同　十七日

佐田　大坂城

同　十八日

御晝御泊共　尼ヶ崎

同　十九日

瓦町　兵庫

同　廿日

多留美　明石城

同　廿一日

御晝御泊共　加古川

同　廿二日

御太鼓役　　御貝役

御目付　壹騎（朱書）

御使番

御徒目付

御著～～～～～～～～姫路城

前後御供立

△五月五日立

○一番隊

歩兵頭

千五百石　二千石高　戸田肥後守

五百俵　騎兵頭　貫志大隅守

六百石　同並　山角磯之助

歩兵頭並　城織部

騎兵二小隊　ィ四百人

千百五十人　歩兵一小隊　ィ百人

馬六十疋

御小人目付　貳人

御持頭組共　千石高（朱書）　一組　與力十人（朱書）　同心五十五人（朱書）

小十人頭組共　千石高（朱書）　廿一組　ヒ廿人（朱書）

△五月六日立

二千七百石　歩兵奉行　河野伊豫守

三百俵　歩兵頭　徳山鋼之助　イ太郎

三百俵　御持小筒頭　二千石高　大平鑛次郎　イ草　イ太

千五百六十二人　歩兵一大隊　イニ八百人

馬八十三疋　御持ヒ小筒組三小隊　イニ三百人

大砲一座

（青書）五月九日出立

○貳番隊

壹万貳千石　大御番頭　米倉丹後守　五千石高

六千石　同　齋藤攝津守

御旗奉行　齋藤佐渡守

講武所
鎗釼・師範役 術 脫カ
壹騎
同 ヒ
同 ヒ 同
廿五人 鎗術方 同
同

(原書青字)
「御進發御供面々組合出立日割別紙之通可被心得候
尤御當日前後出立之向ハ銘々先觸差出出立可被致候
右之通御供之面々ニ可被相觸候
四月

三百俵 御先手 藤澤讃岐守 千五百石高
千百廿七人
馬七疋
佐野銕六郎
三拾人扶持 御番醫 小野蕙畝 二百俵已下御番料百俵
五百石 同 外科 山本甫齋

イ五月十一日(青書)
○三番隊
四千二百六十三石 御書院番頭 本多日向守 四千石高
貳千石 同 大田筑後守
七百石 御先手 大久保與三郎

△五月十一日立
二千貳百石 水谷彌之助

鈒術師範役　壹騎　　御同朋

鈒術方　同（朱書）廿五人　ヒ同　ヒ同

同（朱書）　　御同朋

寄合醫師　鹿倉以伯

寄合醫師　坂本元安庵

六十人扶持　御番醫師　谷邊玄珠

○四番隊

五千石　講武所奉行　渡邊甲斐守

六千二百廿八石　御鎗奉行　花房近江守　二千石高

二千七百石　同　仙石播磨守

△五月十二日立

貳百俵　講武所頭取　佐久間眞輔　七百石高

二百石　同並　秩父榮橋

千人頭鎗隊五

組頭十人

御長刀

御履物

御筒

御側衆

廿五人

若年寄衆

奥詰鎗鋏方

遠山信濃守
立花出雲守
増山河内守
土岐山城守(朱書)

御老中方(朱書)

ヒ若年寄衆

此老若六番隊七番隊十一番隊十二番隊十二番隊
十四番隊と振替り候様子ニ相見申候(朱書)

松平周防守
松平伊豆守
阿部豊後守(朱書)

同心百人ツヽ

千人頭 坂
石塚ヒ彌次右衛門

同 四百八十貳石余
萩原頼母

千三百廿五人
千人同心鎗隊

馬百七十一疋

四百五十八石七斗余 千人頭取見習
窪田喜八郎

三百四十六石余
原嘉藤次 治

千人
千人同心銃隊

御番いし
谷部玄珠

イへ一
五月十三日(青書)

○五番隊

一萬貳千石 講武所奉行 五百石高
遠藤但馬守

御小納戸　御小納戸

御小姓　御　御小姓

同　同　同　同

同　同　同　同

御小姓　御小姓　御小姓

御小納戸　御小納戸　御小納戸

御道具手　御道具手

歩兵頭並

三百俵　砲術師範役　榊原鏡次郎

飯田左藏　大砲一大座

△五月十三日出

銃隊一大隊

三百俵　講武所頭取　一色半左衛門

百俵　同並　伊藤哲之《輔》助

御番醫師　小柴池庵

同　外科　高《曾》谷仙庵

○六番隊

五千石　中奥御小性　蜷川左衛門尉

三千五百石　久貝相模守

三千石　土屋伊賀守

大目付壹騎

同　同　同　同

御持筒

大目付壹騎

奥醫師十人

同　同

御目付騎馬

奥坊主

同

御徒目付貳人

三千俵　岡部加賀守

貳千俵　稲葉紀伊守

五千三百石　水野河内守

貳千石　久永出羽守

三千石　牧野伊豫守

五千石　松平伊勢守

五千石　關越前守

中奥御番澤

八百五十石　大津主馬

六百石　三上半兵衛

三百俵　本多將監

千七百石　山下中務

千石　鈴木萬次郎

○五月十三日 四日

同　御小人目付四人

同　御使番壹騎

奧御右筆四人

奧御右筆組頭貳人

奧御右筆五人

御笠

御杖

御床机

千六十一石　渡邊修理

九百廿石　筒井作右衛門と半左衛門

九百石　白と向井喜八郎

千六百五十石　森宗兵衛

千三百石　加藤右近

八番隊

五百石御旗奉行　山名壹岐守　二千石高

三百石御先手　上野七太夫

千八百石同　本間彈正

三千石同　加藤織之助

二千七百五十三石余同　德山五兵衛

千七百六拾四人

馬百四十疋

五月十五日出立（青書）

同　御數寄屋坊主
御露地之者　御茶
辨當　御水
簞笥ゝ　御丸
辨當

○九番隊之内
雅樂頭嫡子　酒井河内守
五千石　陸軍奉行　竹中遠江守
歩兵頭並　都筑鐐太郎
△五月十五日立
千六百五拾貳人　歩兵一大隊
馬八十三疋　大砲四門
御持小筒組一小隊
△五月十九日
△五月十六日立
九番隊
御中軍
三千八百七拾貳人
馬百五拾九疋
○九番隊之内　殘運送

五百石 御徒頭 蜷川邦之助
三百俵 興津勘左衛門
同 平岡鐵之助
二千石 新番頭 岡部備後守 二千石高
五百石 御持頭 水野主膳 千五百石高
二百五十石 小十人頭 諏訪庄左衛門 千石高
講武所鉄砲鎗釼方
百人

△五月廿一日立

三千石 御小性組番頭 島津伊豫守 四十石高
御小納戸頭 寺西眞次郎 七百石高
百俵五人扶持 黒坂丹助
三百俵 御腰物奉行 大平八三郎 イ三五

御駕籠　脇御駕籠之者

御直鎗　御鍔鎗　十文字鎗　御抛鎗　御直鎗

御小人頭　組頭　御召替　簑壹ツ　黒鍬之者

御召替
御駕籠

御藥
簞笥

御野
長持

馬醫
御馬預り

御中間
同組頭共

御馬方

御細工頭 五百人扶持御俵 石場齋宮

○十番隊

御側衆同勢

御書院番頭 四千石 八木但馬守

御小性組番頭 三千石 松平河内守

御徒頭 貳百俵 中島平四郎

五百石 石川左内

御番外醫師 同科 二十人分 鹿倉以伯

○六番隊之内

若年寄同勢

千八百七人
馬百六十一疋

△五月廿三日立

老中同勢

△五月十六日云々後ニ記ス

御召　御馬弐疋

御次馬　三拾疋

御鉄砲方　二組

御徒頭　一組

五月廿三日出(青書)

○十一番隊　老中同勢

若年寄同勢

○十二番隊　老中同勢

○十三番隊　老中同勢

○十四番隊　若年寄同勢

左右御備

△五月廿七日立

左右御(青書)

信州上田

五万三千石　松平伊豫守

御小性番頭　壹騎　組共

御賄頭支配向共

御膳所御臺所頭ﾘ　支配向諸職人

御提灯奉行　手代共

御使番　壹騎

三万三千石　同遠高　内藤若狭守

六百九人　馬三疋

三万五千石　丹後田邊　牧野河内守

同廿九日立(青書)

○十五番隊

二万千石　御奏者　松平彈正忠

二万五千石　内藤志摩守

△五月廿九日立

四百石　御鉄砲玉藥奉行　七百石高　間宮將監

貳百俵　友成鄕右衞門

閏五月二日立(青書)

○十六番隊

三千五百石　歩兵頭　久世下野守

三百俵　平岡越中守

御目付
壹騎
御徒目付
御小人目付
御小人目付
總御同勢
御徒押
同

並
岡用左一郎

△閏五月二日立

千七百八拾人
馬四拾疋

深津孫左衛門 イ紋[illegible]衛門

井上哲次郎

歩兵二大隊半 貳千人

五千石 御持小筒頭
松平信濃守

小筒組六小隊

大砲組與頭
高尾捴十郎 千石高

大砲二座

△閏五月四日立御後備

伊豫松山隱岐守嫡子
松平式部大輔

同　御小人押

歩兵一大隊八百人

歩兵頭並共貳騎

御後備

△閏五月五日立

日向延岡七万石　内藤備後守

松本　松平丹波守

△閏五月六日出

紀伊中納言殿

以上

○當日御先觸之寫

御大老代　酒井河内守
御老中　阿部豐後守
同　松前伊豆守
同　松平周防守
若年寄　遠山信濃守
同　土岐山城守
同　增山對馬守
同　立花出雲守
御側衆　村松出羽守
同　竹本隼人正
同　酒井壹岐守
同　赤松左衛門督

同　朝倉播磨守
御留守居 御勘定奉行　松平對馬守
御書院番頭　水野伊勢守
同　柴田越前守
御小性組番頭　井上志摩守
同　室賀伊豫守
同　酒井安房守
同　溝口伊勢守
御小性衆三十人
御小納戸百人
大目付　田澤對馬守
同　大久保紀伊守
同　神保佐渡守

同　駒井相模守
惣人數　千六百三拾貳人
御乘馬　三百拾四疋

原書青字ニテ前ニ附箋ノ處ヨリ記シアル分

△五月十六日出立

老中四騎
若年寄四騎
御側衆四騎
御留守居格御勘定奉行　松平對馬守
御書院番頭　水野いセ守
柴田越前守
御小性組番頭　井上志摩守
酒井安房守

室賀いセ守
陸軍奉行並　溝口いセ守
歩兵奉行　小出播磨守
大砲組與頭　成瀨對馬守
歩兵頭　富永相模守
同並　森川莊次郎
御持筒組之頭　□野歸一
大砲四門
小筒組二小隊
歩兵一大隊
御作事奉行　岡松いヨ守
西丸御留守居　林式部少輔
新御番頭　須田久右衛門

勝田左京

御持之頭

中川備中守
松平侶之丞
曾我主水

御先手

朽木大和守
田付主計
三枝左兵衛
戸田寛十郎
近藤力之助

御鉄砲方

田付四郎兵衛
井上左太夫

御徒頭

松平式部少輔
中條金之助

川村清兵衛
本多準之助
朝比奈兵八郎
宮崎七郎右衛門

小十人頭

余語金八郎
桑山次郎八
稲葉清次右衛門

講武所鎗釼師範役

加藤平九郎
駒井志津馬
榊原健吉
今堀登代太郎

同頭取

津野七之助
國領市太郎

同鎗劔方　三百人

御勘定吟味役　岡田安房守

奥御右筆頭取　佐山八十次郎

片山與八郎

表御右筆頭取　佐久間三郎兵衛

兩御番格　奥御右筆　淺場貫一郎

奥御右筆　中島彦四郎

北角十郎兵衛

柳澤勉次郎

佐久間三藏

表御右筆　清水寛九郎

山田鋭太郎

中山權右衛門

三橋國之進

御馬頭　諏訪部紋九郎

村松万藏

田木仙之助

同並　大武藤助

御馬方　鶴見忠兵衛

御賄頭　力石勝之助

御膳所御臺所頭　柴田八十郎

御休息部屋之者支配　倉地次郎太郎

御馬醫　落合十三郎

桑島新助

寄合いし　井關正英

御番いし　丸山昌貞

御同朋頭　半田丹阿彌
御同朋　村田京阿彌
御數寄屋頭　星重隆圓

○五月廿七日南寺町瑞寶寺止宿大御番組頭仙波彌右衛門ニ給仕人ニ罷出候清水屋又三郎咄摘要左の如し
○彌左衛門殿賜地百五拾石
○今般御手當百七十金請取
○此人七拾歳余之由尤生て歸る氣ハ實ニなき光景之咄口之由
又三郎尋曰
備前樣ハ長州方之由下評仕候如何
△右ハ以前國を出七十余日長州ニ食客之處阿波侯咄シニ而歸國之上養子近世話有之右之因ニ付下評も適當との趣

又三郎又曰

土州様は如何

△是ハ全躰長ト親類其上土佐ト阿波と年來國の境論不止ところ五七年已前長州扱ニ而余程土州ニ益附尤其後も境論猶不止候得共右扱ニ而余程德付候付土之國民も長ヲ殊之外崇敬之よし

右は無鹽《マヽ》之咄ニ付一寸入御耳候之

○五月十六日出江戸状

米上百文ニ付三合同中百文ニ三合三夕醤油壹樽中通り三拾匁位酒壹升 六百五拾文ゟ七百文 鹽壹升八拾八文油壹合百文豆腐壹三拾六文炭壹俵 三朱ゟ壹分 薪ハ是ニ准し高直油揚壹八文空豆壹升百五十文位小豆壹升三百文豆壹升三百文紺足袋一足 六百五十文ゟ七百文 湯屋拾六文手拭壹貳百文ふんどし壹六百文

右之外魚類ハ殊之外少く大高直ニ而染々給べ不申候青物ハ有之候へ共

是も高直ニ而壹度辨當の菜廿四文位懸り申候其外絹布木綿之類二三年以前之倍増ニ相成著物著る事も出來不申候只々著ころしニ致し暮し居申候往々ハ如何成行候哉と案事申候右ハ日用之品荒増之處申上候此余ハいつれの品も右ニ准申候御察可被下候

五月十六日認

○四月二日出五月廿八日著箱館ゟ之書狀

前略 扨又世之中ハ次第ニ騷敷畿内を初メ中國九州關東迄動亂之儀は御承知之御儀と奉存候間不申上候只々長大息致ス而已ニ御座候外國人ハ高地ニ而見物致居候諸品ハ段々と高價ニ相成下輩之者ハ衣食も出來兼候程ニ御座候此末如何成行可申哉見留無之世態ニ御座候

一當箱館地ハ世間騷敷程ニハ無之平穩ニ御座候日本ニハ軍有之抔と申噺之樣ニ御座候尤下輩の者ハ暮し能土地ニ御座候無年貢同樣ニ而夏作物ハ何ニ而も能出來直段ハ至而高直ニ御座候米ハ出來候上津輕越後出羽

南部ゟ参り外々ゟハ相場下直ニ御座候當時四斗入壹俵上米ニ而四貫五百文程ニ御座候

當地當年之相場

一木綿縞　三分貳朱位　一花色絹一反　金壹兩貳分

一白木綿　一分貳朱　一手拭壹筋　貳百五拾文

一せうゆ一樽　壹分貳朱　一味噌十三貫目入　貳分三朱

一下り酒一樽　三　兩　一魚油壹升　八百文

一胡麻油壹升貳貫文當時無之　一半紙一帖　六拾文

其外何によらず大凡三增倍ニ御座候下略

四月二日認

井川文太夫茂左衛門事

(朱書)常州ノ人今ハ箱館奉行ニ仕ヘテ箱館ニアリ

慶應元年乙丑五月

御進發御行列

大砲護衛

壹番　方色御旗壹流　騎兵二小隊　御持小筒組三小隊

騎兵頭並　貴志大隅守　御持小筒組與頭

同　山角磯之丞　大平鑛次郎

馬印

大砲一座　歩兵奉行一騎　歩兵頭一騎　歩兵一大隊

河野伊豫守　戸田肥後守

歩兵頭並壹騎　歩兵一大隊　御使番壹騎　御目付壹騎
徳山鋼五郎

御小人目付
御徒目付　貳番　方色御旗壹流　御紋附御旗　七流
御小人目付

馬印　馬印　旗馬印
御旗奉行壹騎 組共　御先手頭一騎 組共　大御番頭壹騎 組共
齋藤佐渡守　佐野銕六郎　米倉丹後守

馬印
御先手頭壹騎組共
藤澤讃岐守

旗馬印
大番頭壹騎組共
齋藤攝津守

御使番壹騎　御目付壹騎

御小人目付
御徒目付
御小人目付

三番　方色御旗壹流

馬印
御先手頭壹騎組共
水谷彌之助

旗馬印
御書院番頭壹騎組共
本多日向守

馬印
御先手頭壹騎組共
大久保與三郎

御旗馬印
御書院番頭壹騎組共
太田筑後守

御小人目付
御使番壹騎　御目付壹騎　御徒目付　四番方色御旗一流
御小人目付

千人頭貳騎　千人組銃隊一大隊　千人頭壹騎　御長柄廿五本

馬印
千人同心　千人同心
御鎗奉行壹騎組共　御長柄廿五本　千人頭壹騎
五拾人　五拾人
花房近江守

馬印　旗馬印

御鎗奉行壹騎 組共　講武所奉行壹騎　御使番壹騎　御目付壹騎

仙石播磨守　赤松左衛門尉

御小人目付　講武所

御徒目付　五番　方色御旗一流　砲術師範役壹騎

御小人目付

講武所　旗馬印

大砲八門　砲術師範役壹騎　講武所砲術方一大隊　講武所奉行壹騎

遠藤但馬守

御小人目付

御使番壹騎　御目付壹騎　御徒目付　六番　方色御旗一流

河野勘右衛門　御小人目付

旗馬印

中奥御小性拾騎　同御番六騎　若年寄壹騎　御使番一騎　御目付壹騎

渡邊德次郎　松野孫八郎

旗馬印

御小人目付　御先番

御徒目付　七番　方色御旗一流　御老中壹騎

御小人目付

御徒目付　御小人目付貳人

大目付壹騎　御使番一騎　御目付壹騎
松平主計　木原兵三郎

御徒目付　御小人目付貳人

馬印　馬印

八番　方色御旗一流　御先手頭壹騎組共　御先手頭壹騎組共
德山五兵衛　加藤織之助

馬印　馬印

皆白御旗十二流　御旗奉行壹騎組共　御先手頭壹騎組共
山名壹岐守　本間彈正

馬印

御先手頭壹騎 組共

御使番壹騎

御目付壹騎

御徒目付

御小人目付

上野七太夫

依田附之助

山田十太夫

御小人目付

番外

諸軍勢宿割

御勘定奉行 壹騎

御作事奉行 同 支配向共

御目付 同

滑革袋入金御紋

御幕串

御幕長持五棹

御武具奉行

御幕串

滑革袋入金御紋

一

大砲護衛

九番

方色御旗一流

御持小筒組與頭壹騎

御持小筒組三小隊

番

松平信濃守

富永相模守

大砲一座　大砲組與頭　歩兵一大隊　陸軍奉行貳騎

成瀬對馬守　小出播磨守　竹中遠江守

溝口伊勢守

水主同心十人

二番

大御馬印　御徒頭貳騎　貳組　御先手馬貳疋　御具足

平岡錤之助

中條金之助

新番頭貳騎貳組　御登印

御貝　御貝役

御使番貳騎　御目付壱騎

須田久左衛門

御太皷　御太鼓役

勝田左京

城集人

御徒目付　御小人目付
御徒目付　御小人目付
方色御旗拾六流
御持頭貳騎　貳組
水野主膳
曾我主水
講武所
鎗術方百人
講武所
鎗術師範役壹騎
講武所
鎗術方百人
講武所
小十人頭貳騎貳組
講武所
鎗術方百人
講武所
鈲術師範役壹騎
講武所
鈲術方百人　御同朋
御腰物筒　若年寄衆貳騎
御長刀
鈲術方百人　御同朋
御腰物筒　御老中方貳騎
講武所

奥詰鉞術方
御小納戸　同　同
御側衆壹騎　奥詰鉞術方　御小性　同　同
御小性　御小納戸　御手道具
御
御小性　御小納戸
御側衆壹騎　奥詰鉞術方　御小性　同　同
御小性　御小納戸　御手道具
御小納戸　同　同
奥詰鉞術方

大目付壹騎
御持筒
御持筒
御持筒
御持筒
御持筒
奥醫師　奥坊主　御目付壹騎　御徒目付貳人　御小人目付四人
奥醫師　奥坊主　御目付壹騎　御徒目付貳人　御小人目付四人
大目付　騎

落合肥
御使番壹騎
奥御右筆　御笠
奥御右筆組頭　御杖
御數寄屋坊主
御茶　辨當
御使番壹騎
奥御右筆　御床机
御數寄屋坊主
井戸大内藏

御水簞笥
御丸辨當
御駕籠
御駕籠之者頭
御小人頭
御直鎗
御錫鎗
十文字鎗
御抛鎗
御直鎗
黒鍬之者頭
同組頭
御召替
御簑箱
御簑箱
御扣
御中間同組頭共

御召替
御駕籠附屬品共
御藥簞笥
御野長持
御馬醫
御馬預り
御馬方

御召
御馬貳疋
御次馬三拾疋
井上左太夫組共
田付四郎兵衛組共
松平式部少輔
御徒頭貳騎組共
川村清兵衛

御小性組番頭一騎組共
井上志摩守
御小性組頭壹騎
島津伊豫守
御納戸頭壹騎支配向諸職人
御膳所御臺所頭
御腰物方　支配向諸職人
御賄頭支配向共
御提灯奉行手代共

御使番一騎
九野式部
御目付壹騎
御徒目付
御小人目付　御徒押御小人押
惣同勢
御小人目付　御徒押御小人押

歩兵頭並貳騎
都筑鐐太郎
三番　歩兵一大隊
森川莊次郎
拾番　方色御旗一流
旗馬印
御側衆二騎

旗馬印
御書院番頭一騎組共
水野伊豫守

旗馬印
御小性頭番頭壹騎組共
松平河内守

中島平四郎
御徒頭貳騎組共
石川左内

御小人目付

御使番一騎
三好内藏助

御目付壹騎
徳永徳次郎

御徒目付

御小人目付

拾壹番

方色御旗一流
御老中同勢
若年寄同勢
御使番壹騎
酒井數馬

旗馬印
御小人目付　後備
御徒目付　拾貳番　方色御旗一流　御老中一騎
御小人目付

御小人目付
御使番壹騎　御目付一騎　御徒目付　拾三番　方色御旗一流
小笠原彦太夫　御小人目付

旗馬印　馬印
御老中壹騎　大目付壹騎　御使番壹騎　御目付一騎　御徒目付
寛　助兵衛

御小人目付
旗馬印
御小人目付
拾四番　方色御旗一流　若年寄貳騎　御使番壹騎
小堀學大

御小人目付
御目付一騎　御徒目付　拾五番　方色御旗一流
御小人目付

隔日代り
小荷駄奉行
馬印
旗馬印
御奏者番貳隊
松平彈正忠
内藤志摩守
御勘定奉行壹騎
松平對馬守
同吟味役貳騎
岡田安房守
小野友五郎

御勘定方役々　御作事奉行壹騎　支配向諸職人共
　　　　　　　岡松伊豫守
　　　　　　　御鐵砲玉藥奉行二騎　支配向諸職人共
　　　　　　　間宮將監
　　　　　　　友成郷右衞門

支配向
御細工頭　御武具奉行組諸役人共
諸職人共
　　　　　　　御醫師廿人程　御使番一騎
　　　　　　　諸隊ゟ被配候
　　　　　　　水上證三郎

御目付壹騎
　御徒目付　御小人目付
　御徒目付　御小人目付
　　　　　　　拾六番　方色御旗壹流

大砲護衛　　　　　　　馬印　　　　　　　　　　　久世下野守
御持小筒組三小隊　大砲組與頭壹騎　大砲一座　歩兵頭
御持小筒組與頭　高尾惣十郎　　　平岡四郎兵衛
者付役人

歩兵一大隊　　　　岡田左一郎
歩兵頭並　深津彌左衛門　歩兵一大隊　御使番一騎
井上祐次郎　　　　　　　　酒井岩之助

御目付壹騎　　　御小人目付
御徒目付　松平丹後守手勢　內藤備後守手勢
御小人目付

御使番壹騎　　御小人目付

紀伊中納言御手勢　　永井大之丞　　御徒目付

御目付壹騎　　御小人目付

○大垣藩書類

丑五月十一日御懸阿部豊後守様に被差出之翌十二日御差圖濟

此度　御進發ニ付私儀大垣

御泊城御用相勤候後伏見表に罷越御警衛向之儀嚴重指揮仕置猶

御陣所に罷出御用品をも奉伺候樣可仕哉格別之　御進發中此儘在邑罷

在候而は深奉恐入候間此段　御内慮奉伺候以上

五月十六《本ノマヽ》日　　御　名

書面之趣尤之儀ニ付　御宿城御用相濟御跡ゟ出坂可被致候事

御進發之節大垣　御泊城可被遊之旨被　仰出難有仕合奉存候然處献上物之儀ニ付先達而御觸達之趣も御座候得共數代奉蒙御厚恩候儀ニ付　御泊城被遊候ニ献上物不仕候儀ハ甚以本意之至奉存候仍之可相成は生鯉献上仕度同姓左門ゟも養老酒献上仕度奉存候此段御聞濟被成下候樣仕度奉内願候以上

五月十六日　御　名

書面之趣尤之筋ニは候得共都而献上物ニ不及候

一五月十八日御用番水野和泉守樣ニ而御達

御　名

常野脫走之賊徒暴行京師ヘ及接近候處爲追討速ニ人數差出賊徒降參及鎭靜之條神妙之至被思召候此段可相達旨　御沙汰ニ候

五　月

以下江戸ゟ申來候

一常野之降人共八百人餘死刑被　仰付此比彼地ゟ御役人御出張と申事御小人目付神谷門次郎話之由承候彌長賊共必死を極メ可申候兼而耕雲齋之死刑ニ而長賊心變し候樣子今般ハ實ニ德川家之御安危ニ抱《マヽ》り候場合故君矦ニも御勝手等一藩之難澁所ニ而は無之後ハ飢渴ニ及候共第一番ニ御出張御願ニ而彼地ニ而一方御引請必死之御一戰有之度ニ奉存候貴慮如何實ニ三百年來之御報恩此秋と奉存候

一西國之諸矦長州と同黨《マヽ》なとゝ申事ハ全　君矦方之意ニ有之間敷御家來之內例之國學儒論過激派之所爲評判ニ相成候事と被存候殊ニ黑田細川淺野藤堂抔ハ御譜代同樣之御恩家ニ有之既細川ニハ江戸家老ゟ願之旨有之國許往返なしニ而先鋒被

仰付候由愉快感心之事ニ被存候

一公義穩密五人長州ゟ入込居候處三人生捕磔ニ致壹人迯歸り壹人行衞不

知ト申事ニ御座候長水之殘忍天不赦之と被存候
一今度　御進發ニ付井伊侯御兩侯御供と承候處　御免相成候由先達而十萬石上地被　仰出候處今以彼是御申立御上地無之由先年京師之首尾御膳ニハ金八万兩入候由又今度岡本半助出府金拾五万兩賄賂ニ遣シ候由猶又今度も京師取繕ひ同所ゟ御緩之御沙汰も有之候由此故ニ關東ニ而御氣障ニ相成候哉之風聞ニ而岡本之盡力水の泡と相成候ト申候或曰右一條ニ付岡本半助ト貫名筑後と大ニ議論有之候由右ハ主君御首を被取候節ニハ御家中恬然として仇を報するの意なし上地ニ付而ハ一生懸命粉骨碎身實ハ私心ゟ起候事ニ而大義を存し候重臣無之と被存候
一本願寺門跡等覺坊及誓運寺ニ立寄之約定ニ而既ニ等覺坊ハ三百兩許之普請誓運寺も百五拾兩許の普請然處當朝ニ至り御立寄御延引と申事ニ相成兩寺住持ハ勿論同行日下ニ至迄力を落シ等覺老院ハ泊り迄先ニ參り懸合候由然ニ門跡ハ養老見物ニ被參高田の寺二ケ寺迄被立寄候ニ付

兩旦下大立腹ニ而一躰急キト申事ニ而立寄無之養老見物ハ如何敷寂早離旦して西派江移ると申も有禪宗天台眞言なとニ成と申者も有一向評判不宜候五月十三日

殿樣大殿樣奥樣おれん樣御坊江御入有之御慰ニ何か入　御覽度との事ニ候處　大殿樣御好ニ法談をいたし婆を爲泣候由右を致一見度其上ニ而躍も可然との御事ニ付室町淨專寺外一ヶ寺法談し其上ニ而竹島町巴屋の娘躍いたし候

一五月廿三日御旅舘奉行井上信濃守樣御著

御城内御殿向御見分有之　御城ゟ御郭内等ニ三千人市中ニ七千人御泊と申事外《ト》側《カハ》も表側地名稲荷の西角山岸万右衛門宅ゟ本馬場邊迄御宿致し候事之由今夕井上樣竹島本陣御泊り今御壹人本町本陣御泊　御城内ニおゐてハ御宿衞ニ候間蚊帳枕ハ用意ニ不及と被仰渡御湯殿之邊御次江近ク淺間ニ付締致し候樣被仰渡松之丸ハ金閣寺樣之と御賞之由殿樣松

之御丸御茶屋ニ御移被遊奥樣は大奥樣之御空殿ニ御越被遊候當日御醫
師兩人三之丸ニ相詰候樣被　仰付岸田榮良江間春齡夕刻御見分相濟候
迄相詰候事
以下膳所ゟ申來ル但一ヶ條
一時勢の一變京師も不相替動亂之模樣此比ハ公家衆中兼而長州贔負の方
多分有之候處此節右等之儀相聞內亂之樣子ニ而傳奏議奏日夜の御參
內一橋公會津侯ニも同樣之由一橋公ニは
公義ゟハ過日ゟ參　內之儀御差止ニ被　仰出候へ共內參　內有之趣殊
更過日ゟ日々土州勢之上京何歟耳評ニは長州人過半有之趣ニ御座候右
等ニ而哉町家ハ何レも土藏住居ニ而金持も道具ハ更ニ買入不申候由乍
併諸色ハ彌增高價ニ相成申候樣子ニ御座候
以下横濱ゟ來簡を江戶ゟ差越
一此頃長州ニ而四人之異國人を賴長州ニ罷在候而軍議を初其他武器等之

儀周旋罷在候由内三人ハ元來アメリカ產ニ而當時浪人壹人ハ佛人之由右亞人之内ブレワルトと歟申者ハ先年支那ニ而長髮賊ニ加勢し支那官軍幷佛英之兵ニ對して合戰し疵を蒙り本國に歸る事能ハさるゟ横濱ニ來り養生し其後諸州を廻歷罷在候由先日申上置候上海ニ而長藩武器買入候をも同人周旋之由又蘭人ゟ政府へ小銃貳千挺御買上願出居候處其内五百挺ハ上海ニ有其銃之荷主ゟ長崎ニ差送り呉候樣賴越候付事ニ寄ハ是ハ長州ニ買入候ニ而は無之歟との著意ニ而右蘭商も其銃長之手ニ落候而ハ政府ニ對し信義を失ひ候儀何卒早々右銃御買上之有無御治定被下度と申出候ゟ段々事情承候處既ニ下之關ニ而は密商有之昨年印度幷支那ニ殊之外之凶作ニ而米穀之價尤貴く夫を見込ニ而既ニ米二三千俵其他昆布椎茸之類を彼ニ遣シ其價を以小銃を買入候由ニ御座候又上海ニ而ハ已前長州ニ而洋人ゟ買入候軍艦を賣拂其價を以武器を買入候との噂右四人之洋人を長州ニ賴置候等之事情不容易儀ハ申迄も無之哉

早因循の夢も覺大決斷なき事不能ハさる儀と奉存候右船を賣り米を遣し候所を以て察すれバ長も大ニ窮迫致し候義と被存候先日上海ヘ被遣候外國方三名も歸國相成上海碇泊の日本船等之儀遂一相分り候儀と奉存候右米穀之儀は當港ニ而も既ニ洋商之説ニ日本ニ米穀輸出を禁したるハ尤といふべし印度地方支那凶作なるゟ此禁なかりせハ是を輸出し日本國民も窮するならんと又何國の船長州下の關ヘ參り候哉不分明ニハ有之候へ共密商之儀ハ條約中制禁之最たる物なれハ政府ゟ軍艦を差向右洋船を奪ひ取適當之御處置有之度儀ニ御座候

一御進發も近々之由ニ而四五日前當港ニ而小銃貳千挺御買上ニ相成又大小砲御買上之由ニ而大砲製造奉行當港ヘ御出張ニ相成候是も御進發ニ付御入用と承候

一御進發御宿城御宿見分之儀ニ付伺書出居候由之處其差圖ハ無之只々急ニ出立致し候樣被仰渡候故先比伺置候書面御下ケ御差圖不被下候而は

規矩不相立候故右御下知次第出立可仕旨被申上候へ共此儀ハ御沙汰無之只々急ニ出立致し候樣達而被仰渡候由

一大坂迄之御入用金五百万兩と申事ニ候處　御發駕前此節迄ニ貳百五拾万兩御拂切ニ相成候故此末右目當ニ而は引足り申間敷哉と申事ニ御座候御軍艦も大分損し居候付御武器初諸道具一緒ニ束ね可成丈御質素ニ而多分陸運爲御持之由ニ御座候

五月

○江戸狀中肥前佐賀城下之禪僧興聖寺ゟ參り居候咄之荒增

正月下旬長州下之關ゟ風並惡敷十日計逼《マヽ》留之處同所ニ新規之社有之其外ニ穴を堀置首級を持參ニて入候を見受候由奇兵隊と申組不怪勢ニ而此隊ハ浪士其外寄合勢ニ而十萬余之人數有之趣其比山口城を再ひ築楯籠り居長防之百姓も右之奇兵隊之利解ニ伏し幾年成共籠城之兵粮米は無差支送り可申と國中一致ニ而先前ゟ長州家御譜代之先鋒隊と數度及

合戰終ニ先鋒隊降參ニ相成岩國之城主吉川監物　公義江取扱謀反之志有之付其儘難差置是ゟ岩國江攻寄セ可申と噂有之候を承り候下ノ關ゟ小倉江渡海ハ一切互ニ無之藝州ゟ乘船大坂迄海上罷越候趣下之關逼〔マヽ〕留中も浪士罷越仲間ニ相成候樣度々勸メ候由ニ申居浪士之旅館ニハ何れも表札有之加州浪士何千人備前浪士何千人と申樣ニ一々表札有之國主之內浪士無之御方多分無之樣見掛候趣ニ御座候

一長州御征伐被　仰出尾州御隱居樣御出張有之候へ共九州邊諸大名之內御出陣之御家は薩州柳川唐口〔マヽ〕位ニ而其餘御出陣之御方無之樣子ニ承候旨申居候右其他ニ而實說承り又ハ眼前見掛候咄承り候まゝ申上候以上

二月十九日

○江戶町觸之寫

申渡

近年海岸防禦之御手當筋幷御本丸西丸共度々之御普請其上去亥年以來

兩度　御上洛其外擧而難算御用途打續候折柄尙又今般
御進發ニ付而は莫太之御入用ニ付爲御融通江坂幷御料所百姓町人之內
身柄相應之者且諸寺院ニ至迄御用金被　仰付旨被　仰出候其方共之內
ニは
御城下ニ安住家業永續致し御國恩之程を相辨先年ゟ御用金差上又は上
納金等相願候者も有之候へ共此度之儀は是迄とハ譯柄違實以不容易御
入用筋ニ付家業之餘澤を以安樂ニ暮居候右樣之御時節聊之御奉公筋を
も不相勤徒ニ罷過候は無勿躰義ニ有之其方共儀身上向手厚之趣は常々
相聞居候義ニ付冥利之程も相辨何樣共繰合致し際立出精可致候右品ニ
寄候而は出格之御賞譽も被有之候尤金高幷納方之儀町年寄共ゟ申渡候
　但此度被　仰付候御用金之儀は來寅年より十ヶ年ニ割合御下戾しニ
　相成候間此旨可存
丑五月

○御進發掛り御目付ゟ通辭

御進發之節江戸御道筋屋敷々々遂（本ノ）御目通之屋敷共御前夜ゟ臺提灯並立固之者少々差出尤辻番所江も家來之者相詰

通御之節引拂ニ不及御先見請下座致居御長刀見請平伏可致事

一立固之者染帷子麻上下著用可致事

但掃除中間等見計可差出候

一往來之義は御道筋ニ相障不申樣刻限見計留切横小路ニは拾間程引下ケ留切可申事

一御道具筋通

御目通之屋敷々々窓蓋立置ニ不及事

右之通伺相濟申候依之申達候事

五月十五日

御進發掛り
御目付中

○五月十六日朝四ッ半時過西御丸ゟ御發駕丸之内町中共往來ニ而諸人拜見仕候

○閏五月著江戸來簡之寫

長州家來同國軍艦ニ乘込支那ニ罷越軍艦賣拂右金子持參亞米利加國ニ相越同國ニ而浪人と申樣成惡黨者共を買上候而政府と戰爭いたし候心得之旨

右之趣横濱ニ支那ゟ注進有之取計方相伺候由ニ御座候

○乙丑五月東都はやり歌

一ッ　一ッ橋望ミハなんじやと問たらハ天下をツウツクく〳〵ッ隱居がツウツクく〳〵ッ

二ッ　ふた心西國大名内評議御先ニ長防つかわれて其元なんじやと問たらハ島津がツウツクく〳〵ッ三郎がツウツクく〳〵ッ

三ッ　水戸さんハ忠義を表にかざし置内心ツウツクく〳〵ッ心底ツウツク

〳〵ツ

四ツ　世の中の様子を計ツて欲深の九家が賄賂にたぶらされ關白大臣
ツウツク天子をツウツク〳〵ツ

五ツ　五ツ國の夷人の書簡にだまされて交易ゆるして日本の人氣をツ
ウツク〳〵ツ

六ツ　六ケ敷野州の浪人追ちらし木曾路を迯行其跡を田沼がツウツク
〳〵ツ

七ツ　何事も關東儘にしたならハ此様ナさわぎも出來まいに言立小立
に天皇が吾妻をツウツク〳〵ツ

八ツ　役人が壹人も尻腰ない故に國持大名増長し政事をツウツク〳〵
ツ

九ツ　此頃ハ彌彼地に御進發内證工ミを見附出し悪人ツウツク〳〵ツ

十ヲ　徳川の御家ハます〳〵御長久次ニハ國民安穩ののし餅ツウツク

〱ッ

兩替屋

文久か三に成てそ天上し今に下ると皆《ミンナ》こわがり

朝夕にかいを喰なら兩替歟錢を買にしまゝにするとハ

町家御用金

金銀を王に取られて止桂香角になられて町ハ飛車

世の中ハみんナ山にて高く成ひくい所ハ踏でみちや〱

髪結ハたほを下ケて直を揚る風呂屋ハ上て札を下ケたり

文久も位過ると嫌われる

文久も位が過て宿がなし

○五月上旬御手洗幹一郎江戸出立東海道早追ニ而罷登候右ハ長劦塚原但馬守大坂ゟ比日出立之筈故差留方として急登り十日比熱田驛通行之由

右差留方猶更早行相達候爲メ幹一郎ゟ但馬守ゟ宿次封狀差立十日巳

前宮宿ゟ來著仍人足ニ爲持次宿ゟ差送り候處取落右御用狀取失ひ候故宮宿問屋二人爲御斷江戸ゟ下ル然ルニ箱根御關所ニ而印鑑無之故不通無據箱根宿問屋を賴ミ江戸ゟ遣し宮宿問屋ハ箱根ニ逼《ママ》留之處此中幹一郞早追ニ而來ルを見落し於宮宿段々之斷を申立御用狀ハ披封して拾有之を拾得而問屋ゟ差出段々斷佗候得共工合之有之急御用品之處甚不念之急登り故四日市ニ而可申談候間可罷越旨幹一郞申ニ任セ問屋兩人早追ニ附隨ひ相越候由

後ニ聞ニ四日市ニ而入牢相成候哉之趣ニ而不歸來候

○五月七日江戸狀

去月廿一日行軍御試之節御馬印粉微塵ニ崩レ甚不審之儀殊之外御機嫌損シ先御不吉之儀　御進發御試ニ御太切之御品崩損此日風靜成日如何成事歟何分豫御不祥ニ而御不興仍之御試不調して早々還御被遊候右代りとして廿八日御出直し被

仰出此日ハ無御故障被爲濟候由ニ御座候
○五月朔日伯耆守殿ゟ御渡 大目付 御目付ヘ
此度　御進發ニ付御軍艦三艘大坂表ヘ御廻相成候間諸向ヘ御預相成候
大砲并御替筒御貸具足之類右ハ御軍艦ヘ積込并御供之面々道中ニ而不
相用品彼地ヘ持越候分ハ廻船ヘ積込被差遣候間右之心得を以諸向御預
相成候大砲并御武器類持越候分ハ御軍艦奉行ヘ申談廻船ヘ積入荷物之
義ハ小網町壹丁目丸屋卯兵衛方ヘ懸り御代官手附手代詰居候間右場所
ヘ可差出候尤右ハ懸り御勘定奉行同吟味役可被談候
右之趣萬石以下御供之面々ヘ早々可被達候
○五月二日伯耆守殿御渡 大目付 御目付ヘ
御進發御供布衣以上以下不殘
右は明後四日御軍令被
仰出候ニ付服紗袷麻上下著用四時西丸ヘ罷出在之候樣可被達候

五月二日

御進發御中軍御供之面々寂前被下人馬ニ而は諸荷物繼立方混雜も不少候間御當日は被下高之內半減之人馬を以必用之品而已持越候樣可致候尤殘シ置候荷物差立方（以下缺マヽ）

○志州鳥羽侯江被　仰渡

稻垣攝津守

御進發之節御旗本御左右御備被　仰付候ニ付中立之趣も有之候間願之通此節在所江御暇被下候勝手次第發足軍備相整出坂御待請可被致候

○左之通爲御達之處書取を以御老中ゟ御渡之旨

今度　御進發之節尾張殿城內江　御泊被遊候ハヽ家老共　御目見被仰付成瀨隼人正儀は家柄ニ付壹人立　御目見

上意御座候樣可致義候宜御差圖賴被存候

五月

覺

書面家老共

御目見之義ハ其節ニ至り可相達候成瀨隼人正

御目見之儀は難被及　御沙汰候

右之趣可申越候事

○五月十二日被　仰出　御辭退十五日又被　仰出

此度　御進發ニ付御旗下御後備之儀先達而紀伊殿に被

仰出候處　思召之御旨も被爲在候付御先手摠督被　仰付候旨被　仰出

候

○五月廿一日御道見分道中奉行始今日尾府に到著之筈故支配所有之御役

々御道に懸り候御役向出會有之辰刻過御徒目付御小人目付先に來著巳

半刻過道中道行井上信濃守　御目付小俣稻太郎等　御城に來り　御本丸御

座所向始御締方等一々見分尾府御役人御側御用人富永孫太夫御側御用人御用人勤石河有次郎御用人佐枝新十郎御目付御普請奉行御作事奉行右下役共出會晝飯御料理被下同所御座敷ニ而輕キ向ハ於席々御臺所被下御臺所方御賄所出張取扱之由

御天守拜見之義俄ニ被願之卽御許容被遊御締向解案内之上拜見有之旨御城入ゟ一時半計懸り一同退出井上信濃守殿ハ小見山宗法止宿小俣稲太郎殿は永樂屋東四郎ニ止宿

○五月廿三日夕壹番隊歩兵頭去ル五日江戸出立之分尾府ゟ到著旅中行軍にて太皷打來候由熱田驛ゟ今夕屆之止宿之儀は　御泊城ニ准し御先列一般ニ名古屋泊之筈ニ而熱田驛ニは宿陣不致候付東西掛所幷茶屋町邊ニ宿ス

○出張方割

東阿野村境川　御普請奉行一人

御晝休鳴海宿　御目付一人御先手物頭二人組同心共　御代官壹人　御勘

定吟味役壹人　御徒目付組頭壹人　御徒目貳人
熱田築出町端　熱田奉行壹人　同改役壹人
同宿　御先手物頭貳人組同心共　大代官一人　御勘定吟味役壹人
熱田火消鳶之者　御徒目付壹人。下ケ札。
西濱御殿御小休御座候ハヽ御著御立之節共御門外北之方ニ
熱田奉行壹人
同改役壹人
熱田奉行一人同改役一人
新尾頭町古渡境
橋町大木戸　町奉行一人　同吟味役壹人
廣小路　同斷　同斷
本町御門內東西　大御番頭一人一組共
西鉄御門外　御城代
拍子木御門外同斷直ニ御先ニ相立御座敷ニ相越
御泊御本丸ニ詰切　御年寄衆一人　御側御用人一人　御用人貳人　御

目付三人　御作事奉行壹人配下共其餘御用取扱候輩之内相詰

御立之節柏子木御門外　御城代　御先立相勤

西鉄御門外　御城代

本町御門内東西　大御番頭壹人一組共

堀川橋詰東に付　町奉行壹人　同吟味役壹人

表町通り大木戸　同斷　同斷

枇杷島橋詰に　御勘定奉行壹人　御先手物頭二人組同心共　大代官一人

新川橋詰　御先手物頭壹人組同心共

清須宿　御目付一人　御代官壹人　御勘定吟味役一人　御徒目付壹人

御晝稻葉宿　御目付壹人　御先手物頭壹人組同心共　御代官壹人　御勘定吟味役壹人　御徒目付組頭壹人　御徒目付壹人

萩原宿　御代官壹人　御勘定吟味役一人　御徒目付壹人

御泊起宿　御年寄衆壹人　御側御用人壹人　御用人壹人　御勘定奉行

壹人　御勘定吟味役一人　御代官一人　御船手改役一人　御先手物
頭二人組同心共　御目付一人　御徒目付組頭一人　御徒目付二人　御作
事奉行壹人

起川湊御波渡場　御船奉行一人　御目付一人　御代官壹人　御勘定吟
味役一人　御徒目付壹人

御召御座船　御船奉行壹人　御船手改役壹人

小熊川　御船手改役壹人

黒股御波渡場　御船奉行壹人　御目付壹人　御先手物頭一人組同心共　御
代官壹人　御勘定吟味役一人　御船手改役一人　御徒目付一人

御召御座船　御船奉行壹人　御船手改役壹人

御畫墨股宿　御目付壹人　御先手物頭貳人組同心共　御代官壹人　御勘定
吟味役壹人　御徒目付組頭壹人　御徒目付壹人

墨股宿御境目　御普請奉行壹人

一境川ゟ墨股迄御勘定吟味役頭取壹人地方役筋之者突通し相勤候事
以上
○御老中松平伯耆守殿御供列引離レ中山道御先ゟ被登旨此節旅中之由注進有之候五月末
尾府御目付寺山靱負ゟ御側御取扱ニ而五月廿八日立
前大納言様ゟ
御使被　仰付被遣品は巻煎餅一箱椎茸一箱味噌漬魚一桶伯耆守殿ゟ往合次第　御使勤候筈之旨斯ル
御使御目付ゟ被　仰付候事一向例無之殊ニ従
御側被　仰付候事猶無之例之と云靱負
御使相勤閏五月二日晝後歸著直ニ
御目見被　仰付
○紀州様ゟ為御知之趣江戸表ゟ申來候旨

御進發ニ付御旗本御後備御心得被遊候樣先達而被　仰出候處
思召之御旨も被爲在候由ニ而　御先手揔督之儀去ル十二日被　仰出候
へ共御重任之儀ニ付　思召之趣被　仰上御辭退被遊候處昨日御登　城
被遊
御對顏御先手御揔督此程被　仰出候通御心得別而御勤勵被爲在候樣
上意有之御指之御脇指御拜領被遊候事

五月十六日

此度　御發向ニ付閏五月三日御乘船直ニ御出帆一旦紀州和歌浦ゟ御上
陸一兩日　御滯城之上陸地御出張可被遊旨被　仰出候事

五月十六日

○尾城御泊之節御郭内屋敷旅泊ニ相成候義御用方或ハ勤有之向ハ止宿被
省無勤之屋敷計止宿之調之由
評定所も止宿有之筈右ハ寺社役所一手持ニ而家具諸色類ハ寺院ゟ借用

之筈之旨支度夜具ハ町方取扱ニ而有之筈

○寺社ハ寺社奉行地方ハ御勘定奉行町方ハ町奉行ゟ徇之
御進發之節御道筋宿々幷野間ニ而も都而盛沙致候ニ不及尤道繕之手當
ニ園置候砂ハ其場所都合次第集置可申事
一御行列爲拜見御道筋江罷出候儀一切不相成候事
一御城下江宿々其外宿間共町家百姓家之女子供ハ軒下ニ差置男ハ家之内
土間ニ平伏爲致村方にてハ並木より五六間も引下ケ女子供前ニ置男後
之方ニ差置可申候尤出家瞽女座頭ハ差出申間敷事
一宿々町々ニ而は並手桶見計貳三丁間目ニ壹宛も差出可申事
一御途中ニ而若夜ニ入候義も之有候ハヽ宿村町方共御通筋家々ニ而所々
在合候提灯又ハ行燈ニ而も差出宿村境ニハ在合高張提灯可差出事
但
御城下之儀は御提灯差出有之候事

一御休泊共御供之面々旅宿御道筋之分ハ幕しほり上ケ見世の内明置候様
可致尤勝手之方ニ罷在候雜人共ハ拂不申住居ニ寄見世之左右ニ勝手在
之候ハ間之戸［・］（虫損）表之方戸建置見へ透不申樣目張いたし可申候小家ニ
而勝手等無之分ハ見世之方明置雜人共ハ裏之方又ハ裏屋明キ家等ニ入
置
御目障ニ不相成樣差置可申候
一御道中御道筋之儀は
御進發御用ニ付候往來は各別自餘之旅人幷所々脇道ゟ御道筋ニ出候旅
人ハ
御通行前後三日ツヽ人留之事
一掃除之儀は
御通兩三日已前ゟ罷出入念奇麗掃除可致事
一便所之儀奇麗ニ掃除は勿論不淨汲出不都合無之樣可致事

一往還添墓原石塔并不淨所等之儀は
御通行御差支不相成候得は取除候ニ不及候間
御目障不相成樣青葉等ニ而手輕圍ひ可申候事
一御道筋軒下ニ小用達候瓶埋有之中ニハ半分程出候分も有之候付都而瓶
之廻り土ニ而埋蓋致置候事
一御通行之節宿町并宿間之村方茶屋々々又ハ商屋ニ而商ひ物を初給物不
出張樣店ニ並置候樣可致事但商ひ物之内草履草鞋等釣し不申並置候樣可心得事
一御道筋左右五六間之間
御通輿中焚火致間敷事
但
御通行之節山燒草燒候義ハ不及申こやし抔燒候義堅不相成并火葬いたし候義ハ御通行之當日ハ勿論前後共致間敷事
一獵師鉄砲打候義

御通之御當日ハ勿論前後共六日之間停止之事

一酒屋味噌屋共仕込いたし其外瓦焼等都而煙立候義不相成事

一御道筋川向ニ住居之者共

御通輿中宅ゟ外ニ出候義不相成事

一御通行之御當日御道通之水車差止させ可申事

一御當日御道筋寺院時之鐘之外鳴物禁可申事

但早鐘は可見合事

一町並等軒下ニ有之候看板等ハ不殘取可申事

一御道筋幷

御見通之場所ニ葭責（簀カ）圍等ニ而茶屋抔出置候分ハ取拂可申事

一御休泊宿々出入口々等ニ番所相建候間御用ニ而罷通候者ハ人足ニ至迄

相斷請差圖可罷通事

一目安差上候者於有之は其宿主共々可曲事事

一浪人者ニ一夜之宿をも借し申間敷事
一若喧嘩口論雖有之一切其場ニ不可出合事
一面々火之用心堅可申付事
一若火事等雖有之懸り之者之外一切不可出合事
一火之元守り之爲要用之外他行不致可成丈ヶ在宅可致事
一普請之儀は
御通行道ゟ十町內不相成木遣歌之儀は
御城下幷近在共遠慮可致候事
一御通行之節漁業耕作之儀程遠之場所ハ不苦事
一起川初御當日は船留いたし候事
一御道通寺社山伏等門扉幷左右共格子ニ而見透候場所は板打付門扉ハ可
閉置事
但通り筋ゟ入込候寺院之內表門外矢來有之分ハ右門戸閉置矢來は有

來之儘ニ而差置候事

一御道筋之内二階表連子其外下地窓等之ヶ所外ゟ懸戸又ハ内ゟ戸〆置可申事

閏五月五日

○御進發ニ付心得書

境川ゟ

元千代樣爲　御名代御年寄衆壹人御出迎幷爲御警衛士分五拾人罷出御行列　御先ゟ相立御領分中御送迎有之候事

但御年寄衆ニは代ル々々被相勤候事

一御供之輩下ヶ札之役々等ゟ御代官町奉行吟味役。を以所用承之義申述其御役品ニ寄

下ヶ札

御使を以被遣物も可有之處御省略中殊ニ於江戸表御達之趣有之候付其儀無之段申添候筈候間右之趣

御城下おゐて町奉行引請取計若外宿ゟ御振替等相成候節ハ御代官引受
取計候筈

○前下ケ札

御旗奉行

齋藤佐渡守　山名壹岐守　大御番頭米倉丹後守

齋藤攝津守　御書院番頭本多日向守　太田筑前守

講武所奉行

渡邊甲斐守　遠藤但馬守御縁家ニ付其儀不及

陸軍奉行

竹中遠江守　溝口伊勢守　御同朋頭

御老中

阿部豊後守殿　松平周防守殿　松前伊豆守殿

若年寄

遠山信濃守殿　立花出雲守殿　土岐山城守殿

増山河内守殿

御側衆

村松出羽守殿　竹本隼人正殿　酒井壹岐守殿

赤松左衛門尉殿　御小性組番頭　島津伊豫守　井上志摩守

室賀美作守　酒井安房守　松平河内守

御書院番頭　八木但馬守　柴田越前守　水野伊豆守

大目付　御目付　御使番　奥御右筆組頭

御納戸頭　黒坂丹助　酒井河内守　松平伊賀守

内藤若狭守　御縁家ニ付不及其儀　牧野河内守

御奏者番　松平彈正忠　内藤志摩守　松平式部大輔

内藤備後守　御縁家ニ付不及其儀　松平丹波守

一宿々ニ罷出候御役人御馳走懸りハ宿端ニ罷出拝伏仕御馳走懸之外ハ宿端ヘ罷出候ニ不及其所ニ而居合候御役人ハ平伏致し可罷在候求而

御道筋ニ罷出候儀ニ而ハ無之御宿入等之時分無據參懸り候節は退去ニ
不及可成丈引下り平伏いたし候筈
一御通之節罷出候輩染帷子麻上下同心も同樣之筈　但人馬裁許之輩ハ時
宜ニ寄野襠襠高袴小袴割羽織著用之筈
一都而出驛之輩　通御被爲　濟候共直ニ不引取先　御泊等　御著輿之境
承り候上引取筈候
　但墨股宿ニ罷出候輩は大垣ニ　御著輿之境承り候上引取筈候
一旅宿ニ萬一出火之節　御退口御案内所奉行御代官相勤候筈
一御膳所御入用之肴青物乾物等ハ請負之者ニ申付御勘定所ニ爲相廻候筈
一御進發ニ付出驛之輩雜用銀相渡候付木錢米代ハ不相渡筈
一通行之節程合見計躊踞御打物ニ而平伏可致候事〔原書朱書〕躊踞場所濟公役ニ爲間合候迄今般は御先箭替り御長持爲御鈎相成候付右御迄持ニ而躊踞いたし可然旨申聞候事
　但御同勢通行相濟候迄相立申間敷事
一御休泊　御旅館前後へ下乘下馬所目印杭相立候筈

一御道筋　御休泊　御旅舘ゟ御用有之罷出候節御目付方印鑑を以相斷出入いたし候筈

御先行軍士之內高木八十五郎ト云人道ゟ相煩名古屋ニ而緩々養生可致迚相越已ニ去月廿九日到着茶屋町宿屋ニ泊候處俄病氣差重り修焉之旨今二日聞左之如く西懸所ゟ上達之旨

口上之覺

今般

御進發供奉之御方高木八十五郎殿御儀茶屋町美濃屋利右衛門方ニ御止宿之處御病氣相成今曉御死去ニ付弔式之儀御同列衆ゟ當懸所御賴之趣町方服部吉十郎殿ゟ被仰越差當候義ニ付御賴之通弔式取計可申と奉存候仍之御伺御達申上候以上

閏五月朔日

懸所輪番
長　休　寺

〇閏五月四日

御本丸御殿向御設爲　御覽今日九ッ時御供揃にて御數寄屋口ゟ元千代樣前大納樣玄同樣御同道ニ而被爲成御供石見守殿又左衛門殿外記殿隼人正殿佐渡守殿引籠中御用列向御目付中奥御同朋惣奥詰之

御天守も　御廻被遊候旨　御殿中御設御美麗ニ成

御座所は御新疊其餘も余り古キ御疊ハ無之御建具古來之品計ニ而常々は外シ御仕舞相成居昔年御上洛之節御泊後今年出候由箔繪極彩色等ニ而御美事成計實結構御湯殿之具一式往昔御用ヒ

御上洛用迚御仕舞込相成居候分奥ゟ出御莊有之御盥御棯ニ至迄黒塗金蒔繪にて結構なりと御供之向談話ニ御老中方始役々一々紙ニ認張出有之若

御對顏之節之爲

尾張殿控席と張出有之御座敷も有之御年寄衆初扣席ハ御玄關脇ニ甚

狹キ場所なりと

○御國之廣大都而旅宿之手廣設向行屆候事器物之結構夜具類美成事魚菜馳走等他ニ無比類東懸所之高閣廣營盡善盡美候事共幕士幷從者共案外ニ而殊成賞譽之上別段馳走等致し候所ニは必金銀之謝義指置候旨○御國名物とて大根之種を買事頻ニ而自分用又親類ニ賴まれたとて多分買上候處可蒔時節ニも無之府下ニ而此節多數之種も無之在合候丈ハ賣切候ト云○所ニ寄旅宿二三度もいたし候者有之由　笹屋揔助ニ而廿九日泊重役之兩人殊之外慇懃ニ取扱茶を可進哉と承候處啜茶被好候との事故幸ニ釜懸置候間暫隔候へ共茶室へ御通り被下候樣ニと申旨ニ而裏之方柳僊亭ニ被通候處其設向殊ニ美敷感佩ニ而喫茶（隱居揔七作廻候由）其上膾炙乍麁末手當仕置候迚出之饗應都而之仕向感銘遺聞及ひたる家柄とて賞謝ニ不耐家來共ニも相應ニ馳走し主從共兼而仕出之支度ハ不喰笹揔ノ馳走ニ飽たると拵肴入用ニ付買上呉候樣賴有之

候處寂早時刻遲り急ニ難間ニ合若御入用之節之爲メ手前ニ貯置候魚御座候夫ニ而御間ニ合候ハヽ可差上と申出候故忝由ニ而則大鯛一折掛ヶ鯛ニいたし出之兩人美事成魚迚肝を潰す一躰ハ主人ハ禮ニ可致所存ニ而買上方賴候處案外之次第ニ成候趣之と翌朝出立之時一人ゟ金貳兩ツヽ四兩出シ謝義之含ニ而店之者ハ迚指置候由是好事之篦捴之配意万事之計各別ニ而

御國之美目なりと其評高く仍而其荒増爰ニ記また篦捴裏ニ七疋建ノ厩新出來之由〇橘町大木戸ゟ巾下樽屋町迄往還筋入口柱ニ町人名前認地際ゟ少々上之所ニ張出又右大木戸ゟ家毎ニ左何番右何番ト張出有之右大木戸左右共壹番し京町通伊勢町角邊ニ而壹万千四拾何番としるす〇幕士陣羽織或平常之割羽織又は筒袖ニ而如異人桐油も筒袖有區々之著服ニ而不一樣具足櫃ハ一向不爲持府下ニ而ハ大概行軍之列を正し行太鼓を打雨中ニハ小太鼓を腰脇ニ附打往之〇七寺境内北裏門内ニ假馬屋

出來西懸所内山門外左右同斷橋町門前之邊旅宿の馬繋爲乙と〇中奥御小性蜷川左衞門尉持高五千石打物を爲特候由由緒有之歟或得道具乎師家ニ而も候半哉と見し人之話〇旅泊給仕人府下町中ゟ割合何人と定めさし出候筈之由男子計之處女子ニ而ハ聊之不調法有之候而も勘辨有之且斷言安く仍願之上家内之下女給仕ニも出シ候由〇或町人云宿並之旅宿ハ常々之事ニ而馴居且取扱も自ら麁相器類も常用ニ而麁成品も用ひ候處今度府下之御旅泊ニ相成候事寛永以後無之稀成御義故可成丈ハ劵念を盡し揔町代を初歷々之町家懸りニ而名古屋中ニ而御客を引請候道理旁宿驛之及ふ所ニ非スト云〇廣小路七間町ゟ東伊勢町迄之間貳丁假馬屋建此馬屋更ニ御用ひニ不相成多かりし歟〇七間町割出し西側長者町割出し西側假馬屋出來〇櫻の町筋長者町長島町之間北側圓通寺伏見町桑名町之間南側、、、假馬屋出來〇町並ニ寄止宿町屋ゟ給仕ニ不出時ハ過料を出し多キ分ハ壹人前金百疋も出候由〇止宿ノ幕士爲迎日々晝比ゟ止宿懸之町々ゟ佐屋街道分れ道或ハ川口屋一里塚邊ニ出御役名又ハ姓名を認候札目立候樣南向ケニ持罷在車留の札の如く町中ニ建置候處多人數群來候而是を見外シ候向も有之止宿ニ迷ひ甚込り候者も有しと○歩兵之者不作法ニ而難見捨節其旨上役ニ達候得は直ニ手錠打連行能締り付居候旨止宿懸り縹具師慶助の話之

○評定所歩兵屯所ニ相成筈支度ハ於爰湯茶計寺社所取扱ニ而出ス筈之由全躰ハ百人計止宿之向有之右署持之筈之處解ニ相成本文屯所ニ相成候付評定所番松平喜一郎居住難相成御役宅明ケ退候よし

○御曲輪内外町向共火之元廻り寺社奉行ニ被仰渡同吟味役幷支配向鳶之者廿人程引連御泊城當朝ゟ晝夜廻り之筈○屋敷向止宿之向支度町方ゟ廻筈之處事多ニ而不行屆候付屋敷々々ニ而取賄出ス筈ニ成家來士分ハ貳朱其以下五匁中間小者四匁五分都而壹人前如此之目當ニ而引請ニ相成候由尤右宿料ハ町署ゟ出候筈且其主人上輩之向ハ一同於先

方支度之手當可有之故家來計乙手當之トス○今九日朝ゟ御番所々々々西洋筒ニ飾替候由○美濃路御領分境毛利掃部介監護之處歩兵銃ニ早速飾替○御通行前ニ替候樣今朝談有之候處一挺も不在合故拜借之儀願有之候處數百挺御入用ニ付御餘計無之旨ニ而不相濟仍差懸り致方無之趣を以御斷被申上候處何レ共取賄飾替候樣ニと之事ニ候へ共勘辨品無之再三御斷被申上候得は內々導有之向へ借用之義賴入候處則廿挺直ニ借用整候由○十日十一日枇杷島青物市休候樣ニと之事之處止宿之輩野菜大造入用之處兩日休ミ候而ハ不都合なりと或有司云ニ而青物一兩日直上ケニ相成○寺社奉行御勘定奉行町奉行於

御道通

御日見被　仰付候樣　御旅館江再應仍御達

御目見被　仰付候旨御指圖有之（評定所西窓下ニ而並居）

○左之通板札ニ紙張表門柱ニ九日ゟ掛ケ有之（巾七寸長貳尺計之札ト云）

若年寄衆　尊壽院

御側衆　天王坊

御老中方　竹腰龍若殿留守屋敷

御庭番拾人　野崎一學

御小性八人　織田万彌

御小納戸七人　瀧川龜松

御目付五人　渡邊半藏殿

田付四郎兵衛殿并與力衆初　志水甲斐殿

井上左太夫殿并與力衆初　成瀬孟次郎

○明倫堂江講武所鎗釼方之内五十人従者五十人〆百人止宿ニ相成

○内田伊右衛門岡崎　御泊城之節従

前公　御使被遣筈之處濱松迄被遣六日ニ同所

御旅舘江著朝四ツ時前ニ其段申込候處御老中方御用不相濟由ニ而待

合罷在漸入夜五ッ時比　御使之御用相達引取候旨爲差添御徒目付壹人御中間人別役壹人相越境川ゟ他領ハ問屋場等ニ公役罷在人足不出仍之問屋場勝手へ入內々相對引合を以賃錢過分ニ出シ漸人足間ニ合繼立行兼而御觸之趣も有之ニ足附ニ而不相越ハ不念之事成ト云旅宿無之無詮方野宿之積之處種々工合紀州七里之者宿を賴一泊して歸り來候由一同難澁いたし候よし

御著

城之節金色御陣笠被爲　召萌黃羅紗地御紋附御陣褶御袴ハ紺地錦御馬乘袴か御襠高袴乎御野袴歟爾と難分り御供多僅御通行之所ニ而伺候得共混して巨細ハ不伺　御上馬（御馬鹿毛）御前後御左右九ノ目ニ騎馬尤中央ニ

御乘馬九ッ目ノ御跡ゟ騎馬御供十騎計有之御面貌御色白御痘痕少シ被爲　在御難り餘程御肥股（マヽ）　御貳拾歲ニは　御大振ニ而　御馬上御

立派之　御容體被爲　在候旨御側廻騎馬混雜且
上と御同服ニ而强而御分チ無之故御通り脇ゟハ早ク難伺分ケ心得居
候者ハ　御中央ニ金之御笠を召候を
上と奉窺候付不誤奉拜候處其無心得拜見人之內十人之內七八人ハ得
不拜して爲殘念本町通店々拜見人多く帶刀之向忍而出候輩も多分有
之ト云々

周防守殿ハ足痛ニ而始終駕籠ニ被乘御供無之御先勤計〇御供方不殘
陣笠輪貫御日印附黑塗靑漆或は叩キ塗網代笠紙捻塗笠裏金型チハ端
反平ラ目兜型網代型等ニ而一樣ニ無之大小長ガ刀多朱鞘多分有之革
覆縣ケ或緋羅紗鞘覆も有御供外之向ハ太刀佩たる如クニ刀を帶し帶
取を革長クシ肩ニ懸長刀ヲ落シ指ニして行も有陣羽織ハ織物羅紗呉
絽服猩々緋紋羅紗紋純子黑天鵞絨白絽白麻晒シ染麻生平帆木綿等物
數寄次第と見へ種々ニ而縫模樣或畫模樣紋散シ夏冬之差別無之著用

新古之品取交なり〇小袴襠高袴伊賀袴野袴輕キ者之内ハ半纒端折等種々なり〇御徒ハ猩々緋陣羽織脊ニ大軍配團扇金ニ而一ツ附是ハ一様之〇具足櫃少ク上輩ニ著長認ル有共餘札ニ具足甲胄武具物具戎衣抔とあり名前計之札も有〇歩兵隊押行節留り或ハ進ミ行合圖ニ差圖役頭取騎馬小笛を吹差圖役も同吹歩兵御行列内も鈒付銕砲之劍を不外サ持之歩兵方上下之役々都黒羅紗呉絽之服ニ而笠も如黒人馬具も西洋型を用ひ鞍なしアンヘラ馬甄計ニ而乘る人も有之歩兵ハ白木綿衣物資《モノ》具《モチ》肩ニ懸ケ或ハ腰ニ付ブリキ口藥入皆々腰ニ下ケ其外腰之廻リ種々下ケ物有之革箱ニ玉を入持是等ハ誠ニ外藩之醜夷ニ變シ候様ニ而見苦敷太皷ハ全く洋夷之用る太皷を叩キ立行其喧キ事譬ふるに物なしといふ足並能揃ひしものなり〇御先列御供御跡列騎馬多輩ニテ難算乘輿御供一向無之陣褙脊ニ五如此大文字金糸縫或白糸等地合ニ寄御目印附候由

○幕士御供一同西銕外下馬所ニ而下馬御太鼓井小筒組之太鼓歩兵隊
之太鼓　御本丸迄打入候よし
○御供向井從者且御道具御長持類押懸來り又ハ御供仕込退去之輩往
返ニ而兩銕御門内外腰懸邊之混雜いふ計なし
○御道筋ハ夫々御役人向等出罷在評定所西窓下ハ寺社奉行御勘定奉
行町奉行並居
御目見大手桝形南上座御年寄列　横井伊折介殿渡邊新左衛門殿東側ニ拜
伏　御目見有之表御番之向御行列先ニ御警衛之輩西銕御門外迄相越
脇ハ披キ蹲踞ス　御城代衆右御門外ニ而
御目見且拍子木御門外ニも爲御案内被出
御入込之節御先ハ被相越同所本町大手外桝形列衆次ニ御用列衆被罷
出
御目見有之

○扇大馬印持試之義内々御小人方江頼爲持貫候樣參政方談ニ而人別役　御本丸江相越則持試候處甚持惡ク片手ニ而押片手ニ而扣セライ持ニ致さねハ眞直ニ不立由有力之者ならでハ難持風當る時ハ殊ニ持惡ク御小人之内人撰ニ而持之事之由○御先手物頭貳騎組共御當日前後三日之間　御城内外非常廻被仰渡晝夜如右不明樣屯所江相詰長塀筋長光寺通所鷄藤師　頭組共交代相勤候由○白林寺ニ歩兵隊止宿一ツ蚊屋ニ七十人程一所の寐を釣皆きもをつぶし候由此蚊屋雲衲僧來集之時用候爲之由　御先列此比中支度隨分丁寧之處段々麁抹ニ相成平汁香之物外ニ鹽物干魚等を鮮ニ添候旨御供向木錢ハ必拂行共宿主別段酒肴等出し候ハヽ客ニ寄謝義差置候旨共懸リ之者之話也

○乙丑閏五月十九日大坂表ゟ來狀

長州奇兵隊先ツ惣勢八千と申事ニ候得共是迄之處豪家ニ而金子押借り貧民相助ヶ手附置候事故すわと申さバ惣勢貳万位ニは可相成哉之

風聞云々然處當時ニ而は長刕ゟハ備前殊之外六ヶ敷土州筑前合躰之趣高石と申邊江人數出張致し居長州御征伐之節ハ歎願等も申上御取用無之節は及戰爭候息込之趣藝州其間ニ挾り殊之外難澁之由長征ゟハ備前征之方先江被　仰付候樣之事ニ可相成噂扠々六ヶ敷世態と相成申候此節筑前ゟ京師御警衛之者交代と唱へ貳百人計大鵬丸ニ而當地へ著し候處右奇兵隊同樣之者之趣ニ而津々探索方ゟ申上殊之外御懸念先當地ニ留置京師江伺中ニ御座候依之濱川筋昨年七月中之通船留ニ相成ごた／＼仕居〔マヽ〕仕居申候夫ニ追々御先供之分著坂相成宿割混雜疊數七万疊と申取調有之夥敷御小屋出來候得共漸々疊數三万ニ不足其余ハ寺院町屋之內申付大混雜御座候

一此節播州ニ而珍事出來候趣は百姓共狐之臥居候を打殺し打寄食し候後頭取候貳人大熱ニ而卽死外人も病人と相成候ニ付狐おろしと申事を致し候へハ其妻狐の申候ニは夫の仇を報し可申然共稻荷ニ祭り躍

（原註）狐おろしトハ狐精ヲ聚テ其意ヲキクヿトミユ

を致し呉候得ハ報仇ハ止メ可申趣ニ付其通リニ致候處夫ゟ初リ一國中ニ其躍り弘まり上の分ハかの子の緋縮緬中ハ色ちりめん下ハ緋のごろうの繻絆を著し大村ハ五百人六百人も一緒ニ躍リ小村ハ百人貳百人位も押ならへて不殘躍り此節田方植込之時節をも不構躍リ候由追々押移り昨日之噂ニハ兵庫邊も躍り來り候と申事其謠乃拍子ハ「躍らぬ者ハシビン枕ニ醫師迎へ長さい〳〵長州まけるな」と申事の由又一奇ハ昨年中長州浪人ニ而當地ニ而所々押借等致し追々探索ニ而捕方被向候處傳法邊ニ而川の中芦の中ニ而切腹致し候者を不便と思ひ何人歟石碑を立遣し候處夫を殘念山と唱へ願懸致し候得は何にても相叶ひ候と申諸人群集致し夥敷事ニ相成候得は尼ヶ崎領分ニ而領主ゟ品々制し有之候得共中々聞入不申候殊ニ外之事ニ而大坂ゟ船渡し貳り有之候處渡場壹ヶ所ニ而二三百文位も利を得候事其後尼ヶ崎ゟ右石碑破却いたし候故當節ハ壹人も寄付不申候

（原書朱書）大坂御仕置場天王寺の西野堺街千日江戸鈴ケ森のことし

關取千兩幟ニ千日ニ斫タ茅とハこゝなる

其後又一奇事是ハ當節之事也當地元長州屋敷前ニ柳之木有之候處是も無念柳と唱へ是又群集參詣人有之何樣制し候而も聞入無之右柳之木を夜中爲切取候位之事

其後又千日と申墓場有之此墓場へ昨年長藩五人獄門被　仰付候首を埋め有之其所へ又候群集致し參詣人有之實ニ何之事やら更ニ相分り不申實事とハ思ハれぬ位之事にて狐狸の所作にても可有之歟又其起を取（マヽ）置する者なし唯々長之美名を爲唱候策にても可有之と奉存候以上

閏五月五日

（原朱）人ノ束（策カ）ニテ如此事ヲナサシムルコト能ハズ

○六月大坂ゟ文通之内

公邊御軍議之趣公役ゟ内々承合申候風聞之聞書

一長防兩州合五萬騎之積夫卒ハ不數

一公邊寄手之人數五々貳拾五萬騎無之候半而は十分ニ勝利無覺束段西洋之人數配方之由右之所ニ　御旗本紀州尾州其他都合拾八萬騎有之殘七萬騎不足

右之通之由ニ付是ゟ追々人數七萬騎出來迄御滯坂之由ニ有之惣勢夫卒之外廿五万騎相成候ハヽ直ニ大坂御發駕相成卽時ニ長防ニ押懸ケ候手筈之由ニ御座候何れ永く相成可申事ニ御座候

一土州ハ妻を長州ニ離緣狀を相添差送候由之處於長州答ニハ此節天幕ニ愼中ニ付請取候義不相成候付捨成殺成勝手次第致吳候樣申遣候付土州おゐても仕方無之國境ニ假ニ屋形を補ひ一男一女差添指置候由ニ御座候假屋形ト申ハ寺之由

一土州ハ一度登　城直ニ京都ニ參リ申候御所ゟ御呼寄せト申事ニ御座候

一薩州ハ未登坂不致使者も參り不申候心中不相分由ニ御座候

一淀稻葉長州浪人かくまひ置候由之處此日七人程被召捕候由

一閏五月長州願書

以手紙申入候毛利大膳家老共ゟ歎願書差出末家中ゟ周旋之儀歎出候旨ニ而吉川監物ゟ廣島迄差出方頼談致候趣等於平安藝守家來菅野肇ゟ申達候書付幷右ニ添候監物達書等長谷川捴藏迄差出候由ニ而同人差出候右は早々

公邊ヘ爲御達可相成哉猶更談判

前大納言樣ヘ被奉伺否急便を以被申越候樣存候依右三數差越之候委細は書面ニ相見候付不具候此段早速爲可相達十二時限仕立飛脚を以如此候以上

閏五月十九日

猶々本文躰之儀は二條樣關白樣陽明樣一橋樣會津侯ヘ寫差出候是迄之手順之由捴藏申達候付右之通可爲取計と存候此段爲御承知相達候以上

御達振

毛利大膳家老共歎願書差出候旨ニ而吉川監物ゟ松平安藝守迄差越候段別紙之通申出候仍右三數相添申上候事

閏五月　　尾張前大納言

寫

毛利大膳家來共ゟ歎願書差出末家中ゟ周旋之儀歎出候旨ニ而吉川監物ゟ添書を以同人家來目加田喜助森脇一郎右衛門廣島迄差越別紙歎願書兩通〔差出脱カ〕方頼談仕候尤家來共ゟ之歎願書其儘差出候儀は失敬ニ付歎願之趣意監物ゟ書取可差出筈ニ候得共左候而は事情相違も難計ニ付其儘寫取差出候吳々失敬之段厚演說仕候趣國許ゟ申越候此段申上候

閏五月十九日　　松平安藝守留守居
菅野肇

本家毛利大膳家老共ゟ別紙之旨趣徹上仕候樣末家中ゟ周旋之儀歎出

候右は此度不意之浮說を請臣子之至情難忍段は無餘義次第ニ御座候
得は厚御憐察被成下候樣於私共も奉懇願候依之別紙其儘奉備尊覽候
間可然御執成之程奉願候以上

閏五月　　　　　　　　　　　　　吉川監物

大膳樣長門樣御事元來　皇國之御爲一途ニ御大儀御名分を被爲重
天朝幕府ゟ御沙汰之御旨を御遵奉御確定被遊不誤期限被爲攘夷候處
監察使御下向
叡感を賜り實ニ無窮之鴻恩譽〔擧カ〕國感奮罷在候然處其後　御沙汰之御次
第寢前之御議論彌御確定ニ被爲在候哉と御國內之者共自然と疑惑を
生し候儀有之慨歎之餘り終ニ去秋脫走之者有之　闕下近く罷出從來
之
叡慮彌御確定相成度歎願之趣をも可仕樣子ニ付御家老被差登精々鎭
撫被　仰付尤歎願之趣ハ徹上仕候樣ニと被　仰聞有之候處豈計んや

於　闕下及妄動誠以日夜御寐《寝カ》食をも不被安御恐懼至極ニ被成御座候折柄外夷大擧襲來內外之大患相迫り攘夷も一己私闘之様ニ相成不得止一旦止戰之取計被　仰付上京之御家老共外嚴科に被處
天幕ゐ御詫被　仰上御恭順御謹愼ニ被成御座候內役人共所置不當之廉有之擧國奮懣及變動候故不得止御父子樣御出被成是非を御糺し御告諭被爲在漸鎭靜ニ及ひ候付愈以御恭順御謹愼ニ被成御座候次第ニ御座候然處近來御父子樣御悔悟之躰無却而不容易企有之或ハ　幕府之御爲ならさる義を外夷と相謀候なとゝ風說も有之哉ニ承及絕言語驚歎之至奉存候御家來中之心事不得明亮之儀ハ血泣覺悟相極居候得共第一　皇國之御大義御名分ニも相係り上ハ
天朝幕府ゐ奉對下ハ草莽之者共存入も可有之遺憾千萬之儀實ニ臣子之至情難忍候付此段厚
御亮察被成下右等之浮說天下後世之爲得と御取糺被成下御父子樣之

御心事明白ニ相成候樣偏ニ御盡力之程擧而奉伏願候以上

五月

志道安房

根來上總

井原主計

毛利伊賀

毛利出雲

毛利能登

毛利筑前

宍戸備前

○閏五月十四日

聖護院家來
川瀨太宰

白川殿御內
近藤治部

高松殿內
須賀井式部

膳所本多家老
北本多何某

大津石原清左衛門手代
上原甚八
村松何某
柴田亘
圓滿院宮內
池田何某
守山宿ニ而松平式部大夫用人
何某壹人
外ニ〆貳拾九人
十四日十八日兩日會津公之廻ゟ召捕壬生浪人江御預ヶ幷入獄被
仰付候事
右之面々
大樹公毒殺一味之輩之由
異ニ左之通
聖護院宮御內
川瀨大宰
大津在
上原銅藏
柴田亘
右十五日御召捕

右同日宅ニテ愼被　仰付

膳所用人 高橋勇二郎

郡奉行 高橋作彌

馬廻り 森嘉右衛門

同 關元吉

柴田亘悴 保田新三郎

同 柴田金右衛門

中小性 增田仁右衛門

同 深津逸藏

同 渡邊宗助

馬廻り 大羽俊藏

同 田中金三郎

右同日揚り屋入

用人 阿閉權右衛門

番頭 羽賀內記

同 榊原鐘一郎

右十七日揚り屋入長州ゟ從黨之由風說有之

○閏五月廿日五條橋ニ左之通張訴

この《子》尻をもり《毛利》がつめ《摶》つてなかせけり

たいよりも勇ミはだなる初かつほ

松風《松平か》にはら／＼散るや萩の華《長州萩んか》

同日蛤門ニ張訴

はんじ物　哀　長　㊇　津

○閏五月十二日出江戸來簡

今度之

御泊城嘸御賑々敷御事遙察仕候御跡勢又只今發足多分ニ御座候且又今度新歩兵三千五百人御留守中ニ御取立之由又三千石以上家來ニ千石ニ壹人宛ノ由銃隊ニ相成候筈御治定之由ニ而此節講武所ニ銃陣稽古ハ七八百人ツヽ御座候よし釼鎗之場所も悉く銃隊之溜りニ相成世間にてハ釼鎗御廢し相成候と評判仕候程之事ニ而

公邊之大仕懸驚入申候

一四文錢寛永通寶拾貳文文久通寶八文壹文銅錢ハ四文文錢ハ七文ニ通

用之筈昨日御觸出申候或人文久錢五兩程貯有之拾兩程ニ相成羨敷小生も財布を打明候處廿四文有之候百文之利益相成申候御一笑可被下候

閏五月十二日

○六月八日所聞

玄同樣日々御登

城大坂一橋公會津侯下坂之趣ハ御城書ニ相見候就夫京師御守衛ハ加賀黄門一手ニ被

仰出候由噂ニ御座候得共是ハ未確說を不得候

○閏五月武江書類

閏五月二日水野和泉守殿ゟ金阿彌を以御城附共ヘ一紙ニ而被相渡候書付寫

今度

御進發ニ付而は山城路　御通行被遊候間天氣爲　御伺

御參
內被遊旨被　仰出候間可存其趣候
右之通去月廿六日於駿府被　仰出候間可存其趣
閏五月

一紀州樣方御同朋頭ゟ爲御物語之趣
今度御先手摠督被
仰出候ニ付紀伊殿明後四日此表發向品川より手船ニ乘船被致出帆
候積ニ御座候此段各迄及御物語置候
閏五月二日

町觸
近來諸國共錢拂底差支候由右ハ銅直段高直ニ相成銅錢共釣合不宜故
と相聞候間眞鍮錢文久錢銅小錢とも夫々天然之相場ハ准壹枚ニ付相
應之步增通用可致候百文錢鑄錢之儀は是迄之通ニ候間何れも無差支

通用可致候右は世上融通之御趣意ニ候間共旨相心得萬一兩替屋共等利德之爲不都合之取引いたし候ニおゐてハ可爲曲事候

但銅小錢之內耳白錢ハ引替可相成候間兩替屋共方江可差出代り之儀は相當之相場を以可渡間不貯置差出可申候

右之通御料は御代官私領は領主地頭ゟ不洩樣早々可相觸候

右之趣可被相觸候

閏五月

右之通御書付出候間町中不洩樣早々可被相觸候

閏五月二日　町年寄役所

覺

今般御觸有之眞鍮錢文久錢銅小錢步增左之通

一眞鍮錢壹枚ニ付　步增共拾貳文

一文久錢同　八文

一銅小錢同　　四　文
但小錢之內耳白錢引替相成代り
一枚ニ付　欠
右ノ通被
仰渡候
閏五月十一日　　兩替方

○東西新聞
一紀州樣去ル四日品川沖御出帆同九日一旦御國許ニ被爲入
一去ル十八日曉八半時雨中之處此節雨間田安御殿出火奥表不殘御燒失御留守中
御場所柄けしからぬ混雜朝六半時鎭火
一旦步兵調練
上覽所ニ御披其後清水御殿ニ御移之由御門々々尤嚴重火元見火消
も不通候由

一大樹公彦根ニ三日（イ二日）
御逼（マヽ）留路程川共洪水ニ而其後廿二日（イ廿一日）
御入京直ニ施藥院に
御立寄御裝束ニ被爲
召替
御參
内御退下二條御城に
御著座
一玄同樣ニは先達而御參
内無程御退出施藥院おゐて御待受此所おゐて
御對顔之上二條に御登
城御待受猶
御對顔御用談數刻ニ被爲　及候旨

右閏五月廿二日貳人別廿三日夜著

○閏五月廿五日京都表ゟ差立一文字便之書拔廿六日夜著

公方樣ハ廿二日御京著直ニ

御參

內御拜等は無之趣廿三日朝ニ至リ二條

御入城廿三日四半時過大坂表ヘ

御出途相成右ニ付

御家ニも

御京著以前施藥院ヘ被爲入御待合

御對顏之上一橋樣會津侯ト御同樣

御參

內

上樣御引拂後更ニ

歸御右節

御所邊

公邊御固向夜通し講武所等之御人數何レも提灯きら星の如く尤御行列初陣羽織ニ而は無之候得共夥敷事目を驚し二日夜通しニ而御所三泊同樣大難澁乍然前代未聞之事ニ奉存候廿三日

御下坂御行列ハ尤御地同樣之躰勇々敷御儀御家ニも御下坂被　仰出きだ御日限ハ不出申右ハ廿八九日比共申又ハ彼地ニ

御宿陣無之候付右次第次第共申候御作事方は明曉出立之趣相聞申候

全く

御上京御上坂ニハ無之眞之

御進發御軍行ニ相成候由ニ而

御下坂之上長州ゟ

御使被

仰出候哉ニ専風説實之樣子ニ相聞イヤナ事ニ相成申候色々申上度義
御座候得共何分廿日以來日々之
出御ニ而仕埋等重勤ニ而敗北不行屆後便万々可申上候以上

閏五月廿五日

○閏五月八日五半時呼御馳走所御談左之通

今度
公邊御用之儀は申上迄も無之追例等之御格合も不相分御奉行所おゐ
ても殊之外御心配就而は御供列之面々止宿之儀
御曲輪内外ゟ寺々を初町々等ヘ宿割御取調之處比日
公邊御宿割御役人衆到着之上名古屋繪圖面を以場廣ニわりましニ相
成仍之宿相勤候町々只今迄も取調居候夫ニ付右宿々ヘ仕出シ附屬町
々之儀兼而申談置候通今般ハ不一ト通やうゐならざる義ニ付其段吳
々相辨一所懸命深切を以御執成可有之候樣いたし度此段念入相談申

置候尤右場所ニ而酒抔給候事ハ無之樣致度候

一町々端々とも火之元之儀尙又大切ニ入念麥から等取仕舞方氣を付ケ候樣急度申渡置可有之候且又人足ニ出候者實意を以神妙ニ取扱不都合筋無之樣支配内ゟ不洩樣申諭有之度候

閏五月八日

〇五月廿一日御城書ニ

御名

御使番 中根平十郎

代 鹽入義十郎

此度御供ニ罷越途中ニおゐて不束之義有之候ニ付御役

御免差扣被

仰付候

右酒井飛驒守宅ニおゐて若年寄中出座同人申渡之御目付淺香傳一郞平岩金左衞門相越申候

異說ニ亂心ニ而召仕手討御老中方〻切込騷動鎗伏にして取押ト云

○乙丑閏五月東武出來

桐の華晝寐の夢ハさめやらす　上

手ニ入次第夏菊ハさく　蓮宮

大仕懸隱居細工ニ目論見て　前水

滅金て有ふ屋根の鯱　毛膳

哀れさハ相伴衆の家の月　毛門

萩ハみぢんニしたる猪　田玄

出水から案山子ハ何所ニ漂うて　桑越

此禪もしめぬにハまし　松豆

我思ふ半分きかぬ膃肭臍　酒雅

かゝたはミ草ハ何になるやら　橋一

取退の無盡ハ親の算違ひ

浪人一座ヤツト納まる　酒左

緣頭さすカハ堅イ鍊造り　肥川

大炊な遲も月日落城　松炊

城廓ハ天狩《狗カ》荒レとて大なしに　水

皮ハかふつて下主の後悔　松春

上布賣仲間に鼻を明セけり　轡

つゝけば蛇の出さうな藪　奧仙

折入て評判の伊井二の替り　江彦

舌を二枚に遣ふ鍊漿　栄卿

兄のため夫の苦勞いかはかり　香

御恩冥加に屹度忘れぬ　鍋閑

松魚ふし大きい片身生臭く　土容

扇ならすもちよッと一癖　秋佐

忘八屋の親仁とたんハ九分勝　島三
あかるくなりぬ眞のよい蠟　會津
水の意趣草葉の陰て返すらん　古掃
あへなき最期身から出た錆　武耕
新田のよいのて家ハまタ月ぬ　因
鶴さからハす渡る松風　南
子の不出來貌ニ散たる梅紅葉　加
門倒しても最負又する　諸藩
一廉な奉公ハする小倉縞　豊倉
わるい水には染ぬ藍玉　阿
大木の松のみさをに保つ華　樹
ひるかへりたる鎧蝶々　備

○

今度
御進發ニ付
御方々様方　獻上物
前大納言様方
濱松御旅館に　御小納戸頭取内田伊右衞門御使として
砂糖　壹箱
葛　同
元千代様方
御泊城之當日
大鯉五本　貳桶入
御杉重　壹組
前大納言様方
玄同様

御泊城之當日

杉御重　壹組ツヽ

元千代様ゟ

御目見ニ付

御刀　山州信（ヒ）國行　延享二年丑折紙
代（イニヒ）千五百貫

鯛　壹折

前大納言様

玄同様ゟ

御目見ニ付

鯛　壹折ツヽ

代金貳千疋ツヽ

元千代様ゟ御内々

氷砂糖　壹箱（イ壺）

交御肴
前大納言様ゟ御内々
御短刀　長谷部信國行ヒ
寛政五年丑折紙
代金七十枚
交御肴
玄同様ゟ御内々
虎皮　壹枚
交御肴　一折
貞愼院様ゟ（イニ鯛一枚）
前大納言様
御簾中様ゟ
玄同様
御簾中様ゟ
壽操院様ゟ

（原書朱）
於江戸表為御餞別御老中ゟ被遣
元千代様ゟ
袴地三反　粕漬（魚脱カ）●一桶
前大納言様ゟ
手綱三懸　右同斷
玄同様ゟ
手綱七筋　味噌漬魚一桶
於江戸表為御餞別若年寄衆ゟ

交御肴　壹折ツヽ
（高須）範次郎様ゟ御內々
熊之皮
元千代様ゟ起宿
ニ而御內々
杉御重　壹組
御菓子
交御肴　一折
御老中衆ニ
元千代様
前大納言様ゟ　鯉弐本ツヽ
玄同様　杉重壹重ツヽ（朱書）但御菓子
若年寄中ニ

袴地三反　粕漬魚一桶
前大納言様ゟ
手綱二懸　右同斷
玄同様ゟ
手綱五筋　味噌漬・（魚脱カ）一桶
於江戸表爲御餞別御側衆ニ
元千代様ゟ
御菓子一箱　粕漬魚一桶
前大納言様ゟ
粕漬魚一桶
玄同様ゟ
味噌漬魚一桶
（以上原朱）

右御方様ゟ　鯉貳本ツヽ

御東ニ而　杉重一組ツヽ

御老中衆ゟ

右　手綱廿筋代金三拾兩

御三方様ゟ　味噌魚壹桶ツヽ

御乗合　陣羽織地一ツヽ

若年寄中　小丸蠟燭千五百挺ツヽ

御側衆ゟ　幕地拾疋〔イ五反〕ツヽ

(原朱)異ニ

御側衆五人ゟ

立聞三懸ツヽ

松平伯耆守殿ゟ

陣羽織地一　肴一臺

遠藤但馬守殿ゟ

陣羽織地一　菓子一臺

起宿ニ而

御老中衆計ゟ

前様ゟ
鰹節　一箱
銘酒　一箱　ツヽ

閏五月
○御進發三日前御老中〻三尺余之新製鉢ニ御肴として金貳枚宛入被遣候由若年寄〻も同斷歟

○乙丑閏五月十三日
加州上京行烈コ、

鐵砲廿挺　騎馬　櫻井幸平
釣具足
同　同　杉浦與左衛門
同
鐵砲拾挺
同
同　同　中黑六左衛門
釣具足

鐵砲廿挺
同　同　田邊甚太夫
同
釣具足
青貝鳥毛廿本　半比勘兵衛
釣具足
手筒拾挺　同　成田外記右衛門
同弓廿張

同吉田治太夫　馬　騎馬弐人　鎗弐本　馬二疋
立傘　中納言駕籠　騎馬一
釣具足　挾箱　黒鳥毛壹本　徒駕籠脇共百人余

供鎗九十五本　騎コ、馬　梯崎石之助　同服部疋左衛門　同溝口半平　同恒川所左衛門
馬五疋

馬一疋　鎗四本　馬一疋　供鎗
馬　同篠原勘六　鐵砲廿挺　廿六本　同奥村因幡　同岡田與一郎
鐵砲七挺　供鎗九本　鎗四筋　引馬　同奥村甚三郎

同成田主税　同山崎守衛　同笠間小源太　同酒井正之助…………
同岡島左膳　同篠島平次右衛門　同今村五郎兵衛　西川喜之助…………
…………

馬四疋　鎗弐本　ゲイル七十挺　鐵砲百五拾挺
同多沼要人
鐵砲五十挺　鐵砲拾挺　騎馬三十二騎　ゲイル七拾挺

長持九十五棹

其外荷物等ハ數多有之

建仁寺宿陣

○木曾山拔注進

以急宿繼啓上仕候暑氣相増候處益々御壯盛可被成御勤役奉敬賀候然は頃日中雨天打續殊ニ十七日大雨ニ而山々谷々出水木曾宿々往還欠崩れ山拔押出し流失等夥敷容易に繕出來不申妻籠宿抔橋々流失十五六日にハ迚も往還通路難出來趣申越宿方之儀も鹽澤橋之所山拔押流し往還深六七尺長拾四五間欠崩幷くらかり澤橋流失峠峰山拔往還に押出し其外所々多往還筋河原之とく相成容易ニ通路難出來三留野須原ニハ別而大水損崩等にて人家押流し岩石多く往還に押出し候趣前代未聞之大荒ニ御座候間御國許ゟ中仙道御通行人馬ハ不及申御荷物無之歩行御通行之分も追而往還通路相成候樣普請繕候段御爲知申上候迄ハ木曾路御通行御見合東海道御振替被成下候樣尊公樣方ゟ其御

筋々に御願達被成下候様御頼申上候惣而御家中様ニ不限右之趣御話
被下木曾路通路之義御見合ニ相成候様被成下度奉願上候此段御願申
上度以急書如斯御座候

閏五月廿日

馬籠宿問屋　島崎吉右衛門
同　原茂十郎
問屋後見年寄　大脇兵右衛門
外役人共

右之通申越候間御達奉申上候

人足問屋　水谷與右衛門
同　服部信藏

乍恐庄屋平兵衛方御達申上候付見聞之趣をも豫メ奉申上候尤承込
候儘ニ御座候間御見流し可被成下候
全躰當年ハ先五月數度之出水も候間庄屋方も御達申上度様ニ申候内

謗カ
勤
勤

上様御通行旁及延日不計消光仕候内今般之出水と相成申候當年ハ出水之度々水足之様子不容易見請心配仕候處隣村曲村文四郎と申者私方江參り當年は油斷不相成水勢之烈敷様子合點不參趣申聞候付野子も愚考仕心配いたし候内如此仕合ニ御座候近比美濃地一圓人氣甚不宜奉恐入候義を相傍万端江付只々自分勝手而已ニ御座候間如此天罪を蒙り候事と相見申候木曾川ゟ入水ハ寛政十午年無勤寺村と申すゟ上手ニ而六ヶ所切入其節一同恐怖仕り大ニ人氣立直候趣愚父ゟ承居候共後文化十二亥年洪水ハ長良川通りニ而岐阜忠節と申所ニ而切入申候此節ハ上白米百文ニ壹升六七合と覺申候仍之少しも驚キ不申候當年ハ格別高値ニ而御座候處右之次第何分木曾川通り留切不申内ハ田畑共不作と奉存候圓城寺村當輪中ハ余程之高低御座候付誠ニ以大難澁ニ御座候

一圓城寺無勤寺米野高屋等ニ而六ヶ所切入長合七百五十間と申事ニ御

座候圓城寺村ニ而ヤジヤマ某本家新家三軒其外小家十七軒流失此ヤジヤマ屋三軒ハ餘程之有德ニ御座候又中村屋市三郎と申者是ハ邑中ニ而指折之大家ニ而金貸と質物と糸と羽二重商賣ニ而京店も有之此者居屋敷不殘流失之由ニ御座候

一足近輪中ハ南宿と小あら井村の間ニ而切入此袋水同輪中西粟野村と申所ニ而長良川ゟ切出シ申候此足近輪中ゟハ木曾川ゟ最初切込候由水勢自然と相立減水遅く相見申候

一圓城寺村ハ下手ニ付當節ハ格別水落も無之趣ニ御座候

一米野村場所六ヶ敷候樣子ニ御座候入水場所百八鄕是ハ長良川木曾川落合場所成戸村と申所ニ而凡五百間余切入候由

一高須今尾廓大浦輪中正木村と駒塚村と二ヶ所切入

一足近輪中南宿村ゟ切入アハノ村ニ而切出し

一無難之輪中ト申ハ桑原羅俣輪中大垣邊森部輪中聊障り無御座候由

一一番ノ御迷惑ハ加納様ニ而城附弐万石不殘流失之由右乍恐荒増見聞
之趣申上候猶追々委細可申上候敬白
閏五月廿一日　　狐穴村　壯右衛門

○狐穴付ヵ達書
當月十六日十七日强雨ニ而木曾川壹升余之大水ニ而翌十八日坪內美
□守樣御領分前渡村下切村米野村初當御領圓城寺村御堤平越七ヶ所
切入水下ニ而ハ加納領初足近輪中御堤平越切入當輪中ニ而は南及村
駒塚當村共三ヶ所ヵ切入輪中一圓入水仕候しかしながら竹ヶ鼻輪中
平方ハ不思議と相遁申候
閏五月

○狐穴村儀太郎の話ニ
圓城寺堤五百間余切
米野村ニ而四人流れ死

下きり村三十七人流死
前野村家居流れ井人數流死等之義今以更ニ不相分ト云

水
それ見ろと艸葉の影て隱居いひ

尾
下司口で味のわからぬ大根哉

土
たゞ草に煮出しにならぬ鰹ふし

加
智恵のないかゝハ位はいの前てなき

春
雪深ナ國ハ夏でも冬籠

武
萩苅ハ昔の原と成てある

仙
政宗と胸ニ目釘を〆て居る

武
横濱て流れ込川壹ツ有

薩
いャナやつまむしでのわるの轡むし

獄
よしこの
京の天氣かぐれつくゆへに萩と薄《スヽキ》のもつれあひ

進發を當字に書ば神の罪〔爵カ〕
異國成就武運長州ゲン同安全
○五月廿七日出江戸來狀（木曾廻ニテ閏月七日延着）
去る十六日
御進發御當日御供之衆多人數ニ而品川宿も一杯ニ泊り相成右ニ付千住宿ニ一泊之上翌日市中通行漸其夜品川泊之由右ニ付而は御道中も嘸々混雑可致
御國表　御泊之節別而と思ひやられ申候
一御道中ニ而珍事少々有之候一寸承候付申上候
四谷天王横町
御小性組酒井安房守組
高七百石　押田織部　三拾才
大森山本茶屋ゟ江戸方ゟ五六軒程手前往來ニ而右織部亂心いたし家來橋本卯之助ゟ爲負疵右之頭三寸程一ヶ所脊骨八寸程又貳寸程

壹ヶ所都合三ヶ所有之

藤澤助鄕人足
堀田相模守樣御預所川名村百姓
安右衛門

此者山本茶屋軒下ニ而即死右安右衛門義襟首五六分通被切落咽突疵一ヶ所有之脊ニ疵所有之樣子ニ候得共仰向ケニ倒居候ニ付分ら兼候

右織部井上志摩守隊通行先ニ而亂妨被致候付右隊之內突留之由ニ承り候

○六月二日浪華　御城書

毛利淡路吉川監物ゝ相尋候儀有之候間大坂表ゝ罷出候樣申達候付道中筋無差支相通候樣可被致候尤松平安藝守家來附添相越候筈ニ付得共意共筋々ゝ爲心得可被申渡置候

六月二日

○六月廿九日浪華ゟ水野正遠子ゟ文通之内

住吉之祭禮も乍存得相越不申候

住の江を思ひやりつゝ我門の川瀬に立てみそきせしはや

○六月十七日江戸状

一昨十五日夜大風雨所々倒木も有之貴地如何

一小梅之小倉庵亭主大盜賊ニ而被召捕中候御旗本御家人夥敷連中被召捕中ニは昨年迄奥御右筆勤人も有之右連中之頭ハ婦人ニ而廿三才是迄三四人殺害いたし候由今度金座ニ忍入定印無之金を盜吉原ニ而遣ひ夫ゟ露顯ニ相成しと云

○六月廿九日出難波來簡

一橋様ハ先日御歸京之上再御下坂當時此表ニ御出日々御登城之由會津侯ハ先日歸京之儘之由長州ニ之上使ハ小倉迄塚原被相越候哉ニ承候御手洗幹一郎殿は實病ニ而歸府之由御目付介ゟ差添とか

申事ニ候　御主意ハ三末家を浪華迄被爲召候由ニ相聞候由此度ハ日々御登

城有之候得共更ニ相洩候義無之奥なとにても内談別席などボソツキ更ニ無之御獨斷ニ被遊周旋家と申も無之故何事も不洩と申事ニ候いつれ長さふニ相聞申候○三八之日ハ午時御供揃ニ而講武所ゟ被爲入西洋鞍仕立御乘馬之由騎兵頭衆御指南被申上候由相濟而御登　城一向御不出無之今日迄ニ唯二日御不出御座候由閣老方ニも殊之外御ふ《マ》く《マ》さの由○講武所ゟ玉造ニ而右ゟこなた世話役衆も出席尤新式之方ニ而方陣造りなから發砲ソコヘ撤兵二隊も出候由或ハ寐返り而玉込又は横ニなりて打出スなとの躰實ニ熟し居候由ニ而感服之由都丸辻銃靑金なとの話ニ承候○廿八日廿九日住吉祭禮町々家並提灯出候毎年ハ車樂も有之候處遠慮か無之候○紀州樣御在坂之由此節ハ御引込とか申候○白米壹升貳百七拾貳文五文九文位魚類煮物尤高直○或人

筒袖樣の物拵へ候とて見せられ候ヶ樣の品も比日松前侯ゟ形來り
御召抔も御出來御登　城之御服ニ而夫ニ銀の端反御笠丸で唐人ニ候
との咄し至而御請宜大ニ御力ニも被爲
思食候由ニ而いつれ此御重事件彼爲濟候ハヽ
御參府ニ相成可申ハ必定との事ニ御座候

○長州國境

制札之寫

防長兩國之大守毛利大膳大夫萩宰相

請

皇國神詫マヽ

一　天萬乘之
君を奉守護犬羊同樣之外夷欲打殺之故恨之我城國江軍使差向候者
上使たりといへとも生返シ申間舗候制札仍如件

閏五月

○木曾上松東山御伐出場所ゟ出張之者より書簡

先比已來之連雨宮越邊ゟ三留野邊までの大荒難書盡往還田所等ハ勿論橋々家等大そふ流れ其內家は流失は左程無之半倒數多出來錦織邊も同樣之荒ニ而同所川向へ足戶村と申所家數三拾九軒流失之山當山奥上松の山奥も見分仕候處大層之拔出有之小拔ハ所々ニ有之木曾路何れ之山ニも少々之拔ハ數不知且右等之荒レ永々之雨ニ而米相場格外高直ニ相成此邊ニ而は兩ニ壹斗七升程之相場ニ御座候右相場ニ而は中々賣る者無之宿方之者之必至難澁相成當時壹人ニ付一日三合ツヽ小賣致し夫も切手ならでハ不行屆候由古今未曾有之時節ニ相成申候云々

六月十四日

○將軍樣御作ト云

叅詔行過豆相際　仰看富嶽玉峻《峻カ》嵋
勵《本ノマヽ》尊鎮在九重上　比德此山高一層

○松平伊豆守殿ゟ御直ニ被指上候事

德川玄同殿

今度御旗本
御後備御心得被成候樣被
仰出候ニ付而は格別重大之御儀ニ付御召連被成候御家來御人撰ハ勿論軍事ニ抱《マヽ》リ候儀は元千代殿前大納言殿御家來之內ニ而も無斟酌御一家之內御見込之者ハ御撰擧被成御賞罰共國家之御爲十分ニ御心力を御盡し候樣被在之候樣ニと
御沙汰ニ候事
右之通
御沙汰之趣玄同殿及御達候間御見込之者御召連相成候節自然御差支

御次第も可有之哉候得共格別之御用柄ニ付御跡之處ハ如何樣ニ歟御差繰被成置候樣元千代殿前大納言殿ゟ爲御心得可被申上置候事

○六月廿七日出大坂ゟ書狀

是迄江戸講武所

公邊銃隊調練之御場所ゟ家來被差出度趣紀州初頻ニ內達有之候共不被 仰出且武場御規則替り等之御觸出候節も倍臣之儀は追而之御沙汰と迄ニ候處今度玉造口講武所ゟ

玄同樣御家來二七ノ日並打込修行之儀

御直ニ御願ニ相成相濟誠ニ難有御事柄ニ御座候

一是迄ハ西御堂內ニ候處此日ゟ天滿御屋敷ニ調練場出來相成候事

一御出張之節ハ無御手支金子調達仕度趣加島屋

玄同樣ゟ願出候由之處尤 御滿足

思召候よし

○閏五月廿二日夜
今日御皆簾二條殿下ヲ以て
大樹公ゟ直ニ御綸言之寫
　詔之寫
朕召長門父子而不至則伐之
朕欲召長門父子汝糺之而無辭則誅之
朕欲召群藩汝滯京洛依所衆言之歸而期誅伐則之善乎
　撰汝退而此三者

公方様ゟ被下候
御製
二百とせの野守のいほの姫小松千代しるかれと頼ミ植しは
○六月二日東武來簡
當年ハ殊之外不順雨天勝ニ而一入冷氣朝夕六十五度位日中七十度內

外老人小児等綿入袷等著用申候晦日ゟ天氣相成候へ共未相當之時候ニハ無之隨而瓜茄之類至而少く高價ニ而日用乏しく加之錢之變革ニ而万物日増騰貴白米貳合五勺ニ至リ酒十駄五十兩之處七拾兩ニ相成只今申合中酒店休同樣一升貳朱ゟ一貫位ニ立昇可申との噂麥ハ格別下直之處同立昇り下々勞レ置去り無理死も有之噂ニ御座候扨今度之御留守ハ關門も寛々ニ而廻りも少々候へ共市中穩ニ而芝居見世物町人寄せ之類も平日之通ニ付精さへ出せバさまで難儀も無之趣ニ御座候貴地も火繩砲廢止相成候由何卒引續諸學術御開相成候樣希望仕候今般御拜借之御軍艦請取方として去ル廿七日千賀竹三郎初御軍艦所ゟ出候輩十人計築地御屋敷奉行幷支配向相越昨朔日引渡之由然處兎角間賴之事而已ニ而染々引請と申も無之衆說紛々行末如何乍陰懸念仕候其上餘程御手入無之而は航海難成御國ゟ廻し候而も此儘ニ而は叶不申何卒早行御修復相成候樣仕度此表は先此位之御開ニ相成申候

尙此上私闘かましき義無之勉勵奉祈候下略

六月二日

○松浦大人來簡

連日之梅雨貴地如何被爲在候哉定而御同様之御事と奉存候安否之略扠今般西蝦夷日誌第二編上梓仕候間一部呈上四部差上候間可然奉願候去月十六日

御進發被爲在候定而川支御道中相延比日尊地ゟ被爲入候と奉存候御取込之段奉恐察候

一十六日大森ニ而御書院番衆發狂拔刀家來一人助郷壹人殺し其內增山河內守様家來切候處大騷相成申候番頭漸々鎗ニ而突留申候又神奈川ニ而も御使番中根藤十郎燒酎に飲醉腰拔其儘御役　御免御戻し相成申候

一十七日程ヶ谷御泊之夜御小納戸と御書院番と切合ひ書院番卽死御小

納戸切腹仕

一十八日藤澤泊之處又助郷人足を大砲方之者切申候右樣一宿每ニ一段々々與行有之此上如何相成候歟御案申上候又當所市中莫大ノ御入用懸り市中大込り右ハ全く八丁堀與力同心等種々賄賂を取不相應之割付仕候由廿五日夜中村次郎八佐久間彌太吉中田郷右衛門等御役御免相成申候御用金ニ而市中も餘程直さけ新場小田原町肴之直段も下ケ候由御座候由下略

閏五月七日

○六月二日出江戸來簡

當地ハ御旗本衆三千石ニ付人數五十八人差出組合せ銃隊仕立ニ相成筈之處難澁之趣相聞候付廿八人ツヽ減し申候每月二七越中島ニ而調練六大隊出來候由明六ツ時揃ニ付戸山邊ゟ出候ヘハ亥刻子刻ゟ支度ニ懸り候由巳刻限と定り居候由無勤奇合之衆計ニ而御役相勤候衆ハ

御免之由右調練之定例ハ參著次第銘々旗ニ而調練有之其上講武所奉行同頭取教師ニ而又一度有之其節之旗ハ日之丸之由ニ而候又申候ハ當時五百石ニ付一人ツヽ講武所ヘ家來指出稽古有之是も貳千人程も寄合候由噂ニ御座候右ニ付當時風評ニ而は小石川ヘ浪人躰之者出入致し候抔又水戸御家來中山家來暇出し候抔申候又小普請も家來出し申候頭教師ニ而日々赤坂合之馬場ニ而調練御座候〇ミニイ銃筋三筋舶來價金十一兩一分江戸製ハ數多ならハ八兩壹分貳朱位ニ下落仕候横濱ニ而元込馬上砲凡十四五挺も御座候由既ニ異人ホールメントと申商ノ小使之話ニ而價ハ七十五トルと申事ニ御座候〇物價騰貴髪結四十文湯錢拾貳文二八うとん三八汁の實大根一本五十文位白米百文ニ貳合六勺上酒壹升貳朱ゟ壹貫文鉄砲直段ハ不替却而舶來直段下リ職人大困リ之由御座候

六月二日

○京都ゟ來書狀ノ寫閏五月廿三日出同廿八日江戸ヘ著

公方樣昨廿二日御入京ニ相成直ニ施藥院ヘ被爲入同日七半時過御參內今曉六時御退出直ニ二條　御城ヘ被爲入兼而昨日御參內濟直ニ伏見ヘ御下リ之御都合ニ御座候處中々左樣之御都合ニハ參リ不申既ニ今日伏見ヘ御下リと申趣ニ御座候昨日　御參內御徹夜今朝二條　御城ヘ被爲入候處今曉ゟ一橋樣會津樣桑名樣御登　城相成今日ハ八ツ時過迄御退出無之趣ニ御座候得ハ明日も　御發送も如何可有之哉と乍恐奉存候

一膳所城　御泊之筈ニ御座候處俄ニ大津迄踏込ニ而大津　御泊ニ相成申候右は全膳所家中之內暴逆之者有之地雷火を仕掛置　御泊城ニ相成候ハヽ暴發仕候企有之候處露顯ニ及ひ十五六人も召捕相成申候依之領主ゟ御屆ニ相成夫故膳所ヘは　御休泊無之候

○江戸書狀

一筆啓上仕候今度
御進發ニ付御通輿中御道中筋ゟ異人共罷出不申樣兼而御應接ニ相成居候處御當日拜見致度旨申立候由ニ付不苦拜見爲致候樣ニとの
上意ニ而御當日外國軍艦商館共凡貳百人余神奈川程ヶ谷ノ間ゟ拜見ニ罷出候由ニ御座候且又御留守中神奈川方定番役下番共五百人交代ニ而　御城ゟ相詰候樣御座候右之外相替義承り込不申候此段申達奉申上度如此候座候以上

五月十九日　柏木五十二

〇六月五日認候江戸書狀之內此節物價

覺

一白米兩ニ壹斗六升　同百文ニ付貳合四勺
一麥割百文ニ四合位
一酒壹升　壹貫百文

一鹽壹升　百廿四文
一茄子上壹ツ　拾六文位ゟ八文迄
一桃壹ツ上　拾六文
一白瓜弐朱ニ七ツ位至而高直
一炭薪も高直ニ候
以上
○六月十六日
前文略　形勢更ニ相分不申候由然處八日九日比御目付代松平左金吾外ニ壹人長州ゟ相越候由
紀州様ニハ御用之儀御座候由ニ而右比西筋ゟ御發駕之由いつれ右御目付長州ゟ著の上ならてハ相分り不申由噂御座候右躰故
公方様ニも今暫　御在城と申說之由申候
一去ル四日

玄同様御早乘ニ而御登

城幷諸大名　一橋様紀伊様會津桑名酒井河内守明石其外御老中不殘

若年寄不殘登

城誠ニ立派成事之由右節悴

玄同様御供ニ付其外諸隊登

城之躰も大手ニ而見申候處右行粧陣羽織にて目を驚かし申候右躰あ

らく矢立ニ而鹿紙へしるし候由ニ而差越候付右一紙入御覧申候何

も拜顏と艸々申上候

○今般於大坂

玄同様十八萬兩御拜借相濟候由六月廿二日右之御含ニも候哉御供

御目見以上之輩江金五百疋ッヽ被下置幷御酒吸物被下置候由申參候

○閏五月七日町觸

御泊城ニ付

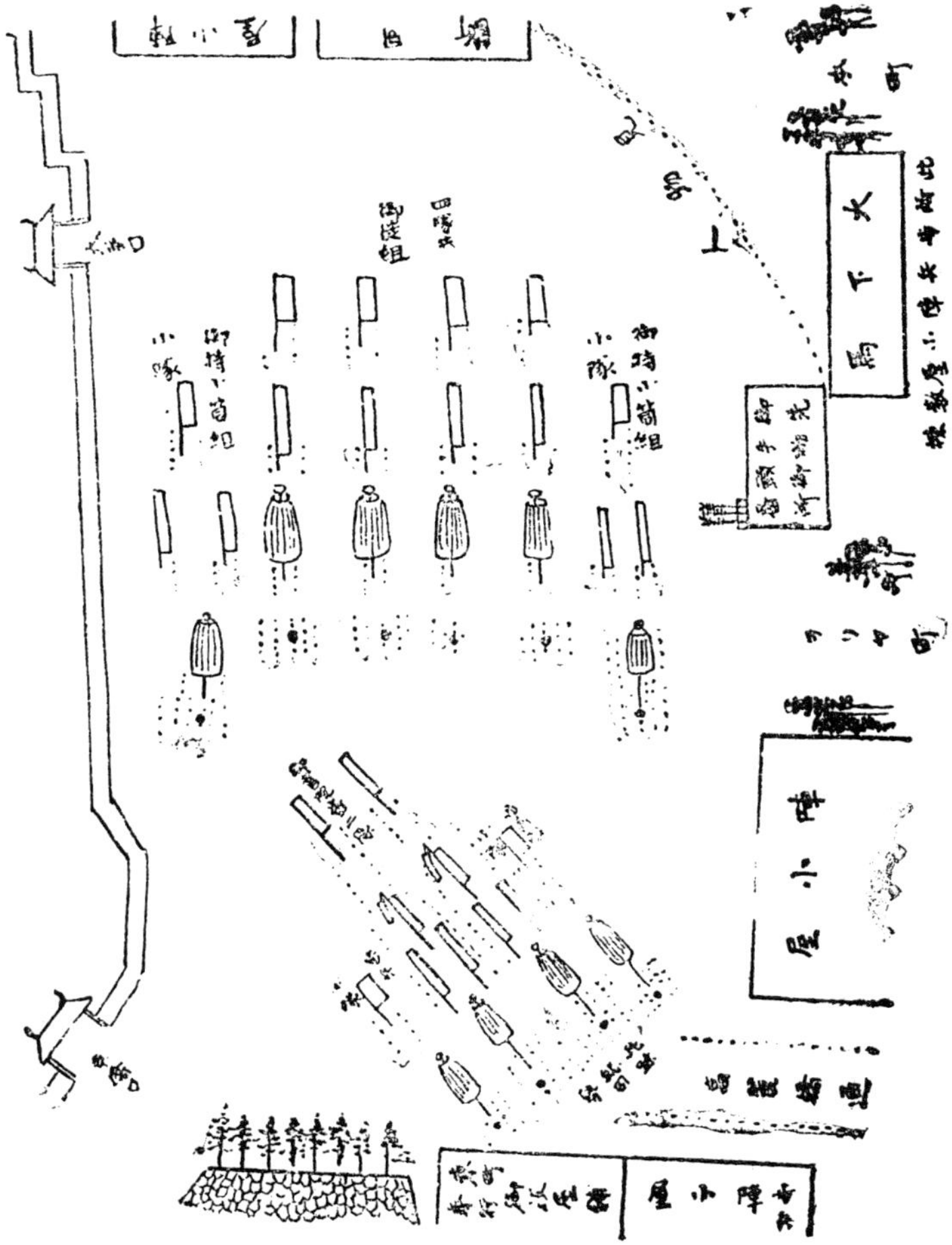
御徒組
小隊
御持小筒組
小隊
御持小筒組

公邊御役人向等都而本町大手西鉄御門之出入ニ而御番所之義も公役おゐて番居有之筈ニ付右兩御門共出入差支候間

御著　城之當朝ゟ

御出發相濟御供之面々出立相成候迄外御門ゟ出入致シ

御城ゟ御用等ニ而罷出候者共ハ都而東銕御門ゟ出入致し候筈候事

一公邊御役人向御用仍而案內筋等賴入

御本丸ゟ相越候次第等有之候ハヽ奉行所ゟ申出御門々々出入切手請取候樣可相心得候事

閏五月七月

○同八日

今度

御泊城ニ付下宿御用并公役給仕等ニ罷出候者之儀は右御用尤禁酒之心得ニ而萬端無作法之儀無之樣可相守候

（原朱）御用懸り醫師詰所丸屋久兵衛方差支ニ付河内屋文左衛門所ゟ相詰候趣追而御觸有之候事

一高聲雑談等可爲無用候
一都而公役談事容易ニ相心得申間敷候
一御泊城中御供之面々病用爲手當御用懸り醫師廣小路柳薬師隣大橋壽作小田原町丸屋久兵衛右二ヶ所ニ相詰罷在候間若病氣之向も有之醫師相招度旨申聞候ハヽ早速申入其段奉行所ゟ可申出候
一髪結呼寄度節は櫻之町通本町東ゟ入金兵衛長島町壹町目綱平長者町六町目梅吉所ゟ可申越候
一草鞋馬踏入用之節は左之者所ゟ申越可取寄候

永安寺町之内七間町東ゟ入北側　近江屋善左衛門

小田原町之内長者町西ゟ入北側　井桁屋平兵衛

車町之内桑名町西ゟ入北側　花屋喜兵衛

下長者町之内袋町下ル東側　山城屋悦治郎

一下宿々々ゟ人足操入候ハヽ其者假料之筋ニ不取扱能々勞置可申候

一何事ニよらず臨時替候義其外難決事共之儀は奉行所又は惣町代宅ゟ申出可任差圖事
一病氣等有之節馬醫呼寄方之儀は奉行所ゟ可申出候
右之條々今般御用相勤町々おゐて篤と御辨違却之筋無之樣可相心得事
閏五月八日申上刻
○同九月大急キ
明十日可被爲遊
御泊城筈候處一日御延引相成候事
閏五月九日
○同日
今度
御泊城之前後共御老若通行之節片寄扣可罷在事
閏五月九日

○同日御傳馬所ニ而聞
公方様濱松城ニ一日
御逼《マヽ》留被遊八日岡崎宿ヘ御著
御泊城翌九日
御逼《マヽ》留之趣岡崎宿ゟ竹挾を以九日卯上刻申來候
御出發御日限ハ追而可申達事
○同日
公方様九日池鯉鮒
御泊之儀岡崎
御逼《マヽ》留之上鳴海宿
御泊ニ御振替被遊候旨同日被
仰出候趣ニ付鳴海御本陣御飾付驛口御番所を初萬端差懸り候　御用
向ヘ御陣屋ゟ八日申下刻早駕ニ而早川清八郎殿御勘定所ヘ打合被相

越候同夜大和町入井市兵衛方ニ休息被致候内ニ岡崎
御逼（マヽ）留之注進聞取九日辰上刻早追ニ而歸陣

○同十日　飛切大急キ

公方様御泊城之儀彌明十一日之筈候

閏五月十日

○同十日

何事ニよらず世上之風聞浮説等雜談致間敷儀は勿論之儀ニ候處今般
御泊城ニ付町々御供之旅宿ニ相成候付自然浮説雜談等ゟ行違之筋出
來候而は以之外之事ニ候猶更急度相愼一切浮説等申間敷候
右之趣下宿相勤候町々其余亭主代等ニ罷出候町々之儀ハ別而心を添
如何之義無之様可相心得事

閏五月

○同日

御泊城ニ付御道筋締方之儀差懸り公役ゟ御緩成次第申談相成候共兼而相觸置候通相守聊忽之筋ニ可《不カ》相成樣可心得事

閏五月

○同日

御當日御供方之衆夫々下宿ゟ至《マヽ》著相成候ハヽ明朝繼立人馬員數之印鑑申請別紙ニ宿主名前認右印鑑ニ相添左之方角割之會所ゟ持參候ハヽ右會所おゐて切手ニ引替可相渡候間右切手を以問屋差圖之場所ゟ相越人馬可請取候尤締心得居候者も差添相届筈候宿元ゟ請取候上は他行等一切不相成段精々可申聞置候

但名古屋清須稲葉莊原四ケ所合宿ニ付本文印鑑四ケ宿分請取筈候

繼馬請取候分可申出　傳馬町

御城幷三之丸評定所
明倫堂初可操込分　長者町
人足問屋

本町通京町角ゟ下枚道分共可操込分　人足會所　定日會所

京町通并枝道入込之分共可操込分　同　車町　大津屋善六

（原朱書）

急觸

今日御共之輩到著次第四ヶ宿之印鑑申請方之儀觸置候處右印鑑ハ此表ゟ繼立候印鑑壹枚ツヽ申請候筈其余之儀ハ冣前之通可相心得候

閏五月十一日

（以上原書）

一御供方之衆出立相成候後直様座敷向初見廻若諸色取落置候品も有之候ハヽ木札ニ泊り之姓名并御役名共相認メ傳馬所江差出置其段節々奉行所江可申出事

但御先列御跡列之分も同様之事

右之通夫々相心得不都合之様可取計事

閏五月十日

○御當日御泊之町々御傳馬所年寄役夫々役割左之通

森本善七

伊勢町通

伊藤半兵衛

呉服町通

加藤東左衛門

高坂善右衛門

七間町通

伊藤甚助

青木與三治

佐藤理助

本町通

村瀬善七

傳馬町迄

山田正助

鈴木九助

本町通

傳馬町下

長者町通

杉之町通

長島町通

傳馬町通

桑名町通

伏見町通

宮戸九兵衛

古田茂兵衛

服部與三治

足立彌兵衛

小栗市三郎

志水孫十郎

石川太兵衛

吉田傳藏

堀田清右衛門

佐藤仲右衛門

平子德右御門

日比野茂兵衛

中村芳藏

御園町通
正万寺町通
元材木町通
鹽町通
魚之棚町
京町通
茶屋町ゟ五條町迄
京町通
本町ゟ東大津町迄
御傳馬所詰

杉本太兵衛
伊東喜兵衛
水谷文左衛門
伊藤九郎助
榎並庄兵衛
入井市兵衛
丹羽太兵衛
吉田吉右衛門
杉山次郎右衛門
渡邉喜兵衛
鬼頭治平
野村傳左衛門
伊藤重次郎

○御繼立人馬入用高

五月五日立
一 人足千百拾九人
馬 六十九疋

同六日立
一 人足千五百六拾弐人
馬 八拾三疋

同九日立
一 人足五百二十七人
馬 百七疋

同十一日立
一 人足千三百廿五人
馬 百七十一疋

五月十三日
一 人足千七百六十四人
馬 四十一疋

名古屋通行之日並
五月廿三日御泊

同
五月廿四日

同
五月廿七日

同
五月廿九日

同
閏五月二日

同十五日
一 人足千六百五十三人
一 馬 八十疋
同十六日御中軍御立
一 人足三千貳百七十二人
一 馬 百五十九疋
同十九日立
一 人足六百拾人
一 馬 貳百五拾疋
同廿一日立
一 人足千八百〇七人
一 馬 百六十一疋
同廿三日立
一 人足拾人
一 馬 壹疋
同廿五日
一 人足拾六人
一 馬 壹疋

同 同 四日
同 同 五日
同 同 八日
同 同 十日
同 同 十二日
同 同 十四日

同廿七日
一　人足六百九人　　同　同　十六日
　　馬　三疋
閏五月二日立
一　人足千七百八十人　　同　同　廿日
　　馬　四拾疋
丑五月

御本丸
御上洛御殿之記
　御本丸東向之御門口石　三間半余 高壹間程
御玄關門入口切石也
　右之御間　竹虎　狩野永德筆
御對面所
　加茂競馬之圖　又平筆

御書院

左甚五郎彫物　狩野古法眼彩色

御床廻リ　古法眼之唐畫圖

御湯殿五間五間惣檜木ジャコウザン

御風呂初葛之蒔繪

水こし湯次共同様

右ハ

神君様御入湯被遊候由ニ御座候

清須より御引越相成候

黒木御書院　秋（周カ）文筆

御天守之下

有石

九尺計

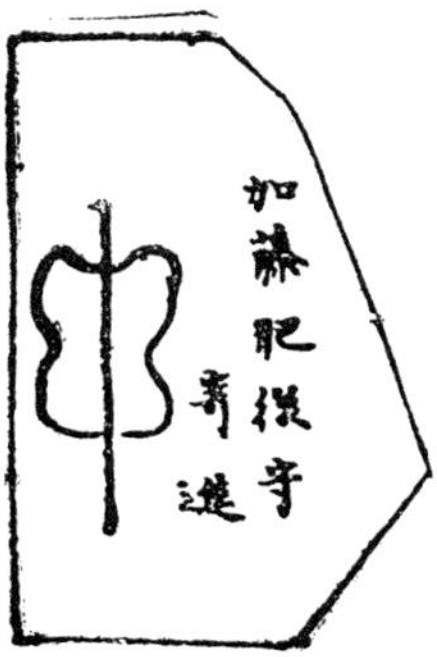

御天守上り口鈖高塀三十間程
御成間下ニ三間有之由

井戸之圖

○心得書

一米相場尋有之候向之義候ハヽ兼而傳馬所ゟ公役ニ相達置候左之相場之趣申答可申事

一兵粮焚出之儀壹人白米貳合宛之積り先方ニ辨當箱等有之右入物ニ相詰若入物無之向ハ竹皮等ニ包梅干香之物又は鹽氣之物添可申筈ニ付差略取計可申事

但右ニ付公役ゟ木錢米代拂之分又は切手差出可申哉ニ付差出候ハヽ請取帳記いたし預置可申事

一夜具蚊帳行燈風呂損料等拂方有之向ハ公役引付之通請取末始帳記いたし置可申事

一木錢　上分壹人ニ付三拾五文ッヽ　下分壹人ニ付拾七文ッヽ　馬壹疋ニ付三拾五文ッヽ

一白米百文ニ付　四合宛　壹升ニ付　貳百五拾文ッヽ

但一度貳合五勺ッヽ之割を以可請取筈一泊なれハ五合之筈

木錢米代之儀は公役衆思召次ニ而御渡有之候ハヽ請取可申筈御渡無之候共譯而御催促ケ間敷義申上ニ不及事

一當時錢相場金壹兩ニ付　六貫五百文

丑五月　御傳馬所

北側

御小納戸　御作事奉行　御書院番組頭

御持組同心　御武具奉行

御持組與力　御武具奉行支配向
御作事支配向　御書院番組
役々人足共　御書院番頭

○京町通本町ゟ五條町迄宿割
南側
御徒組　御持組同心　御書院番組
御徒組　新番頭
御小性衆十人　新番與力
御先手與力　新番同心
御先手同心　御小性組　伊藤九郎助
御先手頭　御小性番頭　榎並庄兵衛

○閏五月十八日御跡列之内御泊宿割
一講武所長持兩懸　高田本坊

五拾三人程

一御小性衆長持兩懸

十八人程

一御小性組頭取

但供十四人程

御小納戸衆

一御納戸衆　共

五拾七人程

御持筒頭

御徒組頭

御徒組

本　町　通

同斷拾貳人

縫屋

治平

慶榮寺

堀江町北　延米會所

鹽町南　同斷

入井市兵衛

南

御徒組組頭
菅間半兵衛様
加藤作右衛門様
上下四人

伊勢屋
德兵衛

茶屋町

御小納戸ノ川左近將監様　上下四人　御馬壹疋　笹屋治郎平

御小納戸頭取
野田下總守様
横山紀伊守様
荒尾大和守様
服部加賀守様
上下十六人
十五人
六人
十二人
伊藤次郎左衛門宅

御小納戸
鈴木攝津守様
宇田川平七様
川田助兵衛様
川口志摩守様
須田淡路守様
上下
十三人
十九人
十四人
十四人
七人
同　人店

〆百拾六人
御馬九疋
同　人
仕切場

同　人

右
御下宿六人
柏屋
嘉　八

御徒組
山口鉎之助様
菅間房二郎様
龜山卯太郎様
岡本錄三郎様
上下六人
指物屋
五　兵　衛

御徒組
栗生銘吉様
組合六人
木地屋
清右衛門

御徒組
茂呂金平様
組合六人
葛
治屋
兵　衛

同
加藤孫七郎様
組合六人
木地屋
熊　治　郎

伊藤次郎右衛門
物　置

同　人　扣
物　置

長者町通

石川様
御下宿
八人

樽屋
孫助

同断
七人

田島屋
中五郎

茶屋町

宮崎様
御下宿
四人

常盤屋
文治郎

吉兵衛

御徒組
鈴木増之助様
岡本金吉郎様
安香幸之助様
三枝喜與祐様
上下六人

錺屋
賀美

御徒組
宮崎七郎右衛門様
上下拾九人
御馬壹疋

山口屋
久治郎

長者町通茶屋町支配之家尻きセ
宮崎様下宿

同断
吉太

町内會所
菱屋忠兵衛

大和町

坪内豊前守様 下宿 拾九人　縫屋 佐助

御小性衆 池田伊豫守様 上下拾五人　藤倉屋 とう
同 坪内豊前守様 上下八人 御馬壹疋

沼間様下宿割宿	保田様下宿割宿	池田様下宿四人	同 三人	同 四人 町通大和町支配之 長者町 家
徳三郎	佐助	理助	せみ	徳兵助

御小性衆 松浦越中守様 上下拾壹人 御馬壹疋　石黒 濟庵

御小性衆 諏訪安房守様 上下拾四人 御馬壹疋　入井市兵衛

同 依田伊賀守様 上下拾九人 御馬壹疋　同人

同 跡部備中守様 上下拾貳人 御馬壹疋　山野屋 鎗太郎

御小納戸 山崎健治郎様 上下五人
同 松倉九一郎様 上下七人 御馬壹疋　絽屋 卯兵衛

御小納戸 福村粂之助様 上下拾壹人 御馬壹疋　山口屋 吉右衛門

門奈様下宿 五人　永樂屋 太助

御小納戸 門奈傳十郎様 上下拾人 御馬壹疋　鈴木 新八

御小納戸 永井内記様 上下六人
同 松平忠次郎様 同 六人 御馬壹疋　八幡屋 孫兵衛

永井様下 下宿 拾九人　八百屋 善七

大和町

臼井様　下宿　五人　藤屋　甚吉

御小納戸 臼井辰之進様 上下四人 御馬壹疋　山田鋪三郎

同 臼井愿六郎様 上下四人 御馬壹疋　吉田兼三郎

土屋様　下宿　九人　寶屋　文七

御小納戸 土屋忠兵衛様 上下六人 御馬壹疋　表具屋　半兵衛

沼間様 保田様　下宿之内 割宿　瓶屋　吉兵衛

御小納戸 沼間鑛次郎様 上下拾貳人　山脇得平

同 保田錐太郎様 上下十二人 御馬壹疋

大和町

右跡部様　下宿　拾三人　速水錦次郎

同 池田大隅守様 上下拾四人 御馬壹疋　石井隆庵

同 加藤筑前守様 上下拾人 御馬壹疋　丁子屋　惣吉

同 石谷安藝守様 上下拾九人 御馬壹疋　杉村屋　伴七

右之内 割宿　ちう

町内會所　扇屋　半左衛門

池田様　下宿　拾人　錺屋　嘉兵衛

臼井様　下宿　五人	京屋	きん
細井様　下宿　五人	板庄屋	七
細井様　下宿　五人	立田屋	六
同　下宿　拾六人 外ニ足附人足八人	傘山屋	與右衛門
右之内	同	人
割宿		

長島町通

同	蒔畫屋	理七
同	小島屋	東兵衛
同	鶴屋	仁兵衛

傘屋町

御先手與力 原久左衛門様 原八之丞様 淺田五助様 上下七人	佐和屋	孫六
御先手同心 佐藤錠太郎様 青山午十郎様 幸崎小右衛門様 小泉三郎様 佐藤金之助様 五人	みの屋	半兵衛
御先手頭 戸田寛十郎様 上下二十一人 馬壹疋		伊東喜兵衛

御小納戸
間部季之助様 上下廿五人 馬壹疋　岐阜屋清次郎

同
門奈帶刀様 上下廿五人 馬壹疋　山田屋ふさ

右門奈様 下宿割宿　同人

同
中根凍治郎様 上下三十七人 馬壹疋　小島屋るい

戸田様 下宿　高木屋孫助

中根様 下宿　藤屋理八

戸田様 下宿　棚倉屋ちせ

中根様 下宿　井桁屋捻助

御先手與力
木川友之助様
木川三郎様
向井鉉耕助様
上下八人　岐阜屋清兵衛

同
横田祐之丞様
大森平四郎様
上下五人　井澤屋新治郎

同
鈴木長十郎様
赤井鍋吉様
上下五人　八百屋久兵衛

同
同心
坂口辨藏様
武澤又藏様
江本卯兵衛様
板橋拾四郎様
細谷秀八郎様
山島友三郎様
島田銀太郎様
七人　藤倉屋利兵衛

同
今井重次郎様
山木東之助様
藤田作十郎様
萩原政五郎様
今井耕助様
五人　船津屋吉兵衛

田中様 下宿之内 割宿　山川屋 新兵衛

同斷　萬屋 德三郎

手當　松屋 理助

御小納戸 田中市郎左衛門様 上下廿四人 馬壹疋　松屋 重兵衛

同 島田銀太郎様 上下九人 馬壹疋　山川屋 新吾

同 貴志鉄之進様 上下九人
青木八太郎様 十四人
藤懸源之助様 九人 馬三疋　河村屋 安兵衛

貴志様 初下宿　西田屋 市兵衛

同 古屋平藏様
毛受忠兵衛様
太田力太郎様
馬三疋　みの屋 太兵衛

同 埴原傳右衛門様
大久保富次郎様
北村龜十郎様
野々田鷹太郎様
四人　藤屋 正七

同 岸久五郎様
近松鑄太郎様
豐田龍吉様
三人　小川屋 米治

同 島田富治郎様
近松啓藏様
福光勝之助様
三人　道具屋 彌助

同 熊谷市右衛門様
川端豐之助様
下野佐吉様
三人　和多屋 庄三郎

桑名町通

御持組與力衆八人　鍵市屋　兵衛
御持組與力衆五人　三笠屋　傳五郎
物置　吹原九三郎
御持組同心五人　淺井屋　善七
御持組與力衆五人　木村屋　富助
御持筒頭　曾我主水様　上下廿八人　馬弐疋　中山屋　三千治郎
同　御持筒同心衆五人　淺井屋　安五郎
曾我主水様御徒八人　同　御馬口取五人　〆十三人　綿屋　甚治郎
曾我主水様　御持組同心衆五人　柳屋　庄兵衛
曾我主水様　下宿拾人　森田屋　とみ
曾我主水様　御持組同心衆四人　角屋　伊兵衛

桑名町通和泉町支配之内家尻　曾我主水様下宿拾人　稲葉屋富三郎

和泉町

朽木大和守様　下宿五人　山田屋　惣助
右　同斷　澁鳥屋　嘉藏
朽木様御持組　同心二十人　下壹人　〆廿壹人　加藤　常得
御持筒頭　朽木大和守様　上下廿四人　馬壹疋　山本屋　甚九郎
朽木様御持組　與力衆　上下拾六人　同心衆　四人　同　〆二拾人　見崎屋　すみ

桑名町通和泉町支配之家尻　曾我主水様　六人　下宿　由三郎

和泉町

朽木様 御持組同心衆 拾九人 山本屋 代 助

朽木様 下宿 七人 萱津屋 忠 三郎

同 下宿 五人 星崎屋 安 兵衛

伏見町通和泉町支配之内家尻 曾我様 下宿五人

御持組同心衆 五人 油屋 鍵 治郎

御持組同心衆 四人 みの屋 庄 八

曾我様 下宿 五人 生田屋 萬 助

伏見町通和泉町支配之内家尻 曾我主人様 下宿九人 大橋屋 さ へ

曾我様 下宿 拾人 田島屋 幸 吉

右同断 大隅屋 粂 吉

御持與力衆 六人 中島屋 な よ

伏見町通

岡部様 下宿 柴田屋 平 七

右同断 岡田屋 藤 七

御作事奉行支配人足 十一日泊 五人 十一日泊 四人 糸屋 瀧 蔵

御作事奉行支配人足 十一日泊 七人 十一日泊 四人 吉田屋 伊 兵衛

御作事奉行支配人足七人　大黒屋　林　藏

御作事奉行支配人足 十日泊　拾四人 十一日泊　七人　みの屋　清右衛門

御作事奉行支配人足 十日泊　拾人 十一日泊　五人　岡田屋　安　太郎

同 十日泊　拾壹人 十一日泊　四人　中島屋　善　兵衛

御作事奉行 岡部伊豫守様 上下三拾五人 馬壹疋　吹原九郎三郎

御作事奉行支配人足 十日泊　九人 十一日泊　四人　みの屋　理　助

上田宿

新御番頭 岡部備後守様 上下拾四人 馬壹疋　永坂　周二

岡部様 下宿 八人　桔梗屋　平　八

新御番組頭 伊藤與五郎様 上下七人　京万屋　忠　助

新御番組 中井松三郎様 野村鋭太郎様 柏木九八郎様 佐々與一郎様 片岡吉之丞様 上下拾人　笹屋　傳　兵衛

新御番組 小田代勝三郎様 島上常治郎様 上下六人　川名屋　藤　助

同 久間佐兵衛様 櫻井彦五郎様 上下六人　藤倉屋　喜　兵衛

同 長坂眞五郎様 内山又八郎様 上下六人　日比喜十郎

新御番組 村上亥之助様 上下三人　河内屋　鋼　吉

御武具奉行組同心
組頭衆
芹澤貞之助様
石川德次郎様
島岡岩之助様
中西關次郎様
四人
山形屋
半兵衛

同
矢部次郎様
鈴木二郎様
佐々正治郎様
大澤鈴之助様
山川三五郎様
五人
高木屋
清藏

町内會所
明家

御武具奉行組
平井善次郎様
佐藤喜太郎様
吉岡鍵次郎様
藤井安太郎様
萩野佐吉様
五人
大野屋
永助

御武具奉行
松下誠一郎様
上下四人
糸屋
助次郎

同
安富小膳様
上下三人
京屋
柳六

近江屋
彌吉

大坂屋
吉兵衛

本田守人様
猪口小平六様
上下六人
大橋屋
吉公衛

新御番組
布施萬之助様
上下三人
藤屋
庄七

御園町通

新御番組 窪田作左衛門様 上下三人　岐阜屋 山三郎

同 本山太三郎様 上下三人　松野屋 嘉兵衛

御小姓組 丹羽鏡三郎様
立花錠之助様 上下八人　柏屋 新兵衛

同 間宮熊太郎様
佐々清三郎様 上下六人　大和屋 勘助

御小姓番頭 酒井安房守様 上下五拾六人 馬壹疋　吉田 直助

御徒頭 中條仝之助様
川村清兵衛様 上下十六人 馬壹疋　みの屋 和兵衛

五條町

御書院番組 大岡鉞次郎様 上下十人 馬壹疋　表具師 夘兵衛

御書院番組 大艸左京様 上下四人　中平屋 八

御書院番組 尾島定右衛門様 上下五人　綿屋 清兵衛

御書院番組 寛勘右衛門様 上下六人　小松屋 鍵次郎

御園町通五條町支配之内家尻
太田鶴之丞様初下宿之五人　山本屋清助

御武具奉行支配
御職人弟子小者共 六人　錺屋 伊兵衛

同 御具足師 岩井與左衛門様
御指物し 岸五郎左衛門様
御鑓し 立部揔左衛門様　みの屋 理助

五條町

御書院番組
太田龜之丞様
小笠原晴五郎様
青木五十九郎様
上下九人
大島屋
定　蔵

御書院番組
小菅銑次郎様
清水屋
與　八

御書院番組
杉浦八郎五郎様
中根鍬太郎様
上下拾三人
時田屋
吉　藏

御書院番組同心
櫻井庄兵衞様
西山大吉様
上下九人
麻屋
りゅう

御徒組
岩田彦三郎様
藤代武之助様
田村吉五郎様
橋爪鎌太郎様
上下五人
綿屋
喜兵衛

御徒組與力
平川吉五郎様
國府仙藏様
上下四人
木綿屋
ます

御徒組
中島幸三郎様
佐々木久太郎様
眞野銈吉様
菅沼釜次郎様
上下五人
木綿屋
仁兵衛

中條様
下宿　六人
綿屋
久　助

御徒組
佐藤眞助様
池田吉之丞様
林鐵之丞様
上下四人
松屋
喜兵衛

正萬寺通

五條町

御書院番頭 柴田越前守様 上下五拾壹人 馬貳疋	美濃屋	なを
御書院番結 常見榮太郎様 大原銀之助様 上下八人	木綿屋	儀兵衛
同 向坂藤十郎様 上下七人	野村屋	重兵衛
同 鈴木菊次郎様 上下五人	木綿屋	治助
御書院番組 正木鐘太郎様 上下三人	有田屋	久助
同 丸毛鉊太郎様 上下七人	綿屋	永助
同 植永帶刀様 鶴部錬之助様 上下拾貳人	みの屋	末吉
柴田様 下宿六人	みの屋	忠兵衛
	みの屋	作兵衛
御書院番組 高屋左門様 上下四人	麻屋	やゑ

正萬寺通五條町支配	御書院番組 柴田彌兵衛様 山田信吉様 上下八人	麻屋 吉右衛門

御書院番組 岡野鑑吉様 上下三人　鱗屋 理平

御書院番組頭 長谷川平兵衛様 上下十七人 馬壹疋　野村屋 新次郎

同 田中佐十郎様 上下七人　萬屋 勘六

同 伴野銓四郎様 上下五人　桶屋 庄七

手當宿　福島屋 和兵衛

木挽町通

惣御人數

〆千五百六拾貳人

内

御作事奉行支配人足

五十六人　十日泊ノ分

六ヶ町ニ御泊ノ御馬　五拾五疋

外町ゟ六ヶ町之内ヘ預り候御馬　貳拾三疋

○閏五月十八日御跡列之内御泊宿割

一講武所長持兩懸
五拾三人程

一御小性衆長持兩懸
十八人程

御小性組頭取
但供十四人程

一御小納戸衆
御納戸衆
五拾七人程

御側衆五人程

一御持頭衆

高田本坊

慶榮寺

堀江町北
延米會所

鹽町南
同　斷

小舟町
橘屋四郎兵衛扣

樽屋うめ

島屋善藏

御先手衆三人程

一 御書院番頭衆

御書院番衆

四人程

御目付

一 新見河内守様

上下廿人乗馬壹疋

一 御勘定 山田寅治郎様

御徒目付 村上榮治郎様

一 御小人目付 小川幸吉様

吉田藤兵衛様

一 御普請役 藤田德三郎様

山本屋與八

鍵屋熊吉

橋屋四郎兵衛

蛯屋町 關戸哲太郎

中島屋彦吉

中屋又右衛門

中島彦兵衛

村上勝太郎様

同
井上情太郎様

一藤田雄太郎様

一御徒目付
藤田助藏様

外ニ壹人

御小人目付
平山巳之助様

滿田作之助様

一河野英之助様

一御徒頭
荒井邦八様

河村清兵衛様

荷物長持拾貳棹

一講武所方

鍋屋太兵衛

井桁屋治右衛門

美濃屋彦右衛門

井桁伊左衛門

荷物貳棹

〆拾四棹

右之通今十八日御泊之筈ニ付宿割夫々出張致し候處前條入水之儀笠松堤方棚橋鬼吾六殿ゟ之打合ニ而熱田宿御泊相成御跡列美濃路通路難行屆ニ付伊勢路廻り可相成歟之段御小人目付衆早駕ニ而御中軍迄御問合ニ被相越右御打合中熱田宿を初御跡之列衆岡崎宿ゟ夫々ニ逼留之事

但御荷物長持兩掛之分佐屋廻り繼立候事

○閏五月廿日

公役應對之趣申上候書付　蔦木猪兵衛

木曾川大水切入美濃路往還通路差支候一條ニ付私儀支配勘定組頭勝川松次郎支配小野光藏召具熱田宿ゟ罷越候處今晩同宿泊之輩ハ去月十九日立

御中軍要具運送と申合之由ニ而人數百八拾人程之由右之內ニは御勘定山田寅治郎御普請役藤田德三郎村上勝太郎御徒目付藤田助藏雜賀尙太郞御小人目付河野貫之助初四人止宿罷在候付右旅宿々々ニ手分致し罷出兼而御談之主意を以夫々及懸合候處右之儀ニ付而は笠松郡代下役跡宿池鯉鮒驛ニ罷出通路差支候趣を以閑道替道又ハ加納鵜沼ニ懸り小牧ニ出候儀を初色々評議段々談合候上ニ而は詰り東海道筋桑名ニ七里渡海致し候方外致方無之今宵之人數ニ而平和之儀ニ候得ハ無子細街道替道通行仕候得共何分御軍列御後列も順々通行之事ニ付此手計ニ而取究候義不行屆

御中軍ニ相伺右御差圖次第桑名ニ渡海通行尤今日之分ニ不限御跡も不殘同樣相成候由申聞候付七里渡海之儀風雨等之天氣合ニ寄り佐屋廻りニ相成候而ハ大勢之御跡列日々引續候而之通行ニ付佐屋路之方ニ多分之人馬渡船をも不備置候而は難成候處當日を渡海相成候節ハ

全く不用人馬と相成八重備之儀ハ誠ニ痛心之至ニ有之候間可相成は渡海か佐屋廻りか一方ニ取究相成候様仕度旨折入相頼幷美濃路之方ニは日割通行之割にて多分之人馬備置右之内ニは助鄕無之遠在ゟ繰込置候分も御座候間御道替之模樣ニ候ハヽ相解候樣仕度旨をも篤と入魂およひ候處委細致承知候得共笠松表ゟ達書不相廻候而は難及挨拶筋ニ何れも相答候ニ代右表より下役之者相越候ハヽ呼ニ遣候旨申呉候付一旦引取候處夜明前ニ至リ呼ニ差越候付松治郎光藏差遣候處只今郡代岩田鍬三郞ゟ往還通路行届候義いつとも難計屆書差出候付御道替之儀御小人目付早追ニ而御中軍迄相伺候間美濃路ニ備有之人馬は一先相解候様可仕其內御跡列之事ニ付何れニモ御跡を慕ひ相越候様ニとの御差圖ニ而も來候節ハ通路行屆候間有之事ニ付其ノ內ニは備方も行屆又七里渡海ニ相成候節ハ佐屋路之方ニ御備被置候ニは及間敷旨御勘定方申聞候段御普

請役申聞其内御差圖來候節何とか申參候儀も候ハヽ其節可及沙汰旨申聞其已前山田寅次郎ゟ入魂およひ候節渡海一方ニ而可宜尤今晩泊之分ハ右ニ而宜跡々ニも可申送候得共二日も三日も風雨と申儀も有之間敷若右様之義有之候共川留と見込候得は熱田驛ニ滯留ニ而宜跡々ゟ參り候者若彼是申立候ハヽ佐屋路之分御設も取計其上俄ニ七里渡海相成數々之船手當いたし候事ニ付最早佐屋廻リ之御設ハ不行屆趣相答可然江戸表ゟ一日置之通行積ニ而出立爲致候得共川支等ニ而一時ニ相成候分も候ハヽ日々船間ニ合かたき趣を以滯留爲致候而も可宜旨等深切ニ申呉跡々之分も御勘定方附添居其内右役外附添候節ハ御目付附添候旨且前顯御小人目付早追ニ而相越候御差圖來候迄ハ今晩泊之輩ハ不殘熱田逼《マヽ》留跡宿之分ハ岡崎ニ扣居其跡も順々右之通ニ而一ト立渡海いたし候ハヽ岡崎之分入込候手順之由御座候間右之趣を以御代官ゟも夫々被

仰談候樣仕度熱田奉行御船奉行旅宿ニ罷出候得共笠松表ゟ達書遅著ニ而夜明ニも相成候付兩奉行下役談判筋ハ明日取計候樣可仕旨奉存候依之申上候

閏五月廿日　　御勘定吟味役頭取　蔦木猪兵衛

○閏五月廿五日御後列之内御宿割左之通

御書院番頭　四千石（朱書）

八木但馬守樣　　西光院附屬　堀詰町

上下七拾三人乘馬貳疋

同組頭　中島内匠樣　　同寺中仙松院附屬　長榮寺町

上下八人乘馬壹疋

同與力　平松英太郎樣

三宅新十郎樣　　同寺中寶珠院附屬　同町

辰巳午之助樣

岸本富三郎様

富田傳十郎様

上下拾人

同屬附

同心衆拾五人

御書院番御組

金森監物様

近藤伴之丞様

水野内藏吉様

高田虎之助様

渡邊半左衛門様

山本虎太郎様

岡田恒太郎様

鈴木綱太郎様

織田主税様

齋藤左源太様

疋田鎮太郎様

上原友太郎様

竹尾小膳様

堀主膳様

細井安四郎様

上下〆八拾六人

同寺中

清峰院

附屬

光明寺町

光明寺

附屬

赤塚町

同御組
金田斧太郎様
石巻勝次郎様
大久保悦三郎様
金田彌右衛門様
逸見左近様
前田孫一郎様
坂井友五郎様
井戸熊二郎様
同御組
富永喜太郎様
布施三右衛門様
大久保彦五郎様
大崎捨五郎様

稲葉辰之助様
倉橋惣三郎様
建部兵庫様
織田熊太郎様
興津富三郎様
長屋陽市郎様
安藤錦右衛門様
鈴木清兵衛様
上下〆八拾人
櫻井九右衛門様
本多直五郎様
加藤酉之助様
谷庄右衛門様

養林寺
屬附
鉄砲塚町

壽經寺
附屬
江川町

同御組

上下〆四拾人

大井新之助様　花房録太郎様

庄田八十之助様　安部篤太郎様

岡田與八様　伴鍋次郎様

酒井龍之助様　津澤彌三郎様

安藤治郎左衛門様　高林元四郎様

同御組

上下〆四拾六人

一色鏑三郎様

赤井若之助様

谷長川銑之助様

小笠原平左衛門様

同御組

上下〆二十人

小堀一作様

櫻

誓願寺

附屬

坂上町

養林寺中

攝養院

附屬

永安寺町

古田簾太郎様
安部政太郎様
安部富之丞様
御徒頭 三百表(朱書)
中島平四郎様
上下〆廿三人
上下拾人　乗馬壹疋
御徒衆
御徒頭 五百石(朱書)
石川左内様
上下三拾四人
上下拾人　乗馬壹疋
御供衆
御徒頭 三百石(朱書)
平岡鐘之助様
上下三拾四人

妙行寺
附属　練屋町

善篤寺
淨久寺
附属　山田町
住吉町

總見寺
附属　鶴重町

上下拾七人　乘馬壹疋
御徒衆
上下三拾四人
同
五百石(朱書)
輿津甚左衛門様
上下拾人　乘馬壹疋
御徒衆與頭衆共
上下三拾八人
同
蜷川邦之助様
上下拾人　馬壹疋
御徒衆
上下三拾四人
御小性番頭
松平河内守様
上下六拾七人　馬貳疋

政秀寺
附屬　朝日町
白林寺
附屬　下材木町
萬松寺
附屬　笹屋町
長榮寺
附屬　下御園町

同 與頭 美濃部勘兵衛様
上下拾四人 馬壹疋
御小性番組 大石源左衛門様 野澤粂五郎様
早川徳次郎様 小高鎌三郎様
小宮山又七郎様 島田藤七郎様
上下〆三十八人
同 甲斐庄艶二郎様 水野英三郎様
内藤吉次郎様 朝倉甚三郎様
瀬谷一十郎様 井出藤馬様
佐々主計様
上下〆三十八人
御小性番組 落合昌三郎様 建部傳内様
松平儀三郎様 秋山元三郎様

光眞寺
附屬 南天道町
梅香院
附屬 矢場町
榮國寺
附屬 榮國寺町
來迎寺
附屬 橘町

遠山三之助様　小笠原作十郎様

上下〆三拾八人

同

戸塚貞吉様　本目權之丞様

古山主膳様　大岡甚四郎様

上下〆拾六人

同

伊藤彌三郎様　齋藤彦之進様

井上勝之丞様　朝倉又三郎様

松村與五郎様　阿部四郎五郎様

原鐘三郎様　小宮山金之丞様

上下〆三十七人

同

中村壽榮三郎様　加藤賢次郎様

齋藤豐三郎様　長谷川九助様

吉田與助様　天野三十郎様

珠題寺
附屬　橋町

安用寺
附屬　戸田町

天寧寺
附屬　名古屋村

山岡百助様
同
内藤徳四郎様
眞田帯刀様
同
江原鎌三郎様
長谷川乙彌太様
同
本多瀧之助様
前島太郎左衛門様
同
五十幡卿之助様
岡金之助様
御小性番頭
島津伊勢守様　三千石（朱書）
上下六拾人　馬貳疋
同與頭
永井左兵衛様
上下拾五人　馬壹疋

馬林市左衛門様
上下〆三拾貳人
永井監現様
小尾直次郎様
上下〆拾九人
水野鎌太郎様
上下〆十五人
坂部貞之丞様
上下〆拾貳人

東蓮寺　南飴屋町
附屬
金仙寺　門前町
所屬
功德院　同町
附屬
大光院　石町
附屬
同寺中
陽秀院　新道町
附屬

同
吉田組
吉田榮太郎様　万年愼平様
松波依三郎様　町野悌十郎様
本目隼之助様　山田三十郎様
石川六左衛門様　長谷川季三郎様
上田庄八郎様　島田新右衛門様
上下〆四十八人

同
新見組
新見銈治郎様　庵原熊三郎様
一尾圓之助様　稲生錦太郎様
朽木午之助様　小堀權十郎様
田中米九郎様　菅沼治郎左衛門様
上下〆三拾六人

御小性番
永井組
永井直治郎様　秋山三四郎様
石川數馬様　久貝金八郎様

極樂寺
附屬　小牧町

阿彌陀寺
附屬　葭町

法藏寺
附屬　廣井村

同
妻木傳藏様
村上健治郎様
高木市左衛門様
本目万之助様
上下〆三拾人
同
芝山小兵衛様
村越豊之助様
本間平左衛門様
同
森川富之助様
伊丹治郎兵衛様
本多丹下様
上下〆四十七人
同
永井勘之助様

上下〆三十七人
伊勢平八郎様
小花和　壽太郎様
波多野　忠之丞様
蜂谷勝太郎様
加々瓜治右衛門様
上下〆三拾三人
小林雅之丞様
新居靫負様
天野太二郎様
石野十兵衛様

瑞法寺
附属　吉田町
尋盛寺
附属　六句町
大運寺
附属　米倉町

富永源十郎様　揖斐市之丞様
同　松平信太郎様
上下〆十九人
天野清十郎様　石野巳之助様
柳澤左太郎様　寛喜太郎様
林延太郎様
上下〆廿弐人
御使番　千五百二十石(朱書)
松野八郎兵衛様
上下四拾弐人　馬壹疋
同　二千廿七石(朱書)
三好内藏助様
上下四拾弐人　馬壹疋
御目付　千石(朱書)
村越三十郎様
上下廿六人馬壹疋
同　千石(朱書)
徳永鑄治郎様
上下廿六人　馬壹疋

法應寺
附屬　小舟町
徳林寺
附屬　中市場町
大須
附屬　堀江町
七寺
附屬　樽屋町
延廣寺
附屬　堺町　小栗町
七面山
附屬　上田町

中奥御小性
本郷丹後守様　五千石(朱書)
上下九拾人　馬貳疋
中奥御番
本多將監様　五百俵(朱書)
上下拾人　馬壹疋
同
能勢小太郎様　八百石(朱書)
上下七人　馬壹疋
御番醫師
大膳亮好庵様　二百石(朱書)
御番外科
鹿倉以伯様　百石(朱書)
上下拾人
御持筒頭
水野主膳様　五千石(朱書)
上下五拾貳人　馬壹疋
同與頭
相場彌左衛門様
外ニ四人様

東掛所右御殿
附屬　押切村
東海寺
附屬　古渡新町
傳昌寺
附屬　同町
万福寺
附屬　笹屋町
東掛所居所
附屬　古渡村
日置村

上下〆貳拾人
同　同心衆五拾壹人
〆百二十三人
小十人頭　諏訪庄右衛門様　二百五十石（朱書）
上下拾人　馬壹疋
小十人衆様
上下五拾貳人
新御番頭　須田久左衛門様　九百石（朱書）
上下三拾人　馬壹疋
同與頭　鳥居彌平治様
新御番衆共
上下九拾人

久寶寺　橋町裏町
附屬
寶泉院
福壽院
建昌寺　同　町
附屬
性高院　納屋町
附屬
同寺中　一行院
稱名院
萬松寺中　永昌院
附屬　宮出町
東瓦町

御勘定 戸倉忠治郎様
上下四人
御普請役 小池松之助様
坂口傾之助様
上下四人
御徒目付 松村良右衛門様
杉田又治郎様
上下六人
御小人目付 河村市三郎様
萩原長吉様
柴田柳司様
高橋又平様
上下六人
惣〆 千八百五拾四人

茶屋町 布袋屋 正兵衛
同町 鶴屋 要吉

右之通廿四日申刻宿割ニ相越夫々寺院ニ申談同夜寅下刻御傳馬所ニ引取候事

入井市兵衛
水谷文左衛門
杉山治郎右衛門
青木與三治
小栗市三郎

○御進發御供御後列之向々共筋通行之積候處木曾川出水美濃路通路差支候ニ付伊勢路ニ道替に相成候旨周防守殿被仰出候條人馬幷休泊用意不及候間其旨可相心得候此觸書早々順達至大津宿兩手旅宿ニ可相返候以上

閏五月廿四日

此書付廿五日午上刻宿繼到着

御目付方
御勘定方

東海道熱田ゟ
美濃路

中山道通

大津宿迄

右宿　問屋

年寄

○木曾川出水ニ付美濃路通路差支候付

御茶壺墨俣宿ゟ竹ヶ鼻村ゟ懸り佐屋路ゟ廻り廿四日鳴海宿御泊之事

右ニ付

公義之御茶壺鳴海宿出立池鯉鮒宿通行相濟候上ニ而今日名古屋御泊之御後列御出立之趣ニ付夫故當地御著御延引ニ而未下刻御宿陣相成申候

閏五月廿五日

○御目付方ゟ出候書付寫

一伊勢路通行相成候就而は里數も相延追々暑氣も强相成候ニ付以來

七半時御手廻し御出立可被〔成脱カ〕候且明日渡海舟都合有之候間別而御手操ニ而御出立可被成候此段御達申上候

休泊割左ノ通

渡海

桑名泊

四日市　亀山

土山　水口

草津　大津

夫々乗而被　仰出候通休泊之事

閏五月六日　御目付方

三好内蔵助様

蜷川邦之助様

興津甚右衛門様

平岡鐘之助様

須田久左衛門様

水野主膳様

諏訪庄左衛門様

島津伊豫守様

松野八郎兵衛様

八木但馬守様

松平河内守様

中島平四郎様

石川左内様

大膳亮好庵様

鹿谷以伯様

本郷丹後守様

本多將監様

能勢小太郎様

御用人中

維新期風説風俗史料選
【新装版】**連城紀聞 一**

発行 一九七四年 九 月一〇日 復刻版一刷
一九九九年 七 月三〇日 新装版一刷

［検印廃止］

編者 日本史籍協会

発行所 財団法人 東京大学出版会
代表者 河野通方
一一三―八六五四 東京都文京区本郷七―三―一 東大構内
電話＝〇三―三八一一―八八一四
振替〇〇一六〇―六―五九九六四

印刷所 株式会社 平文社
製本所 誠製本株式会社

日本史籍協会叢書 189
連城紀聞 一（オンデマンド版）

2015年1月15日 発行

編　者　日本史籍協会
発行所　一般財団法人　東京大学出版会
代表者　渡辺　浩
〒153-0041　東京都目黒区駒場4-5-29
TEL 03-6407-1069 FAX 03-6407-1991
URL http://www.utp.or.jp

印刷・製本　株式会社 デジタルパブリッシングサービス
TEL 03-5225-6061
URL http://www.d-pub.co.jp/

AJ088

ISBN978-4-13-009489-4　Printed in Japan